ITCMD: REGIME GERAL E O PAPEL DA LEI COMPLEMENTAR

CIP-BRASIL. CATALOGAÇÃO NA PUBLICAÇÃO

SINDICATO NACIONAL DOS EDITORES DE LIVROS, RJ

C988i

Cury, Fábio Lemos
ITCMD : regime geral e o papel da lei complementar / Fábio Lemos Cury. - 1. ed. - São Paulo : Noeses, 2022.

330 p. ; 23 cm.
Inclui bibliografia
ISBN 978-65-89888-78-9

1. Direito tributário - Brasil. 2. Imposto sobre transmissão causa mortis e doação. I. Título.

22-80784 CDU: 34:351.713(81)

Gabriela Faray Ferreira Lopes - Bibliotecária - CRB-7/6643

Fábio Lemos Cury

Advogado. Doutor em Direito (PUC/SP).
Professor dos cursos de especialização e
extensão do IBET e da PUC/COGEAE.
Conselheiro titular do Conselho Municipal de
Tributos da Prefeitura de São Paulo (CMT/SP).

ITCMD: REGIME GERAL E O PAPEL DA LEI COMPLEMENTAR

2022

editora e livraria
NOESES

Copyright 2022 © By Editora Noeses
Fundador e Editor-chefe: Paulo de Barros Carvalho
Gerente de Produção Editorial: Rosangela Santos
Arte e Diagramação: Microart
Designer de Capa: Aliá3 - Marcos Duarte
Revisão: Microart

editora e livraria
NOESES
Editora Noeses Ltda.
Tel/fax: 55 11 3666 6055
www.editoranoeses.com.br

AGRADECIMENTOS

A Deus, sempre, toda gratidão, em especial por me concedido seguir adiante na jornada acadêmica: é um caminho de ventura, no qual tenho a estimada companhia de grandes mestres e amigos.

Agradeço particularmente à minha orientadora no doutorado que culmina nesta publicação, Professora Dra. Regina Helena Costa. Além dos anos de convivência acadêmica desde o mestrado, em que também tive o privilégio de receber seus ensinamentos, contei com a possibilidade de estender-lhe correspondência durante a fase conclusiva deste estudo. A produção acadêmica, costuma-se dizer, é um empenho solitário; não foi assim neste caso. Sou muito grato à minha orientadora por sua acolhedora liderança nesse processo, suas sempre muito pertinentes considerações e incentivos, que tornaram a conclusão desta etapa um labor prazeroso.

Estendo meus agradecimentos a meus familiares: meus pais, Francisco e Silvia, e minha irmã, Laura, pelo incentivo e exemplo que somente podem dar aqueles que também se dedicam à academia. À querida Luizinha, fazendo votos de que, tendo agora "terminado de escrever este livro", possamos viver mais bons momentos.

Registro agradecimentos especiais à equipe do Urbano Vitalino Advogados, assim como a alguns amigos que de forma especial muito contribuíram para o desfecho destes estudos, por suas inspirações, apoio e debates: Antônio Jacinto Caleiro Palma, Urbano Vitalino de Melo Neto, Allan Fallet, Eduardo Dainezi Fernandes, Fábio Soares de Melo, Felipe Novaes, Ivan Iais Jr., Jonathan Barros Vita, Lawrence Colchin, Paulo Pimentel, Sávio Salomão, Stephanie Thealler e Thomaz Whately.

Ex toto corde.

PREFÁCIO

A presente obra origina-se de tese apresentada por Fábio Lemos Cury como exigência parcial para a obtenção do título de Doutor em Direito Tributário pela Pontifícia Universidade Católica de São Paulo.

A defesa da tese foi efetuada perante banca integrada por mim, na qualidade de orientadora, e pelos ilustres professores Elizabeth Carrazza, Estevão Horvath, Paulo Ayres Barreto e Juliana Furtado Costa Araújo, em 13 de agosto de 2021, tendo o então candidato sido aprovado com a nota máxima.

Trata-se do segundo trabalho acadêmico realizado por Fábio sob minha orientação: defendeu a dissertação de Mestrado sobre o tema *Apontamentos sobre as taxas judiciárias:* análise crítica à luz da Constituição Federal, em 2017, com o mesmo brilho.

Nesta obra, a simples leitura do sumário já revela o apuro técnico e a seriedade com que tratou do assunto.

O regime jurídico dos Impostos sobre Transmissão *Causa Mortis* e Doação – ITCMD, e o papel da lei complementar a eles pertinentes, tema ainda pouco estudado pela doutrina, é analisado com profundidade pelo autor – advogado militante na seara tributária.

Partindo de premissas conceituais extraídas da teoria geral do direito e do direito constitucional tributário, lastro necessário à elaboração do estudo acadêmico a que se propôs, o autor constrói teoria sólida acerca das regras matrizes dos apontados impostos estaduais, dissertando sobre a missão a ser cumprida pelas leis complementares nesse âmbito, com destaque para o Código Tributário Nacional.

Registre-se que o autor não recuou ante as sérias dificuldades que o exame da disciplina do ITCMD envolve: enfrenta com consistência os pontos controvertidos, incursionando, ainda, sobre institutos da *Common Law*, como os *trusts* e as *joint tenancies*, para avaliar a possível incidência de tais tributos.

Nesse sentido, vale destacar os tópicos nos quais investiga o problema da sanção às omissões legislativas em matéria de competência, bem como quando examina a aplicação do princípio da capacidade contributiva a esses impostos.

Assim, cuida-se de trabalho denso, revestido de ineditismo e, ao mesmo tempo, didático, de leitura prazerosa, a cativar estudantes e profissionais da área tributária.

Brasília, setembro de 2022.

Regina Helena Costa

Livre-Docente em Direito Tributário e
Professora dos cursos de graduação e pós-graduação da PUC/SP.
Ministra do Superior Tribunal de Justiça.

"O maior jugo de um Reino, a mais pesada carga de uma República, são os imoderados tributos. Se queremos que sejam leves, se queremos que sejam suaves, repartam-se por todos. Não há tributo mais pesado que o da morte, e contudo todos o pagam, e ninguém se queixa; porque é tributo de todos. Se uns homens morreram, e outros não, quem levara em paciência esta rigorosa pensão da mortalidade? Mas a mesma razão que a estende, a facilita; e porque não há privilegiados, não há queixosos. Imitem as resoluções políticas o governo natural do Criador: Qui solem suum oriri facit super bonus, et malus, et plui super justos, et injustos. *Se amanhece o Sol, a todos aquenta; e se chove o Céu, a todos molha."*

(VIEIRA, Antônio. Sermão de Santo Antônio. *Sermões*: Padre Antônio Vieira. São Paulo: Hedra, 2014. t. II. p. 324)

LISTA DE ABREVIATURAS E SIGLAS

§ – parágrafo
ACO – Ação Cível Originária
ADCT – Ato das Disposições Constitucionais Transitórias
ADI – Ação Direta de Inconstitucionalidade
ADO – Ação Direta de Inconstitucionalidade por Omissão
AgR – Agravo Regimental
AI – Agravo de Instrumento
art. – artigo
CC – Código Civil
CF/CR – Constituição da República Federativa do Brasil
CNJ – Conselho Nacional de Justiça
CNSP – Conselho Nacional de Seguros Privados
Cofins – Contribuição para o Financiamento da Seguridade Social
coord. – coordenador(es)
Cosit – Coordenação-Geral de Tributação
CPC – Código de Processo Civil
CTN – Código Tributário Nacional
Des. – desembargador(a)

DJ – Diário da Justiça
DJe – Diário da Justiça eletrônico
ed. – edição
e.g. – *exempli gratia*
EC – Emenda Constitucional
ED – Embargos de Declaração
f. – folha(s)
i.e. – isto é
ICMS – Imposto sobre a Circulação de Mercadorias e Serviços
IPI – Imposto sobre Produtos Industrializados
IPTU – Imposto sobre a Propriedade Predial e Territorial Urbana
IPVA – Imposto sobre a Propriedade de Veículos Automotores
IRRF – Imposto de Renda Retido na Fonte
ISS – Imposto sobre Serviços
ITBI – Imposto sobre Transmissão de Bens Imóveis
ITCMD – Impostos sobre a Transmissão Causa Mortis e Doação
ITD – Imposto sobre a Transmissão por Doações
ITCM – Imposto sobre a Transmissão a Causa de Morte
ITR – Imposto sobre a Propriedade Territorial Rural
LRF – Lei de Responsabilidade Fiscal
LGBT – Lésbicas, Gays, Bissexuais, Travestis, Transexuais ou Transgêneros
LINDB – Lei de Introdução às Normas do Direito Brasileiro
Min. – ministro(a)
nº/n. – número
OAB – Ordem dos Advogados do Brasil

OCDE	–	Organização para a Cooperação e Desenvolvimento Econômico
org.	–	organizador(a)
p.	–	página
PGBL	–	Plano Gerador de Benefício Livre
PIS	–	Programa de Integração Social
RE	–	Recurso Extraordinário
rel.	–	relator(a)
REsp	–	Recurso Especial
RIR	–	Regulamento do Imposto de Renda
STF	–	Supremo Tribunal Federal
STJ	–	Superior Tribunal de Justiça
Susep	–	Superintendência de Seguros Privados
TJRJ	–	Tribunal de Justiça do Estado do Rio de Janeiro
TJRS	–	Tribunal de Justiça do Rio Grande do Sul
TJSP	–	Tribunal de Justiça do Estado de São Paulo
v.	–	volume
v.g.	–	*verbi gratia*
VGBL	–	Vida Gerador de Benefício Livre

SUMÁRIO

INTRODUÇÃO

O despertar da segunda década do século XXI foi sobressaltado pela pandemia causada pelo coronavírus. Consequências das restrições sanitárias decorrentes desse evento logo se impuseram sobre governos, sociedades, indivíduos e seus negócios. As contingências econômicas advindas do isolamento social deprimiram a atividade econômica e agravaram desigualdades sociais, impelindo governos mundo afora e federações adentro a implementar políticas sociais distributivas e programas de incentivo às atividades empresariais.

No Brasil, deu-se, em um primeiro momento, um aparente paradoxo: a criação do auxílio emergencial pelo governo central[1] fez com que, mesmo no contexto da pandemia, houvesse uma redução nos níveis de pobreza e de pobreza extrema como havia anos não se assistia; tudo, entretanto, sob pena de custosíssimo investimento que deve pressionar os orçamentos pelos próximos anos.[2] Ainda em meio a esse processo, todavia, a insustentabilidade fiscal da manutenção de programas distributivos em patamares mais elevados fez com que a partir de 2021 os níveis de pobreza voltassem a se elevar. Se não é certo o desfecho de tal conjuntura, o que se pode

1. Instituído pela Lei nº 13.982, de 2 de abril de 2020.

2. DUQUE, Daniel Vasconsellos Archer. Auxílio emergencial faz pobreza cair em plena pandemia. *Blog do IBRE*, 26 jun. 2020. Disponível em: https://blogdoibre.fgv.br/posts/auxilio-emergencial-faz-pobreza-cair-em-plena-pandemia. Acesso em: 31 jan. 2020.

antever com certa segurança é o agravamento de preocupações fiscais e uma intensificação do já vetusto debate sobre uma reforma tributária.

Se, todavia, esse contexto não afeta diretamente o objeto deste estudo, pode-se esperar que a busca pelo reequilíbrio dos orçamentos aponte para um acirramento das propostas que de longa data se acumulam para volver atenções aos impostos sobre a transmissão *causa mortis* e por doações, o ITCMD,[3] em especial no sentido de elevar suas alíquotas.

A bem da verdade, a tributação de heranças e doações já povoava os debates anteriormente à pandemia em razão da associação de seu objeto às desigualdades sociais e em vista da crescente percepção do relevante papel dessas materialidades na transmissão de riquezas. No festejado *O capital no século XXI*, Thomas Piketty[4] atenta para essa peculiaridade, demonstrando que heranças e doações antecipadas são característica "quase decisiva para o padrão de uma família no século XXI quanto era na época em que Balzac escreveu *O pai Goriot*". Anota, ainda, que "as doações respondem por mais ou menos metade do nível atingido pelo fluxo de herança atual [...] Se reintegrássemos no patrimônio dos defuntos as doações feitas antes do óbito, notaríamos que [...] o patrimônio corrigido dos falecidos é mais de duas vezes mais alto que dos vivos". Em outros dizeres, doações (como antecipações de legítima) e heranças são dos fenômenos mais relevantes de transmissão de riqueza.

Malgrado a importância das heranças e doações como mecanismos de transmissão da riqueza tanto no passado quanto

---

3. Há dois distintos impostos sobre duas materialidades distintas: um sobre as transmissões *causa mortis* e outro sobre as transmissões por doações. Quando utilizamos a sigla ITCMD, referimo-nos aos pontos comuns dos dois impostos. Quando, por outro lado, referirmo-nos aos tributos de forma individualizada, utilizaremos a expressão "Imposto sobre Transmissão *Causa Mortis*" (ITCM) ou "Imposto sobre a Transmissão por Doações (ITD).

4. PIKETTY, Thomas. *O capital no século XXI*. Tradução de Monica Baumgarten de Bolle. Rio de Janeiro: Intrínseca, 2014. *Passim*.

em dias atuais, é certo que a tributação sobre tais grandezas dista de ser dos mais relevantes itens integrantes da arrecadação dos Estados.[5]

Uma comparação internacional em relação às alíquotas máximas revela que a tributação sobre as heranças e doações no Brasil (alíquota máxima de 8%) está em patamares inferiores aos praticados pela média dos países integrantes da Organização para a Cooperação e Desenvolvimento Econômico (OCDE) (15%) e bastante aquém das jurisdições em que tal incidência se faz mais gravosa, como é o caso do Japão (55%), da França (45%) e do Reino Unido (40%).[6] Tal panorama é que acirra, de certa maneira, o debate político sobre tal tema.

Essa conjuntura, mesmo que não seja propriamente jurídica, serve de inspiração para o seguimento deste estudo. O debate, muitas vezes centralizado na questão da elevação de alíquotas dos tributos em apreço, deixa à margem das discussões a ausência de norma geral veiculada por lei complementar capaz de melhor definir os contornos da exação, fazendo vicejarem incertezas e conflitos de variadas ordens a seu respeito.

O Código Tributário Nacional (CTN), de outubro de 1966, e que exerce o papel de lei complementar, teve seu nascimento sob égide da Constituição Federal (CF) de 1946, alterada pela Emenda Constitucional (EC) nº 18, de 1965, quando vigia um imposto único sobre transmissões a quaisquer títulos incidente exclusivamente sobre bens imóveis por natureza e por acessão física.

---

5. As estimativas da arrecadação nacional realizadas pelo Ministério da Economia permitem constatar que o ITCMD foi responsável apenas por cerca de 1,23% do total da arrecadação dos Estados no ano de 2018. BRASIL. Ministério da Economia. CETAD – Centro de Estudos Tributários e Aduaneiros. *Carga Tributária no Brasil – 2018*. Análise por tributos e bases de incidência. Disponível em: https://receita.economia.gov.br/dados/receitadata/estudos-e-tributari os-e-aduaneiros/estudos-e--estatisticas/carga-tributaria-no-brasil/ctb-2018-publicacao-v5.pdf. Acesso em: 26 jul. 2020. p. 13.

6. COLE, Alan. Estate and Inheritance Taxes around the World. *Tax Foundation Fiscal Fact*, n. 458, mar. 2015. Disponível em: https://files.taxfoundation.org/legacy/docs/TaxFoundationFF458.pdf. Acesso em: 26 jul. 2020.

Tem-se, pois, um novo tributo instituído pela CF de 1988 e cuja competência coube aos Estados e ao Distrito Federal, sem que tenha havido – passadas três décadas – qualquer lei complementar superveniente a pacificar dúvidas e conflitos inerentes à matéria.

Qual a estrutura constitucional do ITCMD? Que diz sobre ele o CTN, que, embora admitido como lei complementar, se erigiu sobre pretérita ordem e distinto tributo? Em que medida novos enunciados vazados no veículo de lei complementar poderiam – ou deveriam – centralizar e planificar certos aspectos de tal exação? A *inertia deliberandi* do Congresso na edição de lei complementar acerca do ITCMD poderia render ensejo a Ações Diretas de Inconstitucionalidade por Omissão (ADOs), ou o sistema vigente relega ao varejo junto ao Judiciário a solução atomizada de eventuais conflitos?

A todas as questões anteriores se responde a definir o papel que exerce ou deveria exercer a lei complementar nos impostos sobre a transmissão *causa mortis* e doação.

E isso se fará aqui, em esclarecimento do plano da obra, em duas partes.

Na primeira parte, que compreende os capítulos 1 a 4, partiremos dos planos da Teoria Geral e do Direito Constitucional Tributário para conformar noções de competência (em sentido amplo) e competência tributária (em sentido estrito), firmando em linhas gerais a destacada posição das normas gerais de direito tributário introduzidas pelo veículo da lei complementar como elementos centralizadores da ordem tributária nacional, que lhe conferem consistência sistêmica a abolir desinteligências.

Na segunda parte, que compreende os capítulos 5 ao 9, valer-nos-emos das categorias de nível geral supramencionadas para sua aplicação específica ao caso do Imposto sobre a Transmissão por Doações (ITD) e Imposto sobre a Transmissão a Causa de Morte (ITCM). Procederemos, então, a esquadrinhar os referidos impostos desenhando suas regras-matrizes de incidência e apontando em que medida o papel da lei complementar contribui – ou deveria contribuir – para mitigar problemas e divergências doutrinárias e jurisprudenciais a eles relativos. Avançaremos sobre a disciplina do ITCMD pelos Estados ou pelo Distrito Federal não de maneira exauriente, mas apenas a demonstrar e exemplificar pontos em que a atual disciplina de lei complementar (ou a falta dela) contribui ou torna conflitiva a disciplina das exações. Por fim, buscaremos uma avaliação acerca da possível incidência dos impostos em apreço sobre certas categorias de direito internacional.

1
REFERENCIAIS TEÓRICOS

1.1 Noções sobre direito, normas e sanção

A certos tipos de exposição convém que se ofereçam pressupostos teóricos, referenciais, que orientem o desenvolvimento de um raciocínio. É o caso de um estudo que se pretende mais profundo, como este; assim, sem se perder em longos prolegômenos, é indispensável que se exponham alguns pontos de vista fundamentais em relação a este trabalho e às suas conclusões.

Se é certo que toda aproximação da realidade pressupõe sua segmentação[7] a fim de torná-la inteligível, sabe-se que mesmo este ponto de partida – este corte – inspira disputas, já que há nele um inevitável quê de arbítrio. Nesse sentido, os elementos que se podem tomar como distintivos do direito como objeto de análise são controversos.[8] A se evitarem falsos

7. PONTES DE MIRANDA, Francisco Cavalcanti. *O problema fundamental do conhecimento*. Porto Alegre: Globo, 1937. p. 27.

8. Bobbio, por exemplo, aponta a dificuldade de conceituação do direito a partir de um critério formal (estrutura de normas), material (o conteúdo do direito), além dos critérios da perspectiva dos sujeitos ponentes e destinatários das normas. Todos esses critérios apresentam dificuldades. Isso o faz partir para um conceito de direito como determinado ordenamento normativo que carrega em si a marca da

problemas decorrentes da adoção de distintas premissas, cabe-nos expor aquelas que nos orientam.

O objeto de nossos estudos é, pois, o direito, instrumento de regência de condutas intersubjetivas e que busca orientá-las por seus próprios meios, mediante o estabelecimento de certas prescrições às quais se acoplam sanções em casos de descumprimento, levadas materialmente a cabo pelo Estado.

Nesse propósito, convém esclarecer que tomamos por premissa o direito como um plexo sistemático de normas jurídicas existentes (válidas) em um dado país, que tem por propósito a regência das condutas intersubjetivas, nelas incluídas a dinâmica de produção e a regência da própria atividade normativa.[9] A forma de que se vale o direito para atingimento das expectativas normativas é a emissão de comandos por meio de enunciados (textos) postos por autoridades investidas pelas próprias regras do sistema jurídico e, por isso mesmo, dotados de juridicidade.

Os comandos normativos se vazam por enunciados: textos postos por veículos introdutores credenciados e utilizados com a função pragmática de prescrever condutas, de tal sorte que é a partir de um processo de interpretação[10] desses

---

institucionalidade, capaz de imprimir sanções externas às normas. Daí dizer que "o que comumente chamamos de Direito é mais uma característica de certos ordenamentos normativos que de certas normas. Se aceitarmos essa tese, o problema da definição do Direito se torna um problema de definição de um ordenamento normativo e, consequentemente, diferenciação deste tipo de ordenamento normativo e um outro, não de definição de um tipo de normas". BOBBIO, Norberto. *Teoria do ordenamento jurídico*. 6. ed. Brasília: Editora Universidade de Brasília, 1995. p. 28.

9. Quer-se com isso abranger tanto as normas ditas de conduta quanto as de competência ou também as "constitutivas", tal como refere Guastini, e que criam instituições tais como a propriedade, o matrimônio etc. GUASTINI, Riccardo. *Das fontes às normas*. Tradução de Edson Bini. São Paulo: Quartier Latin, 2005. p. 66.

10. Há algum distanciamento entre o enunciado e a norma. A interpretação é mais que um processo de conhecimento do intérprete, sendo verdadeiramente um ato de criação. Por essa razão, os horizontes culturais e históricos do intérprete influenciam na dinâmica da interpretação dos enunciados, possibilitando a evolução de uma norma no tempo, ainda que inertes os enunciados. Como aponta Guastini, a interpretação é congênere da tradução, já que parte da linguagem das fontes para a

enunciados que se transforma texto em norma.[11] É dizer, parte-se de enunciados para significações estruturadas em juízos condicionais da seguinte forma: "deve ser que, diante de uma hipótese, se estabeleça uma certa consequência de direito que, descumprida, atrairá uma sanção jurídica".

A linguagem do direito positivo dista de possuir o rigor que se encontra, por exemplo, em textos científicos, tais como nos da doutrina. Trata-se de uma linguagem de cunho técnico, ainda permeada por vaguidades e ambiguidades, imprecisões e equívocos, que lhe conferem a chamada textura aberta. Eis uma peculiaridade da linguagem jurídica que, se por um lado sugere margem a certa insegurança semântica na aplicação do direito,[12] por outro lhe garante espaço à regência de situações não previstas de maneira precisa por seus enunciados. Essa tecitura frouxa dos termos de que se vale o direito encontra ainda mais espaço no plano das normas constitucionais, naturalmente vazadas em termos mais abrangentes e que veiculam princípios cuja essência é inerentemente generalizante.[13]

De sorte que não há confundir enunciados (textos, como suporte físico, em seu plano de expressão) com normas (significações obtidas a partir da interpretação dos enunciados), em que pese a ambiguidade desse último termo geralmente assim

---

linguagem dos intérpretes: "[...] A disposição é um enunciado que constitui o objeto da interpretação. A norma é um enunciado que constitui o produto, o resultado da interpretação. Nesse sentido, as normas são – por definição – variáveis dependentes da interpretação". GUASTINI, Riccardo. Op. cit., p. 28.

11. GRAU, Eros Roberto. *O direito posto e o direito pressuposto*. 9. ed. São Paulo: Malheiros Editores, 2014. p. 40.

12. "O equilíbrio entre a justiça e a segurança, que é 'dramático', constitui o desafio maior para o intérprete: buscar a justiça com segurança e garantir a ordem jurídica com justiça. O mesmo desafio se projeta para o campo dos princípios gerais, cabendo ao intérprete harmonizar os princípios vinculados à justiça (capacidade contributiva e custo/benefício), com os decorrentes da ideia de segurança (legalidade, tipicidade, anualidade etc.). Não se pode esquecer, por outro lado, da liberdade que é valor fundamental para a interpretação, pelo seu papel da limitação dos poderes do Estado." TORRES, Ricardo Lobo. *Normas de interpretação e integração do direito tributário*. 2. ed. Rio de Janeiro: Forense, 1994. p. 157.

13. COSTA, Regina Helena. *Praticabilidade e justiça tributária*: exequibilidade da lei tributária e direitos do contribuinte. São Paulo: Malheiros Editores, 2007. p. 27-28.

pareça sugerir. Em razão de tal ambiguidade, aliás, é que se funda a proposta de admitir a expressão "normas em sentido amplo" para aludir também aos enunciados, e "normas em sentido estrito",[14] que se referem apenas aos juízos condicionais construídos a partir de sua interpretação. Quando aludimos ao "direito" como conjunto de normas, evidentemente nos referimos à acepção lata desse termo, i.e., trata-se de um corpo composto pelos enunciados e também pelas significações a ele atribuídas.

Para se chegar às normas, pois, há um percurso interpretativo.[15] Parte-se do subdomínio dos enunciados para a apuração de proposições isoladas e, mediante sua conjugação, chega-se a um juízo condicional prescritivo (norma em sentido estrito), que interage com as demais unidades do sistema jurídico em relações de subordinação e coordenação.

Uma vez que se tomam as normas em sentido estrito como juízos prescritivos dotados de sentido completo obtidos a partir da interpretação dos textos de direito positivo, é quase intuitiva a dimensão comunicacional do fenômeno jurídico: sua concepção como um sistema peculiar de comunicação,[16] constituído por uma série de atos de fala expressos em textos inseridos no ordenamento por veículos introdutores segundo critérios por ele próprio inaugurados e disciplinados.[17]

---

14. CARVALHO, Paulo de Barros. *Direito tributário, linguagem e método*. 3. ed. São Paulo: Noeses, 2009. p. 28.

15. Idem. *Direito tributário*: fundamentos jurídicos da incidência. 8. ed. São Paulo: Saraiva, 2010. p. 124-126.

16. Eis que "[a] concepção da teoria comunicacional do direito tem como premissa que o direito positivo se apresenta na forma de um sistema de comunicação. Direito é linguagem, pois é a linguagem que constitui as normas jurídicas. Essas normas jurídicas, por sua vez, nada mais são que resultados de atos de fala, expressos por palavras e inseridos no ordenamento por veículos introdutores, apresentando as três dimensões sígnicas: suporte físico, significado e significação". TOMÉ, Fabiana del Padre. *A prova no direito tributário de acordo com o Código de Processo Civil de 2015*. 4. ed. São Paulo: Noeses, 2016. p. 61.

17. "[...] há também a possibilidade de considerar a norma como um fenômeno complexo que envolve não só a vontade de seu comando, mas as diferentes situações estabelecidas entre as partes que se comunicam. Neste caso, a norma é vista como comunicação, isto é, uma troca de mensagens entre seres humanos, um modo de comunicar que permite a determinação das relações entre os comunicadores:

Devemos apontar, entretanto, que o ponto de partida de qualquer interpretação é o texto, é dizer, os enunciados postos. A positividade é caráter essencial do direito. Toda e qualquer interpretação, é dizer, tradução do discurso das fontes para o discurso dos intérpretes, deverá passar pela prova do retorno e da adstrição ao texto, ainda que se admitam certas e toleráveis variações decorrentes da já aludida textura aberta dos textos. A interpretação jurídica, tal como qualquer outra não é um ato absolutamente livre. Quer-se com isso reforçar a premissa aqui também adotada de que a positividade é caráter essencial do direito. Não se trata de reducionismo simplista ou truísmo, mas de uma conciliação entre uma base objetiva ontológica (enunciados postos) e uma superestrutura de valores que permeiam atos interpretativos que nos parece afastar radicalismos jusnaturalistas ou sociologismos.[18]

Eis um alerta: afirmar que o direito parte dos textos – e que a eles deve sempre retornar como mecanismo de controle de sua interpretação e aplicação – dista de poder reduzir-se à pecha de um "positivismo normativista". Há uma óbvia margem significativa ao processo interpretativo, inesgotável por definição, permeado por contextos histórico-culturais não só do intérprete, mas também da comunidade de discurso em que se insere. Na postura que adotamos, pois, não cabe a pecha do literalismo. Por outro lado, negar o texto como ponto de partida – e regresso – das interpretações nos parece dissentir do modo de ser próprio do direito tal como o reconhecemos.

---

subordinação, coordenação. [...] Tomado como um complexo comunicativo, a norma torna-se o centro de uma série de problemas: a determinação da vontade normativa (teoria das fontes do direito), a determinação dos sujeitos normativos (teoria dos direitos subjetivos, capacidade, competência, responsabilidade), a determinação das mensagens normativas (teoria das obrigações, das permissões, das faculdades, das proibições normativas etc.)." FERRAZ JR., Tercio Sampaio. *Introdução ao estudo do direito*: técnica, decisão, dominação. São Paulo: Atlas, 1988. p. 100.

18. "Somente uma ontologia objetiva do direito está apta a retificar o radicalismo de ambas as tomadas de posições, conciliando a verdade parcial que reside em cada uma dessas atitudes antinômicas. A positividade, pois, é um caráter essencial do direito. É uma determinação necessária e não meramente possível do direito." VILANOVA, Lourival. *Escritos jurídicos e filosóficos*. São Paulo: Axis Mundi; IBET, 2003. v. 1. p. 61.

Pois bem. Feitas essas digressões sobre o direito, há de se voltar atenção às normas, suas unidades constitutivas.

Normas jurídicas em sentido estrito são juízos condicionais construídos a partir da conjugação de diversos enunciados jurídicos que vinculam determinada hipótese a uma consequência jurídica que une dois sujeitos em torno de uma relação. Em termos formais, isso se pode exprimir da seguinte maneira: "D(H→C)", em que se lê: deve ser que (D), verificada certa hipótese ou antecedente (H), se instaure como consequência (C), que constitui relação jurídica entre um sujeito passivo e um sujeito ativo, em torno de um dado objeto.

Considerando, contudo, que a marca da juridicidade das normas repousa na sanção, ou seja, na imposição coativa das condutas objeto de sua regência ou no estabelecimento de uma consequência pelo seu descumprimento, é que se tem a noção desenvolvida por Hans Kelsen de que toda norma é, em verdade, uma ligação de duas normas: uma que prescreve dada conduta, que designamos primária, e outra, que adotamos como secundária, que prescreve a coação jurisdicional para o caso de descumprimento da primeira.[19]

Convém que se abra neste ponto um parêntese para tratar da sanção, conceito crítico ao desenrolar deste estudo. Muito embora seja a sanção a marca da juridicidade das normas,[20] trata-se de ideia sobre a qual não há consenso. Em

---

19. Nas palavras do próprio autor: "[...] se se pressupõe que cada norma jurídica geral seja a ligação de duas normas, das quais uma estabelece como devida uma certa conduta e a outra põe como devida a fixação de um condicional ato de coação por parte de um órgão judicial para o caso de violação desta norma. Eu designei a segunda norma como primária, a primeira como norma jurídica secundária. Também sob esta pressuposição, a indagação se um sujeito de direito cumpriu ou violou uma norma – a norma jurídica secundária – apenas pode ser decidida de modo juridicamente relevante, pelo competente órgão aplicador do Direito". KELSEN, Hans. *Teoria geral das normas*. Porto Alegre: Sergio Antonio Fabris Editor, 1986. p. 68. Note-se nessa passagem que Kelsen adjudica à norma que estabelece a conduta a designação de norma secundária, e a de norma primária àquela que preconiza a sanção por seu descumprimento. Isso por dar relevo justamente à marca da coatividade.

20. "Outro problema é como a norma jurídica se distingue das demais normas, as quais também são promessas para controle do futuro. A resposta dá-se, da mesma

geral, admite-se a sanção como uma consequência ou um castigo[21] imposto pelo Estado pelo descumprimento das normas.[22] Sobre a plurivocidade desse termo, Eurico de Santi nota que, em geral, ele é usado como referência a uma (i) relação jurídica consistente em conduta substitutiva reparadora do descumprimento de uma obrigação; (ii) relação que habilita um sujeito a exercitar direito de ação para exigir do Estado-juiz a efetivação de dever constituído em norma primária; ou mesmo (iii) relação objeto dessa ação, ou seja, seu produto, entendida como o poder do Estado de fazer cumprir coativamente a sanção.[23] Esta, de todo modo, parece-nos sempre relacionada à norma secundária: à atuação do Estado na aplicação de uma consequência jurídica (de execução, reparação ou punição) ao descumprimento de uma norma.

---

maneira, no nível da promessa: a norma é jurídica quando a promessa, a ideia, vem acompanhada de promessas de coercitividade, alteridade, heteronomia etc. e assim é entendida pelos circunstantes." ADEODATO, João Maurício. *Uma teoria retórica da norma jurídica e do direito subjetivo*. São Paulo: Noeses, 2011. p. 174.

21. Em lições clássicas, temos que "o Estado e o direito assentam na coacção [...]. A coacção, tomada a palavra em sentido geral, consiste na realização de um fim por meio do constrangimento de uma vontade estranha. [...] Vamos estudar a organização no que respeita aos fins da sociedade. Esta organização baseia-se na realização das duas noções de Estado e de Direito: d'um lado a organização do poder que exerce a coacção, do outro a fixação dos princípios que regulam o seu exercício". IHERING, Rudolf von. *A evolução do direito (Zweck im Recht)*. Vertido da tradução francesa de O. de Meulenaere. Lisboa: José Bastos & C.ª, 1956. p. 167-168.

22. Para Becker, a coercibilidade é inerente às relações jurídicas, sendo sua propriedade lógica. Seria como a energia ou poder criador do direito, que estabelece a sujeição às suas normas. O desrespeito às normas, i.e., a não sujeição, impõe o exercício de uma força material "para obter-se a sujeição à força espiritual da eficácia jurídica"; tal força é a coação. Já a sanção se identifica precisamente com a norma secundária. "O legislador, a fim de dificultar a não sujeição (desrespeitabilidade) à eficácia jurídica (relação jurídica e seu conteúdo jurídico) resultante da incidência de uma determinada regra jurídica, cria também outra regra jurídica que, por sua vez, incidirá no caso de acontecer a não sujeição àquela eficácia jurídica." BECKER, Alfredo Augusto. *Teoria geral do direito tributário*. 6. ed. São Paulo: Noeses, 2013. p. 336-337.

23. SANTI, Eurico Marcos Diniz de. *Lançamento tributário*. 3. ed. São Paulo: Saraiva, 2010. p. 39.

Feito tal parêntese, depreende-se que a norma secundária, como aponta Lourival Vilanova,[24] tem índole processual e busca implementar a sanção pelo descumprimento de uma norma primária.[25] Ela tem lugar quando do descumprimento ou da negação de uma conduta prescrita em norma primária; verificada tal situação – que configura o antecedente da norma tributária –, instaura-se relação jurídica entre o sujeito ativo da norma primária e o Estado-Juiz, que aplicará a sanção cominada para o caso.

Por fim, importa atentar que certas normas primárias têm por hipótese o descumprimento de outras. É o caso, por exemplo, das normas que veiculam multas pelo inadimplemento da prestação tributária. Estas são, nos termos utilizados por Eurico de Santi,[26] as normas primárias sancionatórias, que também contam com suas próprias normas secundárias.

---

24. "Norma primária (oriunda de normas civis, comerciais, administrativas) e norma secundária (oriunda de norma de Direito Processual Objetivo) compõem a bimembridade da norma jurídica: a primária sem a secundária desjuridiciza-se; a secundária sem a primária reduz-se a instrumento, meio, sem fim material, a adjetivo sem o suporte do substantivo. Para valer-se da coação, o sujeito do direito reveste-se de capacidade processual, que advém como efeito da incidência da norma processual; do mesmo modo, o sujeito passivo investe-se da capacidade processual para se opor. Ao direito de ação contrapõe-se o direito de defesa. No exercício de um e de outro os sujeitos dirigem-se ao Estado-juiz, com este constituindo a relação [...]." VILANOVA, Lourival. *Causalidade e relação no direito*. 5. ed. São Paulo: Noeses, 2015. p. 151.

25. A formulação lógica da norma completa seria a seguinte:
$D\,[H \rightarrow R\underset{\leftarrow c}{(Sa,Sp)}]\ v\ [H'\,(-c) \rightarrow R'\underset{\leftarrow s}{(Sa,Sj)}]$, em que se lê: deve ser (D) que, diante de determinada hipótese (H), se estabeleça uma relação jurídica (R) entre um sujeito ativo (Sa) e um sujeito passivo (Sp) em torno de determinada conduta (←c). Esta é a norma jurídica primária, conjugada por uma disjunção includente (v) à norma secundária, que assim se expressa: diante da hipótese (H') de descumprimento da conduta (-c) preconizada pela norma primária, instaura-se a relação entre o sujeito ativo (Sa) e o Estado-Juiz (Sj) que aplicará uma sanção (←s).

26. Aponta o referido autor: "A norma primária sancionadora, como a norma secundária, tem por pressuposto o não cumprimento de deveres ou obrigações; carece, entretanto, da eficácia coercitiva daquela. Nas normas primárias situam-se as relações jurídicas de direito material (substantivo), nas normas secundárias, as relações jurídicas de direito formal (adjetivo ou processual) em que o direito subjetivo é o de ação (em sentido processual)". SANTI, Eurico Marcos Diniz de. *Lançamento tributário*. 3. ed. São Paulo: Saraiva, 2010. p. 38.

Diferem tais normas, evidentemente, das normas secundárias – de cunho processual –, que se prestam a provocar o Estado--Juiz e assim substituir a ação voluntária do sujeito passivo na satisfação do crédito.

Temos até aqui brevemente delimitadas certas noções basilares que determinam a abordagem deste estudo: nossas concepções de direito, de normas jurídicas e da sanção que as caracteriza.

1.2 Normas jurídicas e hierarquia

O item antecedente demonstra que os conceitos de direito e de norma jurídica se interdeterminam: aquele é um conjunto desta, cuja marca da coercitividade decorre de pertencer àquele primeiro. Com efeito, a norma jurídica distingue-se das demais (religiosas, morais etc.) por uma coatividade institucionalizada no nível estatal, i.e., juridicizada por um ordenamento. Já o direito ou ordenamento se caracteriza por ser um conjunto de normas jurídicas. A circularidade inerente a esse conceito não é estranha à doutrina, como nos parecem sugerir, por exemplo, as percepções de Lourival Vilanova[27] e Norberto Bobbio.[28]

Imersas nesse conjunto, as normas jurídicas se relacionam a partir do critério de subordinação hierárquica,[29] é

27. "E não há norma jurídica que não pertença a um determinado sistema. Isoladamente, não tem ela o específico característico de valer de ser exigível, em sua observação e em sua aplicação. Mesmo diante de toda norma cabe a pergunta: de onde provém, de onde obtém sua existência válida? Há de provir de um sistema, em cujo interior se encontram os modos de constituir e de desconstituir normas." VILANOVA, Lourival. *Causalidade e relação no direito*. 5. ed. São Paulo: Noeses, 2015. p. 28.

28. Em sua "teoria do ordenamento jurídico", Bobbio aponta que, para ser jurídica, uma norma já pressupõe integrar-se a um conjunto ordenado de outras. Há circularidade, pois, entre os conceitos de direito (como ordenamento) e norma. Afirma, assim, que "Direito não é norma, mas um conjunto coordenado de normas, sendo evidente que uma norma jurídica não se encontra jamais só, mas está ligada a outras normas com as quais forma um sistema normativo". BOBBIO, Norberto. *Teoria do ordenamento jurídico*. 6. ed. Brasília: Editora Universidade de Brasília, 1995. p. 21.

29. "Para obter-se resultado teórico adverso às suas pretensões, faz-se necessário, e mesmo imprescindível, excursionar antes pela TGD, esclarecendo como as normas

dizer, as normas buscam seu fundamento de validade, i.e., sua razão de existir, em outras normas de superior estatura, em um escalonamento que remete, no plano positivo, às normas constitucionais ou ainda, em um plano dogmático, à norma hipotética fundamental indicada por Kelsen.[30] Oportuno, a propósito, o regresso às suas próprias palavras:

> A análise do direito, que revela o caráter dinâmico desse sistema normativo e a função da norma fundamental, também expõe uma peculiaridade adicional do Direito: o Direito regula a sua própria criação, na medida em que uma norma jurídica determina o modo em que outra é criada e também, até certo ponto, o conteúdo dessa norma. Como uma norma jurídica é válida por ser criada de um modo determinado por outra norma jurídica, esta é o fundamento de validade daquela. A relação entre a norma que regula a criação de outra norma e essa outra norma pode ser representada como uma relação de supra e infraordenação, que é uma figura especial de linguagem. A norma que determina a criação de outra norma é a norma superior, e a norma criada segundo essa regulamentação é a inferior. [...] A unidade dessas normas é constituída pelo fato de que a criação de uma norma – a inferior – é determinada por outra – a superior – cuja criação é determinada por outra norma ainda mais superior, e de que esse *regressus* é finalizado por uma norma fundamental, a mais superior, que, sendo fundamento supremo de validade da ordem jurídica interna, constitui a sua unidade.

Muitas são hipóteses em que uma norma se diz fundamento de validade de outra. Assim, por exemplo, a norma geral a partir da qual outra pode ser deduzida é hierarquicamente superior a esta. Da mesma maneira, uma norma de cunho teleológico que preconize determinado objetivo será superior àquela que busque implementar tal objetivo. Assim também haverá hierarquia entre a norma que inaugura uma competência e

---

se encontram submissas, no ordenamento jurídico, a critérios de sintaxe jurídica: umas são supraordenadas, outras coordenadas, outras infraordenadas. Sem essa abordagem dos critérios sintáticos de supra – e subordinação hierárquica, a questão da hierarquia das normas flutua no vazio." BORGES, José Souto Maior. Hierarquia e sintaxe constitucional da lei complementar tributária. *Revista Dialética de Direito Tributário – RDDT*, São Paulo: Dialética, n. 150, p. 74, 2008.

30. KELSEN, Hans. *Teoria geral do direito e do estado*. 3. ed. São Paulo: Martins Fontes, 1998. p. 181.

aquela que é produto de seu exercício.[31] Nesses casos, vê-se uma relação material (semântica) de hierarquia normativa.

Nesse particular, conforme aponta Charles McNaughton, "a hierarquia pode ser tida da seguinte forma: entidade normativa que, segundo o direito, está apta a dizer como 'como', 'o quê' e 'para quem' outra norma pode dizer algo a alguém e é hierarquicamente superior a esta outra norma".[32]

Quer-se deixar evidente com tais digressões, pois, a existência de um vínculo indissociável entre as noções de direito, de hierarquia e de competência (aqui tomada como a investidura outorgada a um ente para que produza enunciados normativos), na medida em que todas as normas que inauguram ou regulam uma competência são hierarquicamente superiores àquelas que são produto de seu exercício.[33]

Como se verá adiante, por exemplo, o sistema tributário brasileiro adjudica papel relevante a certas normas gerais (vazadas em leis complementares) que atuam na conformação da competência tributária dos entes federativos: aí estará, a nosso ver, hipótese de subordinação hierárquica.

A hierarquia entre normas se desenvolve tanto na dimensão sintática, ou seja, no sentido da relação lógica entre as normas, quanto no seu sentido semântico.[34] Em termos

---

31. GUASTINI, Riccardo. *Das fontes às normas*. Tradução de Edson Bini. São Paulo: Quartier Latin, 2005. p. 187-188.

32. MCNAUGHTON, Charles William. *Hierarquia e sistema tributário*. 2008. 379 f. Dissertação (Mestrado em Direito) – Pontifícia Universidade Católica de São Paulo, São Paulo, 2008. f. 359.

33. "Por isso é que uma norma N1, que regula a produção normativa ao determinar o órgão e o processo de produção de uma N2, é tida como fundamento imediato de validade desta. A norma N2 por sua vez será o fundamento de validade de uma norma N3, e assim o direito positivo vai efetivando o seu processo de positivação em direção à linguagem da realidade social [...] O direito positivo estrutura-se em uma hierarquia de veículos introdutores, em virtude da hierarquia do seu órgão produtor, em cujo cume encontramos a Assembleia constituinte, na condição de órgão-fonte superior [...]." MOUSSALLEM, Tárek Moysés. *Fontes do direito tributário*. 2. ed. São Paulo: Noeses, 2006. p. 142-143.

34. Sob o aspecto pragmático de toda e qualquer linguagem também se pode pensar na hierarquia. Nesse caso, a hierarquia é vista como instrumento de legitimação

semânticos, a hierarquia pode ser formal, quando diz respeito aos procedimentos pelos quais uma norma dispõe sobre a criação de outra (tratar, pois, do "quem" e do "como" será a produção normativa), ou material, quando se ocupa de aspectos de conteúdo que uma norma permite que outra venha a dispor (aqui se cuida de "o que" pode ser objeto de uma norma e "para quem" se destina).

Para além de outorgar concepção unitária ao direito, a hierarquia traz consigo a noção de prevalência entre normas,[35] do que se tratará também neste estudo, em especial quando abordarmos as leis complementares e sua interação com outros veículos introdutores.

Em outros e mais claros dizeres: a noção de hierarquia em toda sua força semântica (formal e material) é de superlativa relevância porque a partir dela se desenvolvem os mecanismos de controle da produção e aplicação normativas em todas as instâncias da cadeia de positivação do direito. É pela força da interpretação dos enunciados constitucionais vigentes que eventuais antinomias conduzem, em controle difuso, à desaplicação de certos comandos a este ou àquele caso particular

---

das comunicações jurídicas em que pragmaticamente se aceitem normas introduzidas em um dado sistema jurídico. Em tal perspectiva, "a hierarquia se dá quando uma determinada autoridade jurídica criadora de norma N esteja, segundo as regras pragmáticas daquele sistema jurídica, compelida a falar em nome de um certo conjunto C de normas para que sua decisão jurídica seja acatada. Entre as normas pertencentes a C e N, haverá, justamente, aquela relação hierárquica". MC-NAUGHTON, Charles William. Hierarquia e sistema jurídico. *In*: CARVALHO, Aurora Tomazini de (org.); CARVALHO, Paulo de Barros (coord.). *Construtivismo lógico-semântico*. São Paulo: Noeses, 2018. v. II. p. 418.

35. A propósito: "[...] a relação de hierarquia é normalmente associada à ideia de prevalência e termina por indicar qual noma 'vale mais'. A noção de hierarquia envolve uma *relação linear* entre duas normas separadas semanticamente, de tal sorte que uma se *sobrepõe* à outra. E, no caso de conflito, a norma inferior incompatível com a norma superior perde, *ipso facto*, a validade por meio de um *raciocínio de exclusão*. Trata-se, portanto, de uma sistematização *linear* (a norma superior constitui o fundamento da inferior), *simples* (baseada numa relação de hierarquia linear entre as normas) e *não gradual* entre as normas jurídicas (as normas estão, ou não, sistematizadas enquanto hierarquicamente postas) com implicações no plano de sua validade". ÁVILA, Humberto. *Sistema constitucional tributário*. 5. ed. São Paulo: Saraiva, 2012. p. 82.

ou ainda, em sede de controle concentrado, à sua extirpação do ordenamento.

Mas não é só. A noção de hierarquia, ao conduzir à unidade de um ordenamento, também reforça sua natureza sistêmica. É sobre o que se passa a tratar em breves linhas.

1.3 O direito e sua natureza sistêmica

"Sistema" é expressão que remete a um conjunto de elementos relacionados entre si e ordenados conforme certos princípios. Há, pois, a ideia de um todo e de uma unidade[36] ordenada por certos critérios.

A propósito disso, Kelsen aponta que o caráter de sistema ou ordem normativa[37] advém precisamente da noção de unidade decorrente da hierarquia das normas, remissivas em última análise à mesma norma fundamental, essa última, entretanto, situada como um postulado em plano dogmático.

Cabe, aliás, advertir que o sistema do direito positivo e o da ciência do direito não se confundem. O primeiro é prescritivo, marcado pela positividade, e tem por princípio de unidade, no caso brasileiro, a CF. Já o sistema da ciência do direito é descritivo, sujeito à verificabilidade, e seu princípio de unidade é a norma fundamental.[38] Ambos, entretanto, pos-

---

36. Nesse sentido: "sistema (do lat. tardio e do gr. *systema*, de *synistanai*: juntar) *1.* Em um sentido geral, conjunto de elementos relacionados entre si, ordenados de acordo com determinados princípios, formando um todo ou uma unidade. Ex.: sistema solar. 2. Conjunto de pensamentos, teses ou doutrinas, desenvolvidos articuladamente e formando uma unidade teórica: o sistema de Hegel. Por vezes com um sentido pejorativo, a palavra 'sistema' é utilizada para designar um conjunto de ideias científicas ou filosóficas interligadas e formando um todo: o sistema de Newton, o sistema de Descartes. Sistema é um termo mais amplo que *teoria*: o sistema de um autor é o conjunto de suas teorias, na medida em que elas se ligam entre si e remetem uma à outra". JAPIASSÚ, Hilton; MARCONDES, Danilo. *Dicionário básico de filosofia*. 5. ed. Rio de Janeiro: Zahar, 2008. p. 230.

37. KELSEN, Hans. *Teoria pura do direito*. 6. ed. São Paulo: Martins Fontes, 1999. p. 217.

38. VILANOVA, Lourival. *As estruturas lógicas e o sistema do direito positivo*. São Paulo: Noeses, 2010. p. 137.

suem características próprias de um sistema; nesse particular, distanciamo-nos da visão segundo a qual apenas a doutrina[39] poderia aspirar a foros sistemáticos.[40]

O fato de o sistema normativo poder ser tomado sob sua perspectiva estática ou dinâmica é comumente utilizado como argumento a negar a natureza de sistema ao ordenamento: daí a distinção entre ordenamento e sistema.[41] O ordenamento é uma sucessão constante de normas que se sobrepõem e modificam entre si a partir de normas que ditam a autoprodução ou autorregulação do próprio direito. Mesmo sob a perspectiva dinâmica, enfim, parece-nos clara a feição sistêmica do direito, sempre sujeito a princípios unificadores ligados tanto à forma de sua produção quanto ao conteúdo de suas enunciações.

Os sistemas de direito se fundam em dois axiomas, como lembra Paulo de Barros Carvalho, o da hierarquia e o da validade. Sobre o primeiro, já discorremos no item precedente: "uma regra há de ter, para desfrutar de juridicidade, seu fundamento em outra que lhe seja superior",[42] remetendo à ordem constitucional. Sobre o axioma da validade, é certo que as normas apenas adquirem juridicidade por integrarem um sistema de direito positivo. A validade é, enfim, o critério

39. ROBLES MORCHÓN, Gregorio. *Teoría del derecho*: fundamentos de teoría comunicacional del derecho. Madrid: Civitas, 1998. v. 1. p. 111.

40. Tendo-se filiado a tal concepção, Gregorio Robles Morchón propõe que, ao lado do ordenamento (como conjunto de textos jurídicos) e do sistema (texto amplo produto da construção hermenêutica, depurado conceitualmente e sistematizado conforme critérios racionalizados), há ainda o âmbito jurídico, que congregaria "todos los textos que se producen en lo que se suele llamarse 'la práctica del derecho' – salvo la jurisprudencia de los tribunales y los actos administrativos con valor de precepto, que pertenece al ordenamiento". ROBLES MORCHÓN, Gregorio. Ordenamiento, sistema y ámbito jurídicos: la función comunicacional de la dogmática jurídica. *In*: ROBLES MORCHÓN, Gregorio; CARVALHO, Paulo de Barros (coord.). *Teoria comunicacional do direito*: diálogo entre Brasil e Espanha. São Paulo: Noeses, 2017. v. II. p. 411-421.

41. BARRETO, Paulo Ayres. Ordenamento e sistema jurídicos. *In*: CARVALHO, Paulo de Barros *et al. Construtivismo lógico-semântico*. São Paulo: Noeses, 2014. p. 258.

42. CARVALHO, Paulo de Barros. *Direito tributário, linguagem e método*. 3. ed. São Paulo: Noeses, 2009. p. 219 e 223.

de pertinência da norma a um sistema e que, portanto, a faz existente como um dever-ser jurídico.[43]

Como tivemos oportunidade de salientar anteriormente,[44] Humberto Ávila desenvolve, com base na noção sistêmica do direito, a ideia de coerência[45] entre as normas, o que tem lugar não apenas no plano formal, a partir de noções de consistência e completude, mas também em uma perspectiva substancial, de modo que há uma dependência *conteudística* entre as normas, que se desenvolve nos níveis vertical (o conteúdo das normas infraconstitucionais deve-se determinar pelo que mais intensamente corresponda à norma superior) e horizontal (no caso de princípios gerais e específicos ou entre princípios e regras constitucionais, as normas mais específicas devem corresponder ao conteúdo das mais gerais).

No caso dos Estados federais em que há, naturalmente, diversos núcleos ejetores de normas jurídicas, a noção da sistematicidade do ordenamento permanece a mesma: o sistema é um só, submetido aos axiomas de hierarquia (a partir de uma Constituição) e validade das normas, não obstante se possa metodologicamente conceber os subsistemas das ordens legislativas parciais. Conforme as particularidades de cada

43. Extraímos de Kelsen uma explicação sobre a noção de hierarquia (a partir da norma fundamental) e a de validade (dos comandos emitidos em conformidade com a Constituição): "No silogismo normativo que fundamenta a validade de uma ordem jurídica, a proposição de dever-ser que enuncia a norma fundamental: devemos conduzir-nos de acordo com a Constituição efetivamente posta e eficaz, constitui a premissa maior; a proposição de ser que afirma o fato: a Constituição foi efetivamente posta e é eficaz, quer dizer, as normas postas em conformidade com ela são globalmente aplicadas e observadas, constitui a premissa menor; e a proposição de dever-ser: devemos conduzir-nos de harmonia com a norma jurídica, quer dizer: a ordem jurídica vale (é válida ou vigente), constitui a conclusão. As normas de uma ordem jurídica positiva valem (são válidas) porque a norma fundamental que forma a regra basilar de sua produção é pressuposta como válida [...]". KELSEN, Hans. *Teoria pura do direito*. 6. ed. São Paulo: Martins Fontes, 1999. p. 148-149.

44. CURY, Fabio Lemos. *Apontamentos sobre as taxas judiciárias*: análise crítica à luz da Constituição Federal. 2016. 186 f. Dissertação (Mestrado em Direito) – Pontifícia Universidade Católica de São Paulo, São Paulo, 2016. f. 15-16.

45. ÁVILA, Humberto. *Sistema constitucional tributário*. 5. ed. São Paulo: Saraiva, 2012. p. 85.

organização estatal (a cada Constituição pode corresponder uma espécie singular de federalismo), haverá maior ou menor concentração de matérias sujeitas à regência comum; de todo modo, certa centralização é sempre pressuposta.

Questões controvertidas acerca da sistematicidade dos ordenamentos são suas qualidades de consistência e de completude.[46] Quanto à primeira, discute-se se um ordenamento possui de fato antinomias ou se, reconhecendo-as, as extirpa de sorte que há normas válidas mutuamente excludentes. No que diz respeito à completude, a controvérsia se dá sobre o cabimento das lacunas, ou seja, sobre saber se há condutas à margem da regência normativa a clamar pela integração. A nós parece suficiente a noção de que em um ordenamento sempre haverá mecanismos de controle de antinomias e integrações normativas; tudo o que se desenvolve a partir de parâmetros estabelecidos pelo próprio direito.

Enfim, o que nos importa nestas digressões é sobrelevar a unidade do direito e sua característica sistêmica, que – sob uma perspectiva dinâmica – se comporta, por constante criação e modificação, sempre de acordo com forma e conteúdo ditados pela Constituição. Por força das disposições do próprio sistema de direito, as normas que tenham sido produzidas em desacordo com seus específicos programas (porque emanadas de autoridade incompetente, por terem se enunciado em desacordo com as prescrições procedimentais ou por não veicularem matéria conforme o que preconiza a Constituição ou outras normas de superior hierarquia) podem ter sua adequação ao sistema posta em xeque por normas de revisão. Trata-se, enfim, do que se poderia dizer um "controle de sua validade" ou, ainda, um controle sobre sua aderência às regras de produção normativa, a determinar se o produto legislado foi produzido pelo órgão competente (quem), pelo procedimento adequado

46. FERRAZ JR., Tercio Sampaio. *Introdução ao estudo do direito*: técnica, decisão, dominação. São Paulo: Atlas, 1988. p. 184 e 196.

(como), tendo cuidado de matéria que lhe competia (o que) e destinado a quem de direito (para quem).

No particular sistema tributário nacional, sobre o qual teremos a oportunidade de discorrer adiante, a própria CF apontou para as leis complementares como mecanismo de edição de comandos – de ordem nacional, vinculante a todas as pessoas políticas – que lhes imprime certa centralidade e sistematicidade, inclusive sob uma perspectiva semântica ou "conteudística". Veremos que aí não há perversão à noção de federalismo tributário, mas sim a conformação mesma de um caso de federalismo tributário: o caso brasileiro. Sobre tal plataforma é que avançaremos para o ITCMD.

Feitas tais ponderações acerca da natureza sistêmica do direito e seu comportamento dinâmico, sói discorrer sobre alguns pontos em relação aos alicerces que conferem unidade semântica ao direito: os princípios.

1.4 Princípios de direito

Até este ponto vimos lançando as bases de nosso raciocínio. Tratamos de uma concepção de direito, de suas unidades, as normas, da ideia de que a toda norma corresponde uma sanção, bem assim da natureza sistêmica desse arranjo que é o ordenamento. Cabe, então, tratar dos princípios, que, para além da verdadeira euforia doutrinária que inspiram,[47] trazem implicações bastante concretas ao sistema constitucional tributário, já que comumente são atrelados às imunidades, como as limitações ao poder de tributar.

Em geral, bem se sabe que os princípios são as linhas mestras, o norte de um sistema jurídico. Condicionam semanticamente a validade de toda a cadeia normativa por meio da determinação de seu sentido; daí consistirem em

47. ÁVILA, Humberto. *Teoria dos princípios*: da definição à aplicação dos princípios jurídicos. 16. ed. rev. e atual. São Paulo: Malheiros Editores, 2015. p. 43.

mandamentos nucleares[48] do sistema a lhe conferir densidade material (semântica ou "conteudística"). Tal peculiaridade se deve grandemente ao fato de que os princípios se interpretam a partir do texto constitucional e comportam-se como "especializações ou explicitações dos direitos e garantias individuais",[49] de que decorre sua superior hierarquia, em relação já explanada anteriormente.

Questão que há muito captura o debate acerca desse tema, já que envolve aspectos conceituais, é a da distinção entre princípios e regras ou entre estes e as normas. A discussão, embora escape um pouco do objetivo deste trabalho, merece algumas considerações.

Riccardo Guastini[50] aponta que a expressão "princípios de direito" apresenta significado fugaz, muitas vezes contraposto às normas por certos estudos doutrinários. Assim, observa que há três características gerais distintivas dessa ordem de coisas. Em primeiro lugar, são caracterizados pela posição que ocupam no ordenamento jurídico, em geral considerados pelos legisladores, pela doutrina ou pela jurisprudência fundamento – nos sentidos material ou semântico – de um conjunto de outras normas. Seriam, assim, normas de especial importância no ordenamento, conforme entende a comunidade do discurso jurídico (há, nisso, uma dimensão valorativa, relativamente mutável) em que se inserem. Além disso, os princípios seriam dotados de significado marcadamente elástico ou indeterminado, seja por não possuírem um campo exato de aplicação, seja porque possuem conteúdo teleológico. Nesse ponto, o autor aponta que se trata de uma suposição falaz aquela de que as normas se aplicam sem maiores

48. ATALIBA, Geraldo. *República e Constituição*. 2. ed. São Paulo: Malheiros Editores, 2001. p. 34.

49. DERZI, Misabel Abreu Machado. Nota de atualização à obra de Aliomar Baleeiro. *In*: BALEEIRO, Aliomar. *Direito tributário brasileiro*. Atualizada por Misabel Abreu Machado Derzi. 13. ed. Rio de Janeiro: Forense, 2015. p. 14.

50. GUASTINI, Riccardo. *Das fontes às normas*. Tradução de Edson Bini. São Paulo: Quartier Latin, 2005. p. 185-190.

dúvidas ou escolhas discricionárias. Por fim, os princípios se caracterizariam também por sua generalidade.

Tais características decerto são aplicadas aos princípios por diversos autores com vistas ao estabelecimento de critérios para distingui-los das regras. De maneira geral, consideram-se princípios e regras espécies do gênero normas,[51] dada sua evidente prescritividade,[52] ou, em outros dizeres, a sua função prescritiva de condutas, já que imersos no contexto de um ordenamento.

Pois bem. Em Dworkin, encontra-se uma das mais difundidas teorias sobre os princípios e seus comportamentos em oposição às regras. Apontando para a natureza axiológica e geral dos princípios, uma das marcas distintivas em relação às regras se dá quanto à maneira de sua aplicação. Assim, as regras se comportam "à maneira do tudo ou nada". Dados os fatos que uma regra estipula, então ou a regra é válida, e nesse caso a resposta que ela fornece deve ser aceita, ou não é

---

51. Assim, por exemplo, o raciocínio de Alexy, que embora distinga entre as referidas espécies, notadamente por reconhecer nos princípios a estrutura típica das normas de direitos fundamentais, os toma no gênero das normas: "Aqui, regras e princípios serão reunidos sob o conceito de norma. Tanto regras quanto princípios são normas, porque ambos dizem o que deve ser. Ambos podem ser formulados por meio das expressões deônticas básicas do dever, da permissão e da proibição. Princípios são, tanto quanto as regras, razões para juízos concretos de dever-ser, ainda que de espécie muito diferente. A distinção entre regras e princípios é, portanto, uma distinção entre duas espécies de normas". ALEXY, Robert. *Teoria dos direitos fundamentais*. Tradução de Virgílio Afonso da Silva. 2. ed. São Paulo: Malheiros Editores, 2015. p. 87.

52. Renato Becho apresenta visão particular a esse respeito, segundo a qual "[...] os princípios e as regras não são normas, veículos normativos, partes de normas. Por vezes, os princípios estarão escritos em textos legais, outras vezes, eles serão apreendidos somente a partir do conhecimento do sistema jurídico, por não estarem expressos. Tanto uns como outros têm que ser utilizados pelo intérprete para que esse possa chegar até a norma, até a ordem que o sistema jurídico quer imprimir à sociedade. A norma é o todo, os textos legais são o primeiro suporte sobre os quais o intérprete se debruçará. Esses textos podem ser classificados como princípios ou regras". BECHO, Renato Lopes. *Filosofia do direito tributário*. São Paulo: Saraiva, 2009. p. 133. Como nos parece claro, o coerente ponto de vista do referido autor decorre de uma especial conceituação dos princípios e das regras como integrantes de um plano de expressão.

válida, e nesse caso em nada contribui para a decisão".[53] Já os princípios, de seu turno, atuam de maneira a serem sopesados ou ponderados diante de determinada situação. Eis por que os princípios teriam essa dimensão da qual estão desprovidas as regras, que é do peso ou da importância, que os leva ao sopesamento, sem que um se considere preponderante ou invalide o outro.

Para Hart, os princípios devem ser tomados como padrões de conduta, entre os quais se incluem aqueles dos órgãos julgadores ao decidir; de todo modo, pontos comuns a esse conceito em diversos tipos de análise são sua extensão e generalidade, para além de se referirem a finalidades ou valores de maneira não apenas a explicar normas que lhes exemplificam, mas também a adjudicar-lhes justificação.[54]

Em contraponto à crítica que lhe dirige Dworkin,[55] aliás, Hart aponta para o fato de que a distinção entre princípios e regras em razão da forma de sua aplicação – estas como sujeitas a juízos de "tudo ou nada", de maneira que, quando aplicáveis a um caso, "obrigam" certa conduta, enquanto aqueles primeiros apenas apontam, contam a favor de determinado raciocínio, tendo um resultado "não conclusivo" – seria,

53. DWORKIN, Ronald. *Levando os direitos a sério*. São Paulo: Martins Fontes, 2002. p. 39.

54. HART, Herbert. *O conceito de direito*. 3. ed. Lisboa: Fundação Calouste Gulbenkian, 2001. p. 322.

55. Em sua crítica ao positivismo, em que apresenta a distinta dinâmica de aplicação dos princípios e das regras, a crítica é centralizada na obra de HART: "Quero lançar um ataque geral contra o positivismo e usarei a versão de H. L. A. Hart como alvo, quando um alvo específico se fizer necessário. Minha estratégia será organizada em torno do fato de que, quando os juristas raciocinam ou debatem a respeito de direitos e obrigações jurídicos, particularmente naqueles casos difíceis nos quais nossos problemas com esses conceitos parecem mais agudos, eles recorrem a padrões que não funcionam como regras, mas operam diferentemente, como princípios, políticas e outros tipos de padrões. Argumentarei que o positivismo é um modelo de e para um sistema de regras que a noção central de um único teste fundamental para o direito nos força a ignorar os papéis importantes desempenhados pelos padrões que não são regras". DWORKIN, Ronald. *Levando os direitos a sério*. São Paulo: Martins Fontes, 2002. p. 35-36.

enfim, mais em relação ao grau de generalidade do que realmente uma questão central.[56]

O tema, enfim, é controvertido. Em obra monográfica acerca da matéria, Humberto Ávila,[57] sintetizando muitas das posições a respeito, propôs linhas conceituais claras, que valem a reprodução:

> As regras são normas imediatamente descritivas, primariamente retrospectivas e com pretensão de decidibilidade e abrangência, para cuja aplicação se exige a avaliação da correspondência, sempre centrada na finalidade que lhes dá suporte ou nos princípios que lhes são axiologicamente subjacentes, entre a construção conceitual da descrição normativa e a construção conceitual dos fatos.
>
> Os princípios são normas imediatamente finalísticas, primariamente prospectivas e com pretensão de complementaridade e de parcialidade, para cuja aplicação se demanda uma avaliação da correlação entre o estado de coisas a ser promovido e os efeitos decorrentes da conduta havida como necessária à sua promoção.

Referido autor também zela pela separação da figura dos postulados normativos aplicativos dos conceitos de princípios e regras,[58] já que aqueles se destinam a ditar modos de raciocínio ou argumentação relativos à aplicação destes. A nosso ver, seriam tais postulados um esforço teórico de formalização do raciocínio jurídico, da interpretação normativa, na esperança de possibilitar padrões de justificativa para a aplicação do direito, marcadamente em situações críticas, como a de conflitos aparentes entre princípios ou direitos fundamentais.

---

56. HART, Herbert. O conceito de direito. 3. ed. Lisboa: Fundação Calouste Gulbenkian, 2001. p. 322.

57. ÁVILA, Humberto. *Teoria dos princípios*: da definição à aplicação dos princípios jurídicos. 16. ed. rev. e atual. São Paulo: Malheiros Editores, 2015. p. 102.

58. "E enquanto os princípios e as regras servem de comandos para determinar condutas obrigatórias, permitidas e proibidas, ou condutas cuja adoção seja necessária para atingir fins, os postulados servem como parâmetros para a realização de outras normas. Em todos os casos de utilização dos postulados sempre há um raciocínio que é feito relativamente à aplicação de outras normas no ordenamento jurídico." Ibidem, p. 179.

Para Paulo de Barros Carvalho, os princípios são sempre normas, sejam elas em sentido forte (estrito) ou fraco (amplo), sendo justamente o reconhecimento de sua primazia por uma comunidade jurídica de discurso o que sói distinguir essa espécie de coisas das demais normas, de tal sorte que os princípios são os portadores dos mais caros valores plasmados em um ordenamento, comportando-se ora como enunciados pontuais (normas em sentido amplo), ora como valores ou mesmo como limites objetivos.[59]

A par das diferentes visões acerca do tema, tal como se expôs linhas antes, a distinção entre princípios e regras "parece estar nas diferentes concepções sobre a expressão 'norma jurídica'. Se não há acordo sobre ela, certamente não poderá ser construído o sentido das demais expressões".[60] A nós, é suficiente a posição anteriormente expressa na qual o termo "princípio" é polissêmico e pode referir-se à norma em sentido ora estrito, ora amplo, mas sempre à norma; mais que isso, norma de fundamental relevância axiológica e superior hierarquia, já que extraída de uma interpretação do texto constitucional.

Decerto que a função sobranceira dos princípios ao condicionar a validade de interpretações[61] (inclusive as autênticas,

---

59. "Assim, nessa breve digressão semântica, já divisamos quatro usos distintos: a) como norma jurídica de posição privilegiada, portadora de valor expressivo; b) como norma jurídica de posição privilegiada que estipula limites objetivos; c) como os valores insertos em regras jurídicas de posição privilegiada, mas considerados independentemente das estruturas normativas; e d) como limite objetivo estipulado em regra de forte hierarquia tomado, porém, sem levar em conta a estrutura da norma. Nos dois primeiros, temos princípio como 'norma'; nos dois últimos, princípio como 'valor' ou 'critério objetivo'." CARVALHO, Paulo de Barros. *Direito tributário, linguagem e método*. 3. ed. São Paulo: Noeses, 2009. p. 262.

60. ADEODATO, João Maurício. *Uma teoria retórica da norma jurídica e do direito subjetivo*. São Paulo: Noeses, 2011. p. 163.

61. Regina Helena Costa afirma que "os princípios jurídicos são normas de maior hierarquia, autênticas sobrenormas que orientam a interpretação e a aplicação das demais, sinalizando seu alcance e sentido. Efetivamente, os princípios são normas, a cuja plasticidade devem se amoldar toda a interpretação e aplicação efetuadas no campo do Direito". COSTA, Regina Helena. *Praticabilidade e justiça tributária*: exequibilidade da lei tributária e direitos do contribuinte. São Paulo: Malheiros Editores, 2007. p. 79.

i.e., no campo de sua aplicação) exerce, no subdomínio do direito tributário, particularíssima atuação: ao lado das imunidades que representam porções negativas de competência tributária, os princípios exprimem as limitações ao poder de tributar.

Legalidade, anterioridade, irretroatividade, vedação ao confisco assim como a não obstância dos direitos fundamentais pela tributação[62] ou a não cumulatividade: são todos princípios guarnecidos pelo ordenamento positivo brasileiro e que condicionam o exercício válido da competência.[63] São cânones de conteúdo determinável (embora não exatamente determinado), que condicionam o exercício da competência tributária em sentido amplo, é dizer, desde seu plano constitucional até a emissão da norma individual e concreta expressa na incidência tributária.

O proverbial exemplo de tal situação deu-se por ocasião do julgamento da Ação Direta de Inconstitucionalidade (ADI) 939,[64] na qual se considerou o princípio da anterioridade expresso no art. 150, III, da Carta Política uma garantia fundamental dos contribuintes e, pois, insusceptível de alteração por meio de emendas constitucionais, nos termos do art. 60, § 4º, da CF. De tal modo, os princípios, não obstante sua particular

---

62. "Esse princípio, que se encontra implícito no texto constitucional, é extraído das normas que afirmam que os diversos direitos e liberdades nele contemplados devem conviver harmonicamente com a atividade tributante do Estado. Em outras palavras, se a Lei Maior assegura o exercício de determinados direitos, que qualifica como fundamentais, não pode tolerar que a tributação, também constitucionalmente disciplinada, seja desempenhada em desapreço a esses mesmos direitos." COSTA, Regina Helena. *Curso de direito tributário*: Constituição e Código Tributário Nacional. 5. ed. São Paulo: Saraiva, 2015. p. 94.

63. Misabel Derzi, com peculiar clareza, distingue o modo de ser dos princípios do das imunidades. Estas decerto são limitações negativas ao poder de tributar, ao passo que aqueles condicionam o exercício válido de uma competência. DERZI, Misabel Abreu Machado. Nota de atualização à obra de Aliomar Baleeiro. *In*: BALEEIRO, Aliomar. *Limitações constitucionais ao poder de tributar*. 7. ed. rev. e compl. à luz da Constituição de 1988 até a Emenda Constitucional nº 10/1996. Atualizada por Misabel Abreu Machado Derzi. Rio de Janeiro: Forense, 1997. p. 14-15.

64. ADI 939 MC, rel. Sydney Sanches, Tribunal Pleno, julgado em 15/09/1993, *DJ* 17/12/1993, PP-28066, ement vol-01730-10, PP-01959.

generalidade e proximidade aos valores, exercem concretamente força de controle material (semântico) ao exercício da competência tributária.

Há, contudo, que cuidar para a utilização dos princípios – como normas de elevado *status* e marcada conotação axiológica – não se perder em discussões próprias da teoria dos valores ou de domínios da sociologia ou filosofia política.

Como normas, os princípios são elementos positivos que devem encontrar a delimitação de sua abrangência no corpo da CF; nunca fora dela. Destarte, por mais elucidantes que possam ser exemplos de doutrina estrangeira acerca deste ou daquele princípio passível de identificação em comum, seu conteúdo deve sempre ser o que esteja mais em linha com o texto da Carta Política de 1988.

Assim, por exemplo, ao se discutir sobre certos princípios formadores do Estado como o republicano, o federativo ou mesmo o da autonomia dos Municípios, importa cautela no apego excessivo a modelos de direito comparado e a conceitos próprios de outros domínios científicos, tais como as noções históricas, sociológicas ou filosóficas que cuidem dessas realidades. Há um princípio republicano evidentemente inspirado por centenária evolução sociocultural, mas cujas dobras e desdobramentos estão bem-postos na própria Carta Política. Assim também o princípio federativo ou da autonomia municipal deita raízes em longas construções culturais, mas sua conformação é própria da República Federativa do Brasil, conforme o texto constitucional em vigor.

Sejam mais ou menos implícitos no texto constitucional, será essa a plataforma positiva que condicionará a construção de sentido de quaisquer dos princípios de direito. Veremos adiante implicações deveras concretas de tais apontamentos ao cuidar da função homogeneizadora das leis complementares no direito tributário e de certas discussões acerca das competências tributárias postas em perspectiva em relação ao princípio federativo ou da autonomia dos Municípios.

Aos princípios, sobre cujas características já discorremos, volveremos com uma breve especificação daqueles que, a nosso modo de ver, mais se dirigem à instituição do ITCMD.

1.5 A teoria da regra-matriz de incidência como método

Foram até então fixadas algumas de nossas premissas, particularmente no que concerne ao direito e às suas unidades, i.e., as normas, a interação destas em relações de subordinação e coordenação de conteúdos, bem como os princípios, sendo estes o norte a conferir unidade semântica a esse corpo sistemático, condicionando o exercício válido das competências.

Neste item, o que se propõe é abrir um parêntese para volver às unidades do sistema em geral, ou seja, às normas, e tratar delas em particular quanto ao direito tributário, em um esquema metodológico que inspira a abordagem deste estudo.

Com efeito, a estrutura das normas tributárias é objeto de histórica preocupação na doutrina. Tomando a relação estrutural como elemento central e distintivo do direito tributário como subdomínio independente para fins de estudos, Dino Jarach conferiu elevada importância ao fato gerador da obrigação tributária, a partir do qual identificava os demais elementos integrantes dessa realidade, tais como os sujeitos ativo e passivo e o fato jurídico tributário.[65] Tal relevância também se nota, por exemplo, em Amílcar de Araújo Falcão,[66] Fernando Perez Royo[67] e na obra de Geraldo Ataliba,[68] este úl-

---

65. JARACH, Dino. *El hecho imponible*. Buenos Aires: Abeledo-Perrot, 1982. p. 65.

66. FALCÃO, Amílcar de Araújo. *Fato gerador da obrigação tributária*. 6. ed. Rio de Janeiro: Forense, 1995. p. 6. No mesmo sentido: Idem. *Introdução ao direito tributário*: parte geral. Rio de Janeiro: Edições Financeiras S.A., 1959. p. 35.

67. ROYO, Fernando Perez. *Derecho financiero y tributario*: parte general. 7. ed. Madrid: Civitas, 1997. p. 127-128.

68. ATALIBA, Geraldo. *Hipótese de incidência tributária*. 6. ed. São Paulo: Malheiros Editores, 2009. p. 78.

timo ao cuidar da hipótese de incidência tributária (dimensão abstrata do fato jurídico tributário).

O método da regra-matriz de incidência é uma consolidação de tal histórica evolução de conceitos, de modo a aglutinar todos os elementos integrantes da norma jurídica tributária em uma só formulação lógica de inspiração kelseniana, na medida em que parte da estrutura clássica que acopla uma hipótese (h), que contém descrição abstrata de um fato jurídico, a uma consequência (c) que estabelece uma relação jurídica entre dois sujeitos em torno de uma prestação, por meio de um mecanismo de causalidade jurídica (→) desencadeado por um dever-ser (D), que representa a coercitividade estatal: D (h→c). A regra-matriz faz incluir, no antecedente e no consequente dessa estrutura normativa, todas as variáveis particulares à norma tributária.

Enfim, o método da regra-matriz busca identificar as variáveis necessárias e suficientes a distinguir uma norma de direito tributário em sentido estrito, em uma transposição de tais elementos *sine qua non* a um esquema lógico para orientar seu estudo.

Tais elementos integrantes dessa fórmula são os seguintes: no antecedente normativo ou na hipótese, encontram-se o *critério material*, o *critério temporal* e o *critério espacial*; no consequente, encontram-se o *critério pessoal*, que identifica sujeitos ativo e passivo da relação jurídica, bem assim o *critério quantitativo*, integrado por uma base de cálculo e alíquota.[69] Vejamos, um a um, os referidos critérios que nortearão a nossa abordagem sobre o ITCMD.

---

69. Segundo Paulo de Barros Carvalho, a formulação poderia se representar da seguinte maneira: D { [Cm (v.c) . Ct . Ce] → [Cp (Sa . Sp) . Cq (bc . al)] }. Em outros dizeres: "D" representa a autoridade estatal ponente da norma, é dizer, o "dever-ser" que desencadeia a causalidade jurídica; "Cm" expressa o critério material que contém um "v" verbo e um "c" correspondente a um complemento, estes que traduzem a materialidade da conduta cuja prática enseja a incidência normativa; "Ct" simboliza o critério temporal, é dizer, os quadrantes temporais em que realizado o fato jurídico tributário; e "Ce" representa o critério espacial atinente às coordenadas espaciais de realização do mencionado fato. No consequente normativo, tem-se

Sobre o critério material, é aquele que dá "a verdadeira consistência da hipótese de incidência. Contém a indicação de sua substância essencial, que é o que de mais importante e decisivo há na sua configuração".[70] Tal critério constata exatamente o comportamento ou a conduta que, aliado(a) às variáveis de espaço e tempo, identifica o fato jurídico tributário (ou fato gerador da obrigação tributária, como classicamente referido),[71] o que se pode constatar a partir de um verbo e um complemento. Vale visitar, nesse particular, o escólio de Paulo de Barros Carvalho:[72]

> Dessa abstração emerge o encontro de expressões genéricas designativas de comportamentos de pessoas, sejam aqueles que encerram um fazer, um dar ou, simplesmente, um ser (estado). Temos, por exemplo, "vender mercadorias", "industrializar produtos", "ser proprietário de bem imóvel", "auferir rendas", "pavimentar ruas" etc. Esse núcleo, ao qual nos referimos, será formado invariavelmente por um verbo, seguido de seu complemento.

Decerto que a materialidade dos tributos assume, no caso brasileiro, particularíssima relevância: é que dessas materialidades valeu-se a Carta Política para realizar a distribuição das competências tributárias entre as pessoas políticas. Nas zonas de penumbra dos conceitos que envolvem tais materialidades

---

o "Cp", critério pessoal, que une em torno de uma obrigação os sujeitos ativo, "Sa", e passivo, "Sp", bem assim o critério quantitativo, "Cq", composto por uma base de cálculo "bc" e uma alíquota "al". CARVALHO, Paulo de Barros. *Direito tributário, linguagem e método*. 3. ed. São Paulo: Noeses, 2009. p. 605 e 657.

70. ATALIBA, Geraldo. *Hipótese de incidência tributária*. 6. ed. São Paulo: Malheiros Editores, 2009. p. 106.

71. Vê-se que a regra-matriz de incidência tributária de que tratamos refere-se à obrigação principal, i.e., que representa a incidência do fato jurídico tributário. Sua relevância é para que se possam identificar, em relação ao ITCMD, os possíveis critérios eleitos pela legislação complementar e pelas leis instituidoras da exação *vis-à-vis* o texto constitucional. Vale ressaltar que as sanções tributárias (normas primárias sancionatórias) ou mesmo o estabelecimento de obrigações acessórias são distintas espécies normativas que também podem se formalizar para fins de estudo a partir de regras-matrizes próprias, das quais não cuidamos neste estudo.

72. CARVALHO, Paulo de Barros. *Curso de direito tributário*. 22. ed. São Paulo: Saraiva, 2010. p. 321.

não raro exsurgem conflitos de competência, cuja disciplina cabe à lei complementar ou à atuação do Judiciário.

O critério espacial se define geralmente como o intervalo de espaço no qual se reputa acontecida a conduta descrita no termo antecedente, o qual não se confunde com o campo de eficácia de uma dada lei tributária.[73] Tais elementos nem sempre estão dados com absoluta clareza nos enunciados normativos, em especial no texto constitucional, devendo-se depreender do critério material. No caso dos impostos sobre a transmissão patrimonial, como ocorre com o ITCMD, tal critério comumente é controvertido, como se verá linhas adiante.

Acerca do critério temporal, pode-se dizer que é o que indica os elementos que limitam no tempo o fato representado de modo abstrato no critério material. Delimita, assim, a um só tempo, a ocorrência do fato jurídico tributário para além de definir o nascimento da relação jurídico-tributária, determinando o regime jurídico a ela aplicável.[74]

Eis as três variáveis integrantes do antecedente normativo. Passando ao consequente, ali identificamos os critérios pessoal e quantitativo.

No critério pessoal, encontram-se os sujeitos ativo e passivo da relação jurídico-tributária. Àquele corresponde um direito subjetivo; a este, um dever jurídico relacionado a uma prestação, qual seja a satisfação da obrigação tributária.

O sujeito ativo, enfim, será o titular do direito de exigir o pagamento do sujeito passivo, valendo lembrar que há a

73. BRITO, Lucas Galvão de. *O lugar e o tributo*. São Paulo: Noeses, 2014. p. 53-54.

74. "O critério temporal permite a identificação e também a própria constituição do fato jurídico, dando a conhecer a circunstância limitadora da conduta humana no tempo, e que há de anteceder (lógica e não cronologicamente) a consequência da norma tributária, ou seja, seu conhecimento nos permite definir o átimo em que nasce para o sujeito ativo o seu direito subjetivo de exigir do sujeito passivo o cumprimento da prestação pecuniária, em razão do acontecimento do fato lícito, tal qual descrito no enunciado protocolar da norma *stricto sensu*, ou seja, o momento em que nasce a obrigação tributária [...]." PIRES, Cristiane. *O tempo e o tributo*: estudo semiótico do critério temporal da regra-matriz de incidência tributária. São Paulo: Noeses, 2019. p. 134.

possibilidade de se estabelecerem situações de parafiscalidade, com a transferência da capacidade tributária ativa a pessoas jurídicas de direito público ou privado distintas daquela que detém a competência tributária.[75]

No que diz respeito ao sujeito passivo, trata-se, em suma, do "devedor da obrigação tributária, ou seja, é a pessoa que tem o dever de prestar ao credor ou sujeito ativo objeto da obrigação".[76] Importa ter presente que, por força do art. 121 do CTN, o sujeito passivo será o contribuinte quando tiver relação direta e pessoal com o fato jurídico tributário, ou o responsável, este que, malgrado não possua tal relação direta e pessoal, é assim eleito por lei para satisfazer a obrigação.[77]

Por fim, quanto ao critério quantitativo, trata-se da quantificação do objeto da obrigação principal que é o tributo, que se faz a partir de uma base de cálculo e uma alíquota. A base de cálculo "é a própria quantificação, em cada caso, do fato jurídico tributário, ou, ainda, é o fato jurídico tributário, visto do ponto de vista numérico",[78] sobre a qual se aplica uma alí-

---

75. Nesse particular, Regina Helena Costa bem observa a defasagem do art. 119 do CTN em relação ao atual ordenamento, mormente o art. 7º do mesmo diploma, já que não apenas pessoas jurídicas de direito público podem ser detentoras da capacidade tributária, mas também as pessoas de direito "privado, desde que desempenhem atividades de interesse público (como os serviços sociais autônomos – SESC, SEBRAE etc.)". COSTA, Regina Helena. *Curso de direito tributário*: Constituição e Código Tributário Nacional. 5. ed. São Paulo: Saraiva, 2015. p. 213.

76. AMARO, Luciano. *Direito tributário brasileiro*. 14. ed. São Paulo: Saraiva, 2008. p. 297.

77. A eleição legal do responsável tributário não nos parece ser livre: deve necessariamente haver vínculo, ainda que indireto, entre o responsável e o fato jurídico tributável ou, ainda, o contribuinte que o praticou, de maneira que se guarde respeito à capacidade contributiva. Nesse sentido, aponta Maria Rita Ferragut, para quem, "se qualquer pessoa pudesse ser obrigada a pagar tributos por conta de fatos praticados por outras, com quem não detivessem qualquer espécie de vínculo (com a pessoa ou com o fato), o tributo teria grandes chances de se tornar confiscatório, já que poderia incidir sobre o patrimônio do obrigado e não sobre a manifestação de riqueza ínsita ao fato constitucionalmente previsto. Se o vínculo existir, torna-se possível a preservação do direito de propriedade e do não confisco". FERRAGUT, Maria Rita. *Responsabilidade tributária e o Código Civil de 2002*. São Paulo: Noeses, 2013. p. 44.

78. BECHO, Renato Lopes. *Direito tributário*. 9. ed. São Paulo: Saraiva Educação, 2019. p. 564.

quota costumeiramente estabelecida em um percentual. Há, contudo, alíquotas fixas, a exemplo do que sucede no caso da tributação das sociedades profissionais pelo Imposto sobre Serviços (ISS), em geral exigida como fixo anual calculado a cada profissional habilitado, nos termos do § 3º do art. 9º do Decreto-lei nº 406/1968.

Não vemos na base de cálculo, assim como viu Becker, o critério distintivo de um tributo:[79] tal peculiaridade seria mais fácil se identificar, a nosso ver, no critério material da regra-matriz. Não obstante, trata-se, sem dúvida, de critério absolutamente relevante na medida em que confirma ou infirma a materialidade da exação.

A transposição das categorias da regra-matriz para o campo constitucional permitirá identificar, a partir da outorga de competências tributárias implementada pela Constituição, as margens válidas de ação da competência tributária levadas a cabo pelos Estados e pelo Distrito Federal na instituição do ITCMD, bem assim o papel das leis complementares na calibragem dessa competência.

Ao abordar os tributos sobre doação e transmissão *causa mortis*, valer-nos-emos de tais categorias para traçar uma regra-matriz constitucional possível de tais tributos em linha com o papel reservado à lei complementar. A estrutura da regra-matriz será sempre levada em conta, aliada à interpretação dos enunciados prescritivos e das orientações da jurisprudência, em especial das Cortes Superiores, de maneira a bem esquadrinhar a estrutura dos referidos tributos.

79. Aponta o autor que "[o] critério de investigação da natureza jurídica do tributo que se demonstrará ser o único verdadeiramente objetivo e jurídico parte da base de cálculo para chegar ao conceito do tributo. Este só poderá ter uma única base de cálculo". BECKER, Alfredo Augusto. *Teoria geral do direito tributário*. 6. ed. São Paulo: Noeses, 2013. p. 397.

2

CONCEITO DE COMPETÊNCIA E COMPETÊNCIA TRIBUTÁRIA

2.1 Sobre a noção de competência

Um ordenamento decorre de um poder originário, no caso brasileiro, uma assembleia constituinte, a fonte das fontes, que promulgou a CF de 1988. A par disso se pode falar, como faz Norberto Bobbio, em normas de fonte direta ou indireta. Estas últimas são emanadas de órgãos distintos daquele inaugural, podendo ser de fontes reconhecidas, por meio da recepção de "normas já feitas, produzidas por ordenamentos diversos e precedentes", como, de fato, houve no caso brasileiro, ou de fontes delegadas, pela "delegação do poder de produzir normas jurídicas a poderes ou órgãos inferiores".[80]

É, enfim, o próprio poder originário que, a satisfazer a necessidade de normatização, constitui uma estrutura de Estado com seus variados entes e órgãos, os quais são credenciados como focos ejetores de normas por uma delegação. Tal

80. BOBBIO, Norberto. *Teoria do ordenamento jurídico*. 6. ed. Brasília: Editora Universidade de Brasília, 1995. p. 38.

delegação se faz sempre de maneira delimitada, mas representa uma própria autolimitação desse poder originário.[81]

Quando falamos em competência, portanto, referimo-nos ao poder delegado (e, por essência, limitado) pela Constituição para a enunciação de novas normas no sistema de direito positivo brasileiro, o que se faz sob certas condições, procedimentos e critérios materiais[82] cujo desrespeito conduz à invalidade da norma produzida ou, melhor, à possibilidade de que tal validade seja posta em xeque pelo próprio ordenamento, resultando em sua não aplicação.

Podemos dizer que, em sentido amplo ou fraco, a competência abrange todos os níveis e instâncias da cadeia de produção normativa: desde os focos ejetores de normas gerais e abstratas nacionais (*v.g.*, leis complementares) aos entes federativos aptos a reger por lei ordinária diversos temas, bem assim as deliberações do Judiciário (*v.g.*, os acórdãos e as sentenças), as ações do Poder Executivo (tais como a expedição de regulamentos, portarias, lavratura de autos de infração etc.), além de certos atos particulares (*v.g.*, a celebração de contratos, a realização do lançamento tributário no caso dos tributos sujeitos ao regime da homologação etc.).

---

81. "2) O poder originário, uma vez constituído, cria ele mesmo, para satisfazer a necessidade de uma normatização sempre atualizada, novas centrais de produção jurídica, atribuindo a órgãos executivos o poder de estabelecer normas integradoras subordinadas às legislativas (os regulamentos); às entidades territoriais autônomas o poder de estabelecer normas adaptadas às necessidades locais (o poder normativo das regiões, das províncias, dos municípios); a cidadãos particulares o poder de regular os próprios deveres através de negócios jurídicos (o poder de negociação). A multiplicação das fontes não deriva aqui, como nos casos considerados no item 1, de uma limitação proveniente do exterior, quer dizer, do choque com uma realidade normativa pré-constituída, à qual também o poder soberano deve prestar contas, mas de uma autolimitação do poder soberano, o qual subtrai a si próprio uma parte do poder normativo para dá-lo a outros órgãos ou entidades, de alguma forma dele dependentes. Pode-se falar neste caso de limite interno do poder normativo originário." Ibidem, p. 42.

82. "As competências recebidas pelos órgãos legislativos do país hão de ser desenvolvidas não só na conformidade das balizas expressas contidas no texto constitucional, como, ainda, hão de ser todos os preceitos assim emanados realizadores e respeitadores dos princípios constitucionais fundamentais." ATALIBA, Geraldo. *República e Constituição*. 2. ed. São Paulo: Malheiros Editores, 2001. p. 43.

Em sentido estrito ou forte, contudo, a competência de que tratamos diz com a atividade nomogenética legislativa, conducente a inaugurar na ordem jurídica normas gerais e abstratas aptas à regência das condutas.

Evidentemente que, em um Estado federal, os Estados-membros hão de possuir determinada medida de autonomia constitucional, de sorte que haverá espaço ao órgão legislativo local para dispor sobre sua própria Constituição e demais normas. Tal autonomia, entretanto, não é absoluta, razão pela qual se alude a uma "relativa descentralização".[83] Trata-se, não obstante, de uma relativa descentralização integralmente sujeita e condicionada aos critérios e às medidas dispostos na própria Constituição, a fonte das fontes e a primeira norma nacional do ordenamento brasileiro.[84] Há um federalismo em cada modelo de Estado federativo, conforme suas peculiaridades e maior ou menor descentralização do poder.

Ditas tais palavras introdutórias sobre o conceito de competência, passemos a nos deter na sua parcela relacionada à atividade de instituir, exigir ou arrecadar tributos ou, ainda, "à aptidão para criar tributos mediante a edição do necessário veículo legislativo (art. 150, I, CR), indicador de todos os aspectos de sua hipótese de incidência".[85] Enfim, passaremos a cuidar da competência tributária.

2.2 Noções sobre a competência tributária

Vimos de demonstrar que, na organização do Estado, atua uma Constituição por meio da criação de certos órgãos aos quais outorga um feixe de competências, o que se busca

83. UCKMAR, Victor. *Princípios comuns de direito constitucional tributário*. Tradução de Marco Aurélio Greco. São Paulo: Revista dos Tribunais; EDUC, 1976. p. 93.

84. MCNAUGHTON, Charles William. *Hierarquia e sistema tributário*. 2008. 379 f. Dissertação (Mestrado em Direito) – Pontifícia Universidade Católica de São Paulo, São Paulo, 2008. f. 250.

85. COSTA, Regina Helena. *Curso de direito tributário*: Constituição e Código Tributário Nacional. 5. ed. São Paulo: Saraiva, 2015. p. 66.

fazer de tal e qual modo que sua atuação desenvolva-se de forma harmônica, coibindo eventuais abusos.[86]

Parcela dessa outorga de competências consiste na delegação da produção normativa relativa à criação dos tributos, o que se faz pela definição de todos os aspectos de sua regra-matriz de incidência.[87] Eis o que se costuma definir por competência tributária. Nos dizeres de Roque Carrazza:[88]

> Competência tributária é a aptidão jurídica para criar, *in abstracto*, tributos. No Brasil, por injunção do princípio da legalidade, os tributos são criados *in abstracto*, por meio de lei (art. 150, I, da CF), que deve descrever todos os elementos essenciais da norma jurídica tributária. Consideram-se elementos essenciais da norma jurídica tributária os que, de algum modo, incluem no *an* e no *quantum* do tributo; a saber: a hipótese de incidência do tributo, seu sujeito ativo, seu sujeito passivo, sua base de cálculo e sua alíquota. Estes elementos essenciais só podem ser veiculados por meio de lei.

Também nessa ordem de convicções é o entendimento de Paulo de Barros Carvalho, para quem a competência tributária seria uma prerrogativa legiferante "[da qual] são portadoras as pessoas políticas, consubstanciada na faculdade de legislar para a produção de normas jurídicas sobre tributos".[89]

Em clássica avaliação sobre o tema, Roque Carrazza aponta para seis características inerentes à competência, sendo elas a (i) privatividade, (ii) indelegabilidade, (iii) incaducabilidade, (iv) inalterabilidade, (v) irrenunciabilidade e (vi) facultatividade.

A característica da privatividade significa que as normas constitucionais definem detalhadamente os quadrantes

---

86. HESSE, Konrad. *Escritos de derecho constitucional*. 2. ed. Madrid: Centro de Estudios Constitucionales, 1992. p. 19.

87. COSTA, Regina Helena. Op. cit., loc. cit.

88. CARRAZZA, Roque Antonio. *Curso de direito constitucional tributário*. 32. ed. São Paulo: Malheiros Editores, 2019. p. 425.

89. CARVALHO, Paulo de Barros. *Direito tributário, linguagem e método*. 3. ed. São Paulo: Noeses, 2009. p. 236.

materiais de competência tributária de cada pessoa política, de sorte a encerrar duplo comando: "1) habilitam a pessoa política contemplada – e somente ela – a criar, querendo, um dado tributo; e 2) proíbem as demais de virem a instituí-lo. Efetivamente, a reserva de competência tributária importa, *a contrario sensu*, interdição, que resguarda a eficácia de sua singularidade".[90] Destarte, o não exercício da competência por certa pessoa política não autoriza o preenchimento do resultante vazio normativo por outra.

Como contraponto à eleição da privatividade como marca da competência tributária, costuma-se levantar a competência extraordinária da União[91] de que trata o art. 147 da Constituição, para além dos tributos não incluídos em sua competência no caso de guerra externa ou sua iminência, nos termos do art. 154, II, da CF.

A indelegabilidade, por sua vez, diz com a impossibilidade de que a porção de competência recebida a partir da Constituição possa ser transferida a quaisquer outras pessoas políticas. Evidentemente, aqui não se trata da capacidade tributária que, esta sim, pode ser objeto de transferência, como já apontamos ao tratar do sujeito ativo da relação jurídico-tributária (item 1.5).

Afirmar que a incaducabilidade é marca da competência tributária significa que seu não exercício não impede que a pessoa política possa, futuramente, exercê-la em sua plenitude. O decurso do tempo sem que se tenha exercido a competência, portanto, não é fator apto a amesquinhá-lo.

Já no que diz respeito à inalterabilidade, trata da impossibilidade de que a própria pessoa política detentora de uma dada competência possa ampliá-la. Sobre tal peculiaridade, vale salientar que Roque Carrazza admite que – sob certos

---

90. CARRAZZA, Roque Antonio. *Curso de direito constitucional tributário*. 32. ed. São Paulo: Malheiros Editores, 2019. p. 440.

91. COSTA, Regina Helena. *Curso de direito tributário*: Constituição e Código Tributário Nacional. 5. ed. São Paulo: Saraiva, 2015. p. 67.

temperamentos e desde que não exista prejuízo à autonomia financeira dos entes federativos, visto que nesse caso haveria o óbice do art. 16, § 4º, I, da Constituição – possa haver uma redefinição de fronteiras dos campos tributários por meio de emendas constitucionais[92-].[93]

Irrenunciabilidade das competências, de seu turno, refere-se ao fato de que às pessoas políticas dotadas de competência não cabe dela abrirem mão. Para além da só indisponibilidade do interesse público, parece-nos que há também uma questão de hierarquia, tal como no caso da inalterabilidade: aquele que recebe uma competência assim o faz por força de norma constitucional em relação à qual deve subordinação. Não pode o ente dotado de competência, portanto, alterar, ainda que para reduzir, o espectro de atribuições que lhe haja conferido a Carta Política. O que se pode admitir, em certos casos, é o não exercício da competência, mas não sua alteração ou supressão.

Sobre a característica da facultatividade da competência tributária há algum debate. O tema será explorado com maior profundidade no capítulo seguinte.

Em linhas gerais, admite-se que as normas de competência se assentam no modal deôntico[94] da permissão: mais que isso, em uma permissão bidirecional[95] ou bilateral, na medida

92. CARRAZZA, Roque Antonio. *Curso de direito constitucional tributário*. 32. ed. São Paulo: Malheiros Editores, 2019. p. 566.

93. Nesse mesmo particular: "[...] a alterabilidade está ínsita no quadro das prerrogativas de reforma constitucional e a experiência brasileira tem sido rica em exemplos dessa natureza. Se aprouver ao legislador, investido do chamado poder constituinte derivado, promover modificações no esquema discriminativo das competências, somente outros limites constitucionais poderão ser levantados e, mesmo assim, dentro do binômio 'federação e autonomia dos municípios'. A prática de inserir alterações no painel das competências tributárias, no Brasil, tem sido efetivada reiteradamente, sem que seu exercício haja suscitado oposições mais graves". CARVALHO, Paulo de Barros. *Curso de direito tributário*. 22. ed. São Paulo: Saraiva, 2010. p. 272.

94. Valendo rememorar que, conforme a lógica deôntica, as normas são comandos modalizados em obrigações (O), permissões (P) ou vedações/proibições (V).

95. ECHAVE, Delia Teresa; URQUIJO, María Eugenia; GUIBOURG, Ricardo A. *Lógica, proposición y norma*. 1. ed. 7. reimp. Buenos Aires: Editorial Astrea, 2008. p. 135.

em que se tem o poder-de-fazer e o poder-de-omitir, o que equivale precisamente à noção de facultatividade.[96] Assim, tal característica significa a liberdade das pessoas políticas para exercerem ou não sua competência tributária, assim definida por Roque Carrazza:[97]

> Nestes pontos, tudo gravita em torno da decisão política da entidade tributante, a ser tomada – tornamos a dizer – por meio de lei. [...] Em termos mais técnicos, inspiram a chamada decisão política a conveniência, a vantagem e a utilidade, aferíveis pelo Poder Legislativo e pelo Chefe do Executivo enquanto participam da elaboração da lei. Eles é que têm a faculdade discricionária de agir, não estando sujeitos a limitações acerca do mérito da orientação que irão seguir. Só ficam subordinados, como enfatiza o grande Águia de Haia, "[...] À sanção da mora e à censura da opinião pública", não sendo suscetíveis, sequer, à apreciação judicial.

Muito embora admita a facultatividade como regra geral do sistema constitucional tributário brasileiro, levantando como exemplo o jamais instituído imposto sobre grandes fortunas, de competência da União e previsto no art. 153, VII, da Constituição, Paulo de Barros Carvalho sustenta que o caso do ICMS *seria distinto*, já que confluem diversos autores que proclamam o princípio da "uniformidade, da solidariedade nacional, da equiponderância ou da harmonia global da incidência, para sindicar a propriedade de que o imposto tem de manter-se o mesmo, com idênticas proporções semânticas, com uma e somente uma projeção significante para todo o território brasileiro".[98]

A obrigatoriedade da competência para a instituição do ICMS é, de todo modo, admitida por Roque Carrazza, que a atribui ao disposto no art. 155, § 2º, XII, da Constituição. Para

---

96. "Por outro lado, o modo deôntico da permissão abrange a permissão unilateral e a permissão bilateral (Kalinowski, *Études de Logique Déontique*, p. 24-34, 200-203). Nesta compreende-se o poder-de-fazer e o poder-de-omitir." VILANOVA, Lourival. *As estruturas lógicas e o sistema do direito positivo*. São Paulo: Noeses, 2010. p. 242.

97. CARRAZZA, Roque Antonio. *Curso de direito constitucional tributário*. 32. ed. São Paulo: Malheiros Editores, 2019. p. 568.

98. CARVALHO, Paulo de Barros. *Curso de direito tributário*. 22. ed. São Paulo: Saraiva, 2010. p. 276-277.

o aludido autor, entretanto, trata-se de uma exceção àquela que proclama como regra de facultatividade.

Precisamente por essa razão é que o autor sustenta a inconstitucionalidade do já referido art. 11 da Lei de Responsabilidade Fiscal (LRF – Lei Complementar nº 101, de 04/05/2000), na medida em que estabelece a obrigatoriedade de instituição de todos os tributos da competência constitucional do ente da federação, sob pena de, nos termos de seu parágrafo único, vedarem-se transferências voluntárias ao ente que não observar tal disposição. Seu argumento é de que apenas a própria Constituição poderia ter disposto nesse sentido, sendo impossível pretender o amesquinhamento das competências dos entes federativos. Tampouco se poderia invocar o art. 163 da Constituição, já que, para mencionado autor, não se trataria aqui de estabelecer "normas gerais" de finanças públicas, mas sim norma específica inerente à economia interna de cada pessoa política. Haveria, enfim, grave violação ao princípio federativo.[99]

Não são todos os autores, entretanto, que assentem quanto à inconstitucionalidade da excogitada disposição da LRF, como é o caso de Regina Helena Costa, para quem as normas constitucionais que preconizam a eficiente gestão fiscal e obediência aos mandamentos de moralidade e eficiência administrativas já tornariam o exercício da referida competência algo imperativo:[100]

> Embora, à primeira vista, o preceito possa parecer inconstitucional, por ofensa aos princípios federativo e da autonomia municipal, em nossa opinião, todavia, não há vulneração à Lei Maior. Isso porque a ideia de responsabilidade afina-se com o conceito de Estado de Direito, e a gestão fiscal responsável (art. 1º, § 1º) implica que o administrador institua e arrecade os tributos de sua competência para a obtenção de recursos necessários à satisfação

---

99. CARRAZZA, Roque Antonio. *Curso de direito constitucional tributário*. 32. ed. São Paulo: Malheiros Editores, 2019. p. 571-574.

100. COSTA, Regina Helena. *Curso de direito tributário*: Constituição e Código Tributário Nacional. 5. ed. São Paulo: Saraiva, 2015. p. 67.

> das necessidades coletivas. Os princípios constitucionais da moralidade administrativa e da eficiência (art. 37, *caput*, CR) preconizam tal responsabilidade e, conjugados àqueles princípios, temos que o art. 11 da Lei Complementar n. 101, de 2000, é compatível com a Constituição. Portanto, a facultatividade da competência já está restringida pela responsabilidade imposta ao administrador no próprio plano constitucional, sendo que o art. 11 veio apenas explicitá-la, sancionando o comportamento desidioso que possa vir a comprometer a adequada gestão das contas públicas.

A questão, de fato, é tormentosa, em especial caso se considere que a competência tributária relacionada às taxas de serviços públicos e de polícia nem sempre é instituída pelas pessoas políticas em relação a todas as possíveis materialidades (i.e., a todos os serviços específicos e divisíveis por elas prestados ou exercício de poder de polícia).

Por outro lado, vemos que as noções de uniformidade e solidariedade federativa, a não excluir também o sobreprincípio da certeza do direito, parecem contribuir para um esforço de maior harmonização na atuação das competências tributárias das pessoas políticas, de modo a prevenir que o legítimo exercício de certa competição por investimentos se deteriore em situações predatórias da chamada "guerra fiscal".

Abrimos parêntese neste parágrafo para esclarecer um ponto-chave: o sobreprincípio da certeza do direito parece-nos impor uma uniformidade de critérios e uma solidariedade federativa em matéria tributária sob a perspectiva tanto dos contribuintes quanto dos próprios Fiscos. Sob o prisma dos contribuintes, é verdadeiramente inconciliável com a CF qualquer dúvida existente no plano legislativo decorrente do exercício (ou não exercício) de competências tributárias; não por outra razão foi analítico o constituinte nesse particular. Por outro lado, sob a perspectiva dos entes federativos, tampouco nos parece conciliar com a ordem constitucional a existência de disparidades e dúvidas quanto a seus espectros de competência, o que nada mais significa do que abertura de inconcepta margem para malogro de suas iniciativas legislativas em eventual confronto judicial: o que, em última análise, diz com a certeza de expectativas arrecadatórias.

Nesse sentido, vale salientar o art. 2º da Lei Complementar nº 157, de 29 de dezembro de 2006, que inseriu o art. 8º-A na Lei Complementar nº 116, de 31 de julho de 2003, que não somente estabelece alíquota mínima de 2% para o ISS (donde se pressupõe a obrigatoriedade de sua instituição), como também dispõe sobre a impossibilidade de concessão de isenções, inventivos ou benefícios quaisquer que possam indiretamente reduzir a carga tributária decorrente da aplicação daquele percentual. Como consequência do descumprimento de mencionada regra, os §§ 2º e 3º do art. 8º-A estabelecem não só a nulidade da legislação que reduz a carga tributária aquém do limite estipulado, como a outorga ao contribuinte do direito de restituição do valor pago. Eis, a nosso ver, mais um exemplo de correta limitação da competência tributária das pessoas políticas com vistas a prevenir distorções sistêmicas de prejuízo ao ordenamento em geral e, e em particular, à certeza que este deve oferecer a seus destinatários.

Ao cabo dessas considerações, vale o registro de que a noção de competência tributária não é sempre a mesma. Tácio Lacerda Gama, por exemplo, propõe uma definição distinta do conceito, que admite como

> aptidão, juridicamente modalizada como permitida ou obrigatória, que alguém detém, em face de outrem, para alterar o sistema de direito positivo, mediante a introdução de novas normas jurídicas que direta ou indiretamente disponham sobre a instituição, arrecadação e fiscalização de tributos.[101]

Trata-se de definição mais abrangente na medida em que toma por objeto não apenas a criação *in abstracto* de tributos (em outros dizeres, a criação legislativa de um tributo). Sob tal perspectiva, as variadas normas introjetadas no sistema de

---

101. GAMA, Tácio Lacerda. *Competência tributária*: fundamentos para uma teoria da nulidade. 3. ed. São Paulo: Noeses, 2020. p. 241.

direito positivo (desde leis complementares de direito tributário, passando pelas leis ordinárias instituidoras dos tributos até os atos administrativos e particulares) fariam parte dessa noção. Não por outra razão, Gama menciona como modalidades da competência tributária a legislativa,[102] de competência administrativa,[103] a jurisdicional[104] e a competência privada.[105]

A proposta é interessante uma vez que chama atenção para o controle de validade ("quem" pode enunciar "o que", como e "para quem" ao introjetar uma norma no ordenamento) de cada uma dessas muitas etapas da cadeia de positivação do direito tributário, em toda sua extensão, que diz com a instituição, arrecadação e fiscalização dos tributos. Valemo-nos dessa proposta sem prejuízo de podermos apontar tal visão abrangente como a competência tributária em sentido amplo, ao passo que a ação legiferante (de criar, *in abstracto*, tributos, definindo suas regras-matrizes) seria uma noção estrita.

De se registrar que a admissão de tal noção da competência tributária, por ampliar decididamente seu objeto, afeta, sobretudo, suas características. No caso da facultatividade, por exemplo, tal alteração é flagrante: não há facultatividade alguma na competência jurisdicional ou na particular, por

---

102. Esta que correspondente à noção de competência já referida, de criar leis em sentido amplo, "formadas por enunciados constitucionais, complementares e ordinários". Ibidem, p. 245.

103. "Competência administrativa é a aptidão, juridicamente modalizada em obrigatória ou permitida, imputada aos órgãos do Poder Executivo, para editar atos infralegais, voltados à aplicação das normas tributárias. Explicamos: se as competências legislativas programam a criação de leis, a competência administrativa programa a edição de atos voltados à aplicação das leis aos casos concretos." Ibidem, p. 271.

104. "Competência jurisdicional em matéria tributária é a aptidão modalizada como obrigatória, imputada de forma típica aos órgãos do Poder Judiciário – e atipicamente aos órgãos da administração pública – para aferir a validade, aplicando ou não normas tributárias ligadas, direta ou indiretamente, à instituição, arrecadação ou fiscalização de tributos." Ibidem, p. 279.

105. Seria esta a "[...] aptidão jurídica, modalizada como obrigatória, imputada aos contribuintes para fazer incidir normas, direta ou indiretamente, relacionadas à instituição, arrecadação ou fiscalização de tributos". Ibidem, p. 283.

exemplo, como se depreende das definições anteriormente expostas. Como veremos adiante, uma noção ampla de competência também leva a questionamentos sobre a facultatividade do seu exercício em relação às leis complementares em matéria tributária, do que trataremos no capítulo 3 e no item 5.2 do capítulo 4.

Feitas tais digressões acerca da competência tributária, importa que se aponte para a peculiar forma de sua repartição, feita pela CF.

2.3 Repartição das competências tributárias na CF de 1988

Característica do modelo constitucional brasileiro é a repartição das competências tributárias entre as pessoas políticas integrantes da federação, que, em nosso modelo, abrange os Municípios. Não se trata, decerto, de "requisito de um sistema federal, já que este pressupõe apenas a efetiva discriminação de rendas a ensejar autonomia financeira aos entes federados; não obstante, essa partição foi o modelo adotado pela Carta de 1988",[106] e é, assim, uma característica do federalismo brasileiro.[107] Diversamente da experiência americana, a Constituição tributária no Brasil decidiu erigir-se, como aponta Geraldo Ataliba, de maneira a estabelecer uma discriminação constitucional exaustiva para limitar a atuação do legislador ordinário,[108] a conferir maior segurança ao sistema.

---

106. SCHOUERI, Luís Eduardo. *Direito tributário*. 9. ed. São Paulo: Saraiva Educação, 2019. p. 258.

107. "A sistematização dos tributos no federalismo fiscal tem, do ponto de vista jurídico, o objetivo de proceder à separação e à pulverização do poder tributário. Em face de sua extraordinária aptidão para destruir a liberdade, o poder tributário já nasce rigidamente limitado pela Constituição, sendo a partilha da receita um dos instrumentos mais eficientes para a garantia dos direitos fundamentais." TORRES, Ricardo Lobo. *Curso de direito financeiro e tributário*. 19. ed. Rio de Janeiro: Renovar, 2013. p. 364.

108. ATALIBA, Geraldo. *Sistema constitucional tributário brasileiro*. São Paulo: Revista dos Tribunais, 1968. p. 27.

De fato, de toda atribuição de competência resultam tanto uma autorização para seu exercício quanto "uma proibição no sentido de que nenhuma função, não compreendida na outorga, deve ser exercida pelo seu titular";[109] sendo assim, a constitucionalização da partição de competências – por uma questão de hierarquia – bem circunscreve e enrijece a estrutura do sistema tributário nacional, na medida em que eventuais alterações de sua estrutura, se é que não encontrarão óbice no art. 60, § 4º, da Constituição, hão de fazer-se por emendas constitucionais. Daí falar que o sistema constitucional tributário brasileiro é a um só tempo exaustivo e, por isso mesmo, rígido.

A distribuição das competências no nível constitucional se fez por meio da definição, ainda que em certos casos de maneira relativamente vaga, de todos os principais elementos dos tributos, estabelecendo seu "arquétipo", como bem aponta Roque Carrazza. A partir da própria Carta Política, portanto, depreendem-se as possíveis hipóteses de incidência, assim como os possíveis critérios temporais e espaciais, sujeitos ativo e passivo, base de cálculo e alíquotas.[110]

Como norma de competência, decerto que as disposições nesse sentido cuidam, para além de estabelecer "quem" pode legislar sobre a matéria, "para quem" fazê-lo e "como", "do que" deve ser legislado. Os arquétipos constitucionais utilizados na partição da competência exercem, pois – temperados ainda pelas demais limitações ao poder de tributar –, a dupla

109. BORGES, José Souto Maior. Hierarquia e sintaxe constitucional da lei complementar tributária. *Revista Dialética de Direito Tributário – RDDT*, São Paulo: Dialética, n. 150, p. 74, 2008.

110. "A Constituição, ao discriminar as competências tributárias, estabeleceu – ainda que, por vezes, de modo implícito e com certa margem de liberdade para o legislador – a norma-padrão de incidência (o arquétipo, a regra-matriz) de cada exação. Noutros termos, ela apontou a hipótese de incidência possível, o sujeito ativo possível, o sujeito passivo possível, a base de cálculo possível e a alíquota possível, das várias espécies e subespécies de tributos. Em síntese, o legislador, ao exercitar a competência tributária, deverá ser fiel à norma-padrão de incidência do tributo, pré-traçada na Constituição." CARRAZZA, Roque Antonio. *Curso de direito constitucional tributário*. 32. ed. São Paulo: Malheiros Editores, 2019. p. 436.

função de disciplinar quem irá tributar e qual a matéria[111] a ser objeto da tributação.

Não convém a este estudo uma listagem extensiva das competências atribuídas a todas as pessoas políticas. Basta apontar que, no que diz respeito aos tributos sobre a transmissão *causa mortis* e por doações objeto de nossa análise, a competência tributária foi outorgada pela CF aos Estados e ao Distrito Federal, nos termos do art. 155, cuja transcrição é relevante:

> Art. 155. Compete aos Estados e ao Distrito Federal instituir impostos sobre:
>
> I – transmissão *causa mortis* e doação, de quaisquer bens ou direitos;
>
> [...]
>
> § 1º O imposto previsto no inciso I:
>
> I – relativamente a bens imóveis e respectivos direitos, compete ao Estado da situação do bem, ou ao Distrito Federal;
>
> II – relativamente a bens móveis, títulos e créditos, compete ao Estado onde se processar o inventário ou arrolamento, ou tiver domicílio o doador, ou ao Distrito Federal;
>
> III – terá competência para sua instituição regulada por lei complementar:
>
> a) se o doador tiver domicílio ou residência no exterior;
>
> b) se o *de cujus* possuía bens, era residente ou domiciliado ou teve o seu inventário processado no exterior;
>
> IV – terá suas alíquotas máximas fixadas pelo Senado Federal;

As características gerais da forma de partição de competências na Constituição ficam evidentes quando se avalia esse enunciado. Há a indicação de um critério material possível (transmissão *causa mortis* ou por doação de bens ou direitos), a evidente indicação de possíveis critérios temporais e

---

111. Também Renato Becho aponta que "nossa Constituição já estabeleceu o conteúdo das normas tributárias, pelo menos em seu conteúdo máximo, a serem produzidas pelo legislador infraconstitucional (Kelsen)". BECHO, Renato Lopes. *Lições de direito tributário*. 3. ed. São Paulo: Saraiva, 2015. p. 223.

espaciais (estes, aliás, delimitados pelos incisos I e II do § 1º), bem assim a abertura de certos possíveis sujeitos ativo e passivo; o mesmo se pode dizer quanto às bases de cálculo. Acerca das alíquotas, a Carta Política se resume a estabelecer que suas alíquotas máximas sejam fixadas pelo Senado Federal.[112]

De todo modo, parece-nos que a extensiva delimitação dos campos de competência tributários no plano constitucional a partir da identificação – ainda que por vezes vaga – de regras-matrizes não é obra do acaso. Há nisso um viés centralizador e limitador das esferas de ação dos entes federativos, de maneira que entre eles haja o mínimo espaço possível para conflitos, já que toda outorga de competência implica uma permissão (de agir consoante a parcela de poder que foi atribuída) e uma vedação (de agir fora dessa mesma circunscrita margem).

2.4 Imunidades e princípios: as limitações constitucionais ao poder de tributar

A expressão "limitações ao poder de tributar" é consagrada pela própria Constituição na Seção II de seu Título VI. Ali estão dispostos diversos princípios e imunidades que conformam e condicionam, ao lado da definição das regras-matrizes, o espectro possível (ou, por se dizer, válido) de atuação das pessoas políticas no exercício de sua competência tributária.

Decerto que a sede do poder de tributar, como sustenta Ricardo Lobo Torres, reside na Constituição Tributária, notadamente nos arts. 145, 153 a 156, mas "o poder de tributar nasce no espaço aberto pela liberdade e a sua verdadeira sede está na Declaração dos Direitos Fundamentais (art. 5º do texto de 1988) e no seu contraponto fiscal que é a Declaração dos Direitos do Contribuinte e de suas garantias (arts. 150 a 152)".[113]

---

112. Atualmente, a matéria é regida pela Resolução do Senado Federal nº 9, de 5 de maio de 1992, que estabelece a alíquota máxima de 8% para os impostos em apreço.

113. TORRES, Ricardo Lobo. *Tratado de direito constitucional financeiro e tributário*: os direitos humanos e a tributação: imunidades e isonomia. Rio de Janeiro: Re-

A tributação, enfim, é marcada por este paradoxo:[114] ao passo que necessária à implementação de direitos fundamentais, é a eles de certa maneira restritiva e, ao mesmo tempo, por eles condicionada.

Como vimos anteriormente ao tratar dos princípios (item 2.4), estes são normas de ordem geral, situadas no plano constitucional, dotadas de elevada carga axiológica e guarnecedoras dos mais caros valores constitucionais: os direitos fundamentais. Sendo assim, parece-nos evidente que não apenas os princípios imediatamente identificáveis na referida Seção II do Título VI da Carta Política atuem como limitações ao poder de tributar.

De todo modo, colhe-se naquele campo uma série de princípios de relevo que condicionam o regular exercício da competência tributária. A título de exemplo, citam-se alguns desses princípios: (i) estrita legalidade (arts. 5º, II, e 150, I); (ii) irretroatividade (arts. 5º, XXXVI, e 150, III, "a"); (iii) anterioridade anual ou nonagesimal (art. 150, III); (iv) vedação à atuação confiscatória dos tributos (art. 150, IV); (v) integração nacional e liberdade de tráfego (art. 150, V); (vi) uniformidade da tributação federal (art. 151, I); (vii) pessoalidade, capacidade contributiva (art. 145, § 1º); (viii) isonomia (art. 150, II), entre outros.

Ao lado desses princípios, a Carta Política guarnece uma série de imunidades, que se constituem como normas que – igualmente a guarnecer direitos fundamentais – "estabelecem,

---

novar, 1999. v. III. p. 20.

114. "O tributo é um dos elementos necessários para a proteção e para a promoção dos direitos fundamentais; simultaneamente, é uma permanente ameaça que pode se tornar violador dos direitos fundamentais. Daí a necessidade de o tributo existir: um Estado Democrático de Direito destinado a assegurar o exercício dos direitos sociais e individuais não pode existir sem tributos. E, ao mesmo tempo, a necessidade de o tributo ser permanentemente controlado e contido: um Estado destinado a assegurar o exercício dos direitos fundamentais não os pode violar por meio da tributação. O tributo não é viabilizador ou ameaçador de direitos, em disjunção exclusivista: é as duas coisas, ao mesmo tempo, e no mesmo espaço! O tributo é um paradoxo." FOLLONI, André. Capacidade contributiva e dever fundamental. *Revista Direito Tributário Atual – RDTA*, São Paulo: Instituto Brasileiro de Direito Tributário – IBDT, v. 42, p. 486, 2009.

de modo expresso, a incompetência das pessoas políticas de direito constitucional interno para expedir regras instituidoras de tributos que alcancem situações específicas e suficientemente caracterizadas".[115] Em outros dizeres:[116]

> A imunidade tributária, então, pode ser definida como a exoneração, fixada constitucionalmente, traduzida em norma expressa impeditiva de atribuição de competência tributária ou extraível, necessariamente, de um ou mais princípios constitucionais, que confere direito público subjetivo a certas pessoas nos termos por ela delimitados de não se sujeitarem à tributação.

Distintamente dos princípios, que são dotados de grande generalidade e se admitem como normas em sentido amplo, as imunidades são de tal maneira expressas[117] no próprio texto constitucional que sua significação se permite tomar como normas em sentido estrito ("regras").

São exemplos de imunidades prestigiadas pela Carta Política a: (i) imunidade recíproca das pessoas políticas (arts. 1º

---

115. CARVALHO, Paulo de Barros. *Curso de direito tributário*. 22. ed. São Paulo: Saraiva, 2010. p. 234.

116. COSTA, Regina Helena. *Imunidades tributárias*: teoria e análise da jurisprudência do STF. 3. ed. São Paulo: Malheiros Editores, 2015. p. 58.

117. Já tivemos oportunidade de alertar que o fato de as imunidades serem expressas no texto constitucional não significa necessariamente que devam partir de interpretações literais. Ser expresso em texto é distinto de ser explícito, em particular porque todo texto encerra um quê de implicitude contextual. Assim, na conjugação de diversos princípios se depreendem situações de imunidades implícitas, como aquela que estabelece a impossibilidade de tributação sobre o mínimo existencial e também a imunidade recíproca das pessoas políticas. CURY, Fabio Lemos. *Apontamentos sobre as taxas judiciárias*: análise crítica à luz da Constituição Federal. 2016. 186 f. Dissertação (Mestrado em Direito) – Pontifícia Universidade Católica de São Paulo, São Paulo, 2016. f. 37-38. Daniel Neto manifesta postura distinta, apontando que a ausência de referência à proteção do mínimo existencial na Constituição impede tal asserção. Não se trataria de uma imunidade implícita, mas de um "conjunto indeterminado de circunstâncias fáticas relativas à capacidade econômica do contribuinte que, ainda que não previstas em lei, têm o condão de derrotar a inferência da regra de incidência. Noutros termos, o mínimo existencial é condição de derrotabilidade de regras tributárias". DANIEL NETO, Carlos Augusto. O "mínimo existencial" como condição de derrotabilidade de regras tributárias. *Revista Direito Tributário Atual – RDTA*, São Paulo: Instituto Brasileiro de Direito Tributário – IBDT, v. 37, p. 103, 2017.

e 150, VI, "a"); (ii) imunidade aos templos de qualquer culto, partidos políticos, entidades sindicais, instituições de educação e de assistência social sem fins lucrativos (art. 150, VI, "b" e "c"); (iii) imunidade dos livros, jornais e periódicos, bem como do papel destinado à sua impressão (art. 150, VI, "d"); (iv) imunidade das entidades beneficentes e de assistência social em relação às contribuições sociais (art. 195, § 7º).

Que difere, então, a maneira de atuarem as imunidades da dos princípios? É que, ao passo que aquelas estabelecem situações de incompetência, estes disciplinam a forma do regular exercício dessa competência, como aponta Misabel Derzi:[118]

> A grande massa das imunidades e dos princípios consagrados na Constituição de 1988, dos quais decorrem limitações ao poder de tributar, são meras especializações ou explicações dos direitos e garantias individuais (legalidade, irretroatividade, igualdade, generalidade, capacidade econômica de contribuir etc.) [...] Não obstante, se por detrás das imunidades podemos extrair princípios e diretrizes, como valores objetivamente aceitos pela Constituição, nem todo princípio jurídico leva a uma imunidade. Daí a distinção feita pela doutrina e pela jurisprudência. Muitos princípios limitam o poder de tributar, porque condicionam o exercício (válido) da competência à observância de certos requisitos ou critérios norteadores.

De se registrar a evidente distinção entre as imunidades – regras de incompetência tributária veiculadas pelo texto constitucional – e as isenções, estas que são expedientes redutores do campo de abrangência dos critérios da regra-matriz de um tributo e que atuam no campo de uma competência devidamente instituída às pessoas políticas.[119]

---

118. DERZI, Misabel Abreu Machado. Nota de atualização à obra de Aliomar Baleeiro. *In*: BALEEIRO, Aliomar. *Limitações constitucionais ao poder de tributar*. 7. ed. rev. e compl. à luz da Constituição de 1988 até a Emenda Constitucional nº 10/1996. Atualizada por Misabel Abreu Machado Derzi. Rio de Janeiro: Forense, 1997. p. 14-15.

119. "Guardando sua autonomia normativa, a norma de isenção atua sobre a regra-matriz de incidência tributária, investindo contra um ou mais critérios de sua estrutura, mutilando-os, parcialmente. Com efeito, trata-se de encontro de duas

Eis, pois, a definição do quadro das competências em geral e da competência tributária em particular, bem assim de suas ditas limitações. Volveremos especificamente ao tema em item posterior, tratando de maneira particular sobre certos princípios e imunidades em sua relação mais íntima com a tributação das transmissões *causa mortis* e por doações.

---

normas jurídicas que tem por resultado a inibição da incidência da hipótese tributária sobre os eventos abstratamente qualificados pelo preceito isentivo, ou que tolhe sua consequência, comprometendo-lhe os efeitos prescritos da conduta. Se o fato é isento, sobre ele não se opera a incidência e, portanto, não há que falar em fato jurídico tributário, tampouco em obrigação tributária." CARVALHO, Paulo de Barros. *Direito tributário, linguagem e método*. 3. ed. São Paulo: Noeses, 2009. p. 593.

3

O PROBLEMA DA SANÇÃO ÀS OMISSÕES LEGISLATIVAS EM MATÉRIA DE COMPETÊNCIA

3.1 Normas de conduta e de estrutura ou competência

Grande parte dos autores distingue normas de conduta de normas de competência. As primeiras seriam direcionadas à região das condutas intersubjetivas cujas prescrições se prestam a regular. Já as segundas estariam no âmbito da disciplina de criação de outras normas jurídicas no ordenamento, tais como as que preveem e regulam as competências tributárias, normas processuais etc. A denominação e o desenvolvimento dos conceitos são bastante variados; por exemplo, Hart as trata como normas primária e secundária,[120] ao

120. "Por força das regras de um tipo, que bem pode ser considerado o tipo básico ou primário, aos seres humanos é exigido que façam ou se abstenham de fazer acções, quer queiram ou não. As regras do outro tipo são em certo sentido parasitas ou secundárias em relação às primeiras: porque asseguram que os seres humanos possam criar, ao fazer ou dizer certas coisas, novas regras do tipo primário, extinguir ou modificar as regras antigas, ou determinar de diferentes modos a sua incidência ou fiscalizar a sua aplicação. As regras do primeiro tipo impõem deveres, as do segundo tipo atribuem poderes, públicos ou privados." HART, Herbert. *O conceito de direito*. 3. ed. Lisboa: Fundação Calouste Gulbenkian, 2001. p. 91.

passo que outros autores as denominam normas de conduta e de estrutura, como Norberto Bobbio.[121]

Ao cuidar das normas de competência, Tácio Lacerda Gama propôs de maneira detalhada seu objeto, que julgamos pertinente reproduzir:[122]

> [...] aglutinaremos numa mesma norma de competência os seguintes elementos: i) qualificação do sujeito que pode criar normas; ii) indicação do processo de criação das normas, sugerindo todos os atos que devem ser preordenados para o alcance deste fim; iii) indicação das coordenadas de espaço em que a ação de criar normas deve se realizar; iv) indicação das condições de tempo em que esta ação deve ser desempenhada; v) estabelecimento do vínculo que existe entre quem cria a norma e quem deve se sujeitar à sua prescrição, segundo as condições estabelecidas pelo próprio direito; vi) modalização da conduta de criar outra norma, se obrigatória, permitida ou proibida; e vii) estabelecimento da programação material da norma inferior que é feita segundo quatro variáveis – sujeito, espaço, tempo e comportamento.

Referido autor chegou a propor uma estrutura formalizada para a norma de competência, bem identificando todas as suas variáveis,[123] anteriormente expostas. De todo modo, o

121. "Em todo ordenamento, ao lado das normas de conduta, existe um outro tipo de normas, que costumamos chamar de normas de estrutura ou competência. São aquelas normas que não prescrevem a conduta que se deve ter ou não ter, mas as condições e os procedimentos através dos quais emanam normas válidas." BOBBIO, Norberto. *Teoria do ordenamento jurídico*. 6. ed. Brasília: Editora Universidade de Brasília, 1995. p. 33.

122. GAMA, Tácio Lacerda. *Competência tributária*: fundamentos para uma teoria da nulidade. 3. ed. São Paulo: Noeses, 2020. p. 74.

123. A fórmula preconizada é a seguinte: Njcom = H {[s.p(p1,p2,p3...)].(et)} → R[S(s.sp).m(s.e.t.c)], "Onde se lê: norma jurídica de competência Njcom é igual ao vínculo que se estabelece entre um tipo de enunciação e uma matéria. Na hipótese: {[s.p(p1,p2,p3...)].(et)}, estão prescritos o sujeito, o procedimento, as referências de espaço e de tempo. Outro ponto relevante, o vínculo (→) entre antecedente e consequente expressa a decisão – o ato de vontade – de ligar certa matéria a determinado tipo de enunciação. A programação sobre a matéria é feita por dispositivos que determinam um sujeito e uma conduta, indicando o espaço e o tempo de sua realização. Além disso, essa programação de matéria é feita no interior de uma relação jurídica, onde dois ou mais sujeitos se unem pelo dever de editar enunciados de forma vinculada ou discricionária". GAMA, Tácio Lacerda. *Competência tributária*: fundamentos para uma teoria da nulidade. 3. ed. São Paulo: Noeses, 2020. p. 120.

que se pretende elucidar neste ponto é como uma outorga de competência é, em verdade, limitada, já que nasce com predeterminações acerca de *quem* poderá exercer o poder legiferante, *como* (*onde*, *quando* e *por quais procedimentos*) poderá fazê-lo em termos procedimentais, *para quem* está autorizado enunciar seus comandos e sobre *o que* pode dispor.

Nessa questão há algo de relevo: é que a infração a uma norma de competência em quaisquer de suas prescrições referidas resulta – como sanção pelo seu descumprimento – na possibilidade de reconhecimento da "invalidade" (no sentido de inadequação) da norma produzida e seu afastamento pelo Judiciário em um caso particular ou mesmo de maneira geral mediante controle concentrado de constitucionalidade.[124]

Com efeito, a invalidação (no sentido de não aplicação) da norma produzida em desconformidade com as regras de competência se processa por meio de uma norma secundária, nos mesmos moldes daquelas mencionadas no item 1.1. Em seu antecedente está previsto o exercício irregular da competência, acarretando sua expulsão do sistema de direito positivo pela atuação do Estado-juiz. São muitos os autores que assim compreendem tal fenômeno, a exemplo dos já referidos Tácio Lacerda Gama,[125] Gabriel Ivo[126] e Aurora Tomazini de Carvalho.[127]

---

124. "O vício que se instala em face da violação das normas de produção normativa é a causa de invalidade dos documentos normativos. Assim, o vício pode ser o efeito do não atendimento a uma norma de estrutura, como também o vício consiste na causa da invalidade. A violação das normas de produção normativa causa um vício no documento produzido; o vício, por sua vez, é a causa da invalidade a ser promovida na forma estabelecida pelo sistema jurídico. É uma questão, como se pode perceber, que ocorre dentro do sistema normativo, em face do relacionamento dos seus elementos." IVO, Gabriel. *Norma jurídica*: produção e controle. São Paulo: Noeses, 2006. p. 125.

125. GAMA, Tácio Lacerda. *Competência tributária*: fundamentos para uma teoria da nulidade. 3. ed. São Paulo: Noeses, 2020. p. 131.

126. IVO, Gabriel. *Norma jurídica*: produção e controle. São Paulo: Noeses, 2006. p. 125-135.

127. "Entendemos, no entanto, que esta [a invalidação do ato praticado em desconformidade às regras de estrutura] é uma forma de coerção. Se o agente legislador não é competente, ou o procedimento realizado não é o próprio, os membros da

Em outros dizeres, o controle de adequação de determinada norma ao ordenamento se dará precisamente pela aferição do atendimento às normas de estrutura ou competência, tal como preconizado pela Carta Política e, sendo o caso, sua regência por leis complementares. Veremos, no curso deste estudo, a avaliação das possibilidades de ação dos Estados e do Distrito Federal na instituição do ITCMD, que necessariamente deve guardar atinência ao que dispõe tanto a Constituição como, por força de seu art. 146, as leis complementares que regem de maneira geral a matéria.

Há, contudo, duas questões relevantes que se colocam ao discutir o tema em apreço: uma competência normativa é sempre facultativa ou há casos em que seu exercício se revela um dever? E, admitindo a existência de competências cujo exercício é obrigatório, qual seria a sanção para o caso de seu descumprimento? Buscaremos responder a tais questões nos itens seguintes.

3.1.1 As normas imperativas de segunda instância e o problema das normas de competência modalizadas em obrigações – os ilícitos nomogenéticos omissivos

No item precedente, discorreu-se sobre as normas de competência ou de estrutura e sobre a proposta de lhes conceber a invalidade como sanção decorrente dos ilícitos nomogenéticos, é dizer, o desrespeito às prescrições de *quem* pode enunciar *o que* a *quais destinatários* e *como* (segundo quais ritos ou formas e disposições de tempo ou lugar).

---

comunidade (que têm o direito subjetivo, atribuído pelas normas de estrutura, de só serem obrigados por normas criadas por agente competente e procedimento próprio) têm o direito subjetivo de se socorrerem ao Estado-juiz para que este suspenda a aplicação ou invalide as normas criadas com vício de forma. A norma secundária, que se agrega às normas de estrutura, prescreve exatamente isto." CARVALHO, Aurora Tomazini de. *Curso de teoria geral do direito*: o construtivismo lógico-semântico. 5. ed. São Paulo: Noeses, 2016. p. 366-367.

Tal ordem de ideias decorre fundamentalmente da concepção de que as normas de competência se assentam no modal deôntico da permissão ou, ainda, da dupla permissão, cuja conjugação, i.e., a permissão para praticar ou deixar de praticar certa conduta, resulta em uma *faculdade*.

Porém, não é sempre assim, já que certas normas de competência – em especial se tratando da competência tratada em seu sentido amplo – assentam-se no modo das obrigações, como no caso da atividade jurisdicional ou das demais competências vinculadas.[128]

Parece-nos, destarte, que maior atenção deve-se dar à questão dos modais em que se assentam as normas de competência, a perquirir sua possível facultatividade.

A esse propósito, é interessante o raciocínio de Norberto Bobbio. Para tal autor, considerando a estrutura homogênea das normas jurídicas, sejam quais forem, tem-se que todas elas possivelmente se assentam nos modais deônticos da *obrigação*, *permissão* e *proibição*. E não haveria por que não cogitar tal aplicação também às normas de competência; como estas se dirigem à regulação da conduta nomogenética ética, sucedem-se as normas imperativas de segunda instância, que traduzem os "comandos de comandar". Vejamos o desenvolvimento do tema pelo próprio autor:[129]

> A classificação desse tipo de normas é muito mais complexa que a classificação das normas de primeira instância, para as quais havíamos falado de "tripartição" clássica em normas imperativas, proibitivas e permissivas. Podem-se distinguir nove tipos:
>
> 1) Normas que mandam ordenar (por exemplo: art. 34, § 2º da Constituição, onde o constituinte ordena ao legislador ordinário formular leis que tornem obrigatória a instrução).

128. GAMA, Tácio Lacerda. *Competência tributária*: fundamentos para uma teoria da nulidade.3. ed. São Paulo: Noeses, 2020. p. 118.

129. BOBBIO, Norberto. *Teoria do ordenamento jurídico*. 6. ed. Brasília: Editora Universidade de Brasília, 1995. p. 48.

2) Normas que proíbem ordenar (art. 27, § 4º da Constituição, onde se proíbe ao legislador impor a pena de morte).

3) Normas que permitem ordenar (em todos os casos em que o constituinte entende não dever intervir a ditar normas sobre certas matérias, pode-se dizer que isso permite ao legislador ordenar. Por exemplo, o art. 32, § 2º da Constituição, permite ao legislador ordinário estabelecer normas relativas ao tratamento sanitário).

4) Normas que mandam proibir (art. 18, § 2º da Constituição: o constituinte impõe ao legislador ordinário emanar normas proibitivas contra as associações secretas).

5) Normas que proíbem proibir (art. 22 da Constituição: ninguém pode ser privado por motivos políticos da capacidade jurídica, da cidadania, do nome).

6) Normas que permitem proibir (a propósito do art. 40 da Constituição, que sanciona a liberdade de greve, pode-se observar que nem nele nem em outro se fala em liberdade de suspensão do trabalho; essa lacuna poderia ser interpretada como se o constituinte tivesse desejado deixar ao legislador ordinário a faculdade de proibi-la).

7) Normas que mandam permitir (este caso coincide com o do número cinco).

8) Normas que proíbem permitir (este caso coincide com o do número quatro).

9) Normas que permitem permitir (como a permissão é a negação de uma proibição, este é o caso de uma lei constitucional que negue a proibição de uma lei constitucional anterior).

A ponderação de Bobbio traduz as problemáticas questões deduzidas na parte final do item precedente, já que as teorias normativistas veem na sanção institucionalizada o marco distintivo da juridicidade.

Ora, se as normas de competência não necessariamente estiverem modalizadas conforme permissões ou duplas-permissões (faculdades), então *seu vício pode decorrer não apenas de seu exercício contrário às suas prescrições (sobre quem, o quê, como e para quem se enunciam), mas também da só falta de seu exercício.*

Nos ilícitos nomogenéticos, portanto, devemos admitir os *comissivos*, resultantes de violações procedimentais ou materiais, mas também os ilícitos *omissivos*, decorrentes da falta de aplicação (incidência) da norma de competência assentada no modal deôntico da obrigatoriedade (O).

Considerando essa noção das normas *imperativas de segunda instância*, haverá normas permissivas de competência (aquelas que permitem mandar, permitem proibir ou permitem permitir), bem assim as normas proibitivas de competência (as que proíbem mandar, proíbem proibir ou proíbem permitir).

Nos domínios do direito tributário, nos quais as normas se direcionam à região das condutas a partir do modal obrigatório, exemplos das normas permissivas de estrutura – as que permitem obrigar – são abundantes na Constituição da República, podendo ser encontradas entre todas as distribuições diretas de competência aos entes federativos, tais como a que outorga à União a instituição do imposto sobre a renda (art. 153, III), aos Estados e ao Distrito Federal a criação do imposto sobre veículos automotores (art. 155, III) e aos Municípios a instituição do imposto sobre a propriedade territorial urbana (art. 156, I).

Quanto às normas de estrutura modalizadas em proibições, entendemos que no direito tributário sua maior expressão se dá nas imunidades, cujo conceito clássico é impeditivo[130] do exercício da competência sobre certas situações.

Vemos espaço, outrossim, para considerar normas de estrutura modalizadas segundo deveres.

Embora não sem alguma controvérsia a respeito, podemos citar dois exemplos dessas normas: (i) o primeiro diz com o exercício da competência tributária relacionada ao ICMS no que concerne a qual a doutrina vem de reconhecer sua obrigatoriedade, em contraponto à facultatividade do exercício da

130. Nesse sentido, "a imunidade tributária, então, pode ser definida como a exoneração, fixada constitucionalmente, traduzida em norma expressa impeditiva da atribuição de competência tributária, ou extraível, necessariamente, de um ou mais princípios constitucionais, que confere direito público subjetivo a certas pessoas, nos termos por ela delimitados, de não se sujeitarem à tributação". COSTA, Regina Helena. *Imunidades tributárias*: teoria e análise da jurisprudência do STF. 3. ed. São Paulo: Malheiros Editores, 2015. p. 58.

competência tributária[131-132] em homenagem à uniformidade[133] própria a esse tributo. Nesse caso, o que se tem é uma norma de estrutura que obriga a obrigar, é dizer, que obriga à instituição do tributo;[134] (ii) o segundo diz respeito à lei complementar prevista pelo art. 155, § 1º, III, da CF, que estabelece a necessidade de lei complementar para regular a instituição dos ITCMDs em situações internacionais. Nesse caso, o que se tem é norma estruturante que obriga a permitir, já que inaugura a competência para permitir aos Estados instituir o tributo nos casos de que trata tal disposição. Desse tema – que no contexto deste estudo enseja essas colocações de teoria geral – trataremos em detalhes mais adiante.

Deve-se abrir um parêntese neste parágrafo. A Lei Complementar nº 101/2000 (LRF) estabelece em seu art. 11,

---

131. "Sua própria instituição não é faculdade dos Estados e do Distrito Federal: é procedimento regulado com o modal 'O' (obrigatório), ao contrário do que sucede com as demais figuras de tributos." CARVALHO, Paulo de Barros. *Curso de direito tributário*. 22. ed. São Paulo: Saraiva, 2010. p. 275.

132. "Pensamos que a única exceção a esta facultatividade – e ainda assim, em termos – é a que toca ao imposto sobre operações relativas à circulação de mercadorias e serviços (ICMS), que os Estados e o Distrito Federal estão obrigados a instituir e arrecadar, em decorrência do que dispõe o art. 155, § 2º, XII, 'g', da CF [...]." CARRAZZA, Roque Antonio. *Curso de direito constitucional tributário*. 32. ed. São Paulo: Malheiros Editores, 2019. p. 571.

133. BRANDÃO JR., Salvador Cândido. *Federalismo e ICMS*: estados-membros em "guerra fiscal". São Paulo: Quartier Latin, 2014. v. XIV. Série Doutrina Tributária. p. 92.

134. Registramos que, a nosso ver, o raciocínio aplicado ao ICMS nos parece valer também para o ISS, em especial depois da EC nº 37/2002, que estabeleceu no art. 88 do ADCT a obrigatoriedade de manutenção de alíquota mínima para o referido tributo municipal, além da impossibilidade de concessão de isenções, incentivos ou benefícios que impliquem direta ou indiretamente redução dessa alíquota. A disposição veio regulamentada pela Lei Complementar nº 157/2016, que introduziu o art. 8º-A à Lei Complementar nº 116/2003. Com efeito, a proibição da existência de alíquotas menores do que as apontadas implica também a vedação à omissão legislativa do Município que propicie a inexistência do referido tributo em sua jurisdição: ou seja, tem-se norma de competência obrigatória. Abstraídas discussões de constitucionalidade dessas disposições, o raciocínio aplicável ao tributo em questão é o mesmo direcionado ao ICMS, mas, no caso, em prol da uniformidade de restrição da "competição fiscal entre municípios" apontada por Paulo Ayres Barreto em nota de atualização à obra de Aires F. Barreto. BARRETO, Aires F.; BARRETO, Paulo Ayres. *ISS na Constituição e na lei*. 4. ed. São Paulo: Noeses, 2018. p. 265.

parágrafo único, vedação à realização de transferências voluntárias para o ente que não tenha implementado "a instituição, previsão e efetiva arrecadação de todos os tributos da competência constitucional" que lhe foi atribuída. A disposição tem viés claramente sancionatório, mas não no sentido de sanção como norma de índole processual (norma secundária), e sim como norma primária sancionatória,[135] no sentido já exposto anteriormente. A questão, pois, não se relaciona diretamente ao quanto tratado neste item.

Pois bem. Mas se todas as normas – de conduta ou estrutura – são em última instância disciplinadoras de condutas e possuem uniformidade sintática, com a marca distintiva da sanção estatal em caso de descumprimento, devemos admitir a possibilidade de sanções para ambos os ilícitos: os comissivos e os omissivos.

Quanto aos ilícitos nomogenéticos comissivos (produção normativa irregular), de fato a doutrina propõe a já referida solução de invalidade do produto normativo, a ser reconhecida pelo próprio sistema do direito positivo ou ordenamento.

Por outro lado, em relação aos ilícitos nomogenéticos omissivos, não encontramos propostas mais convincentes. A questão não passa de todo despercebida de autores como Roque Carrazza,[136] que aponta a ausência de mecanismos que

135. Valendo desde logo o alerta de que muito dificilmente se pode admitir a "previsão e efetiva arrecadação de todos os tributos da competência constitucional" das pessoas políticas, já que tal suporia a instituição de taxas sobre todos os serviços específicos e divisíveis prestados direta ou indiretamente pelo Estado, para além das taxas de polícia.

136. O apontamento é feito precisamente sobre a, "em termos", exceção à facultatividade representada pela necessidade de instituição do ICMS pelos Estados e pelo Distrito Federal. É que: "Ainda assim, não vemos como compelir o Poder Legislativo de um Estado (ou do Distrito Federal) a criar o ICMS. O máximo que podemos aceitar é que as demais pessoas políticas competentes para criar este imposto podem bater às portas do Poder Judiciário (STF, *ex vi* do art. 102, I, 'f', da CF) e, lá, postular o ressarcimento dos prejuízos (sofridos ou iminentes) causados por tal omissão. O Judiciário, porém, nem determinará ao Estado (ou ao Distrito Federal) inerte que legisle, nem, muito menos, legislará por ele. Esta é uma das consequências do princípio da separação dos Poderes, um dos sustentáculos do nosso regime

possam atuar como sanção, i.e., como a autoridade do Estado impondo ou suprindo a conduta omitida por força de decisão judicial, naquilo que se convenciona em termos clássicos como papel das normas secundárias.

O impasse, de todo modo, é relevante. Sim, porque, se há normas de competência assentadas no modal obrigatório e se há uma homogeneidade sintática ínsita a todas as normas, então necessariamente todas as normas devem ser dotadas de sanção: e uma sanção deveria ser encontrada no sistema de direito positivo para atender aos ilícitos nomogenéticos *omissivos*. Do contrário, ou não há normas de estrutura assentadas no modal obrigatório, ou, então, temos um problema na teoria normativa de que nos valemos.

Diante desse impasse, há algumas soluções que se desenham possíveis.

A primeira delas seria retomar a ideia de que não há falar em normas de competência modalizadas como obrigatórias, ao menos não no campo do direito tributário, que é objeto deste estudo. Haveria, assim, uma restrição nesse campo do direito, determinada pela ideia mesma de competência tributária em sentido forte, tal como esquadrinhado pela CF: toda competência encerraria apenas uma faculdade, cujo exercício decorre de discricionariedade política. Tudo não passaria, pois, de um falso problema, decorrente de uma aparente confusão ao identificar uma modalização obrigatória em norma de competência cuja marca seria a permissividade, unilateral ou bilateral. Tal suposição traz dificuldades, entretanto, à tese da obrigatoriedade da instituição do ICMS, anteriormente exposta, por exemplo. Aparenta, por outro lado, uma solução edificada sobre pilares de um argumento *a posteriori*[137] que busca remontar das consequências aos princípios: uma vez

---

republicano e representativo". CARRAZZA, Roque Antonio. *Curso de direito constitucional tributário*. 32. ed. São Paulo: Malheiros Editores, 2019. p. 571.

137. FERRAZ JR., Tercio Sampaio. *Introdução ao estudo do direito*: técnica, decisão, dominação. São Paulo: Atlas, 1988. p. 313.

que não pode haver sanção para os ilícitos nomogenéticos omissivos em matéria tributária, então necessariamente as normas de competência próprias a esse ramo do direito não podem se considerar obrigatórias. Esta é uma leitura possível, em que pese não ser, para nós, convincente.

Outra solução seria adotar distinto referencial teórico, tal como propõe Norberto Bobbio, para o qual a existência de sanções não é característica necessária a todas as normas, mas sim uma característica peculiar a um ordenamento.[138] A controvérsia, pois, decorreria da má colocação de premissas, particularmente a de considerar que a toda norma corresponde uma sanção. Isso, entretanto, contradiz as premissas que adotamos neste estudo – e traria insolúveis problemas em relação à teoria da norma –, já que a concepção sistemática do direito pressupõe a uniformidade de suas unidades, as normas. E o que distingue normas de não normas é precisamente a natureza sancionatória institucionalizada que lhes empenha marca de juridicidade.

Parece-nos haver, entretanto, uma terceira solução *ainda em processo de evolução jurisprudencial* que pode vir a se constituir legítima a tais problemas – ao menos no que diz respeito ao sistema de direito (ou ordenamento) brasileiro. Trata-se do fruto da atuação da Corte Suprema em certos casos de modo a imprimir caráter sancionatório efetivo às ADOs, raciocínio desenvolvido a partir de construção semelhante historicamente desenvolvida no caso dos mandados de injunção.

---

138. "Partindo da consideração da norma jurídica tivemos que responder que, se a sanção faz parte do caráter essencial das normas jurídicas, as normas sem sanção não são normas jurídicas. Acreditávamos, ao invés disso, dever responder que 'quando se fala de uma sanção organizada como elemento constitutivo do Direito nos referimos não às normas em particular, mas ao ordenamento normativo tomado em seu conjunto, razão pela qual dizer que a sanção organizada distingue o ordenamento jurídico de qualquer outro tipo de ordenamento não implica que todas as normas daquele sistema sejam sancionadas, mas somente que o são em sua maioria.' Nossa resposta mostra em concreto que um problema mal resolvido no plano da norma singular encontra solução mais satisfatória no plano do ordenamento." BOBBIO, Norberto. *Teoria do ordenamento jurídico*. 6. ed. Brasília: Editora Universidade de Brasília, 1995. p. 29.

Há no debate um ponto interessante: a sanção dos ilícitos nomogenéticos omissivos – considerados "um dos mais tormentosos e, ao mesmo tempo, um dos mais fascinantes temas do direito constitucional moderno"[139] – confere às disposições constitucionais a marca efetiva da juridicidade que lhes diferencia de meros conselhos. Reflexos dessa evolução jurisprudencial, entretanto, não parecem ainda ter sido bem aplicados às normas de competência tributária, em especial no que se relaciona ao papel das leis complementares de direito tributário, cuja atribuição constitucional clara é, entre outros, de disciplinar conflitos de competência e as limitações constitucionais ao poder de tributar.

Enfim, o tema merece uma ulterior análise, já que é também relacionado à questão do art. 155, § 1º, III, da CF e à exigência de lei complementar para regulamentação da instituição do ITCMD em situações internacionais, do que trataremos em detalhes.

3.2 Algumas considerações sobre a classificação das normas constitucionais, as omissões legislativas totais e parciais e a *inertia deliberandi*

A questão que ora se coloca – das omissões – não é nova,[140] muito embora não se costume tratar dela em matéria tributária. O ponto interessante é sua relação com o que já se discute em geral (os "deveres de legislar") e o objeto deste trabalho em particular (os possíveis deveres de legislar em matéria tributária).

---

139. MENDES, Gilmar Ferreira. *Curso de direito constitucional.* 10. ed. São Paulo: Saraiva, 2015. p. 1195.

140. "Como regra geral, o legislador tem a faculdade discricionária de legislar, e não um dever jurídico de fazê-lo. Todavia, há casos em que a Constituição impõe a um órgão legislativo uma atuação positiva, mediante edição de norma necessária à efetivação de um mandamento constitucional. Nesta hipótese, sua inércia será ilegítima e configurará caso de inconstitucionalidade por omissão." BARROSO, Luís Roberto. *O controle de constitucionalidade no direito brasileiro*: exposição sistemática da doutrina e análise crítica da jurisprudência. 8. ed. São Paulo: Saraiva Educação, 2019. p. 329.

Com efeito, a ordem constitucional tem na legislação instrumento imprescindível à sua concretização. Desde a noção da legalidade de que trata o art. 5º, II, da Constituição, além das restrições a direitos fundamentais, que se devem realizar mediante lei, resguardando seu âmbito de proteção, até as atividades administrativas em geral, são todas elas regidas e concretizadas por força de lei.[141] O sistema tributário nacional, todo ele, aliás, é erigido a partir do pilar da legalidade, nos termos do art. 150, I, da CF.

A omissão legislativa, pois, não pode representar sem maiores consequências a inexequibilidade das disposições constitucionais.

Importa abrir neste ponto um parêntese para que se distinga entre as omissões e as lacunas constitucionais. Lacunas são situações relevantes não previstas pela Constituição, enquanto as omissões legislativas "reportam-se a situações previstas, mas que faltam as estatuições adequadas a uma plena efetivação das respectivas normas no programa ordenador global da Constituição". Daí que as lacunas se resolvam pela aplicação dos intérpretes autênticos, ao passo que as omissões clamem a atuação do legislador ou, quando possível, a atuação dos tribunais por emissão de sentenças aditivas.[142]

As omissões inconstitucionais têm lugar tanto em situações de ordens explícitas da Constituição como no caso de "decisões fundamentais da Constituição identificadas no processo de interpretação".[143] Não poderia ser diferente: sendo o direito

---

141. Nesse sentido, "a Administração Pública está vinculada expressamente, dentre outros, ao princípio da legalidade (art. 37). Toda a organização político-administrativa fundamental, no âmbito federal, estadual e municipal, há de ser realizada mediante lei (cf. arts. 18, §§ 2º a 4º, 25, *caput*, e § 3º, 29, 32 e 33, 39, 43, 93, 128, § 5º, 131, 142, § 1º, 146). O sistema tributário nacional, o sistema das finanças públicas e o sistema financeiro nacional dependem de lei para sua organização e funcionamento (arts. 146, 163, 165)". MENDES, Gilmar Ferreira. *Curso de direito constitucional*. 10. ed. São Paulo: Saraiva, 2015. p. 1201.

142. MIRANDA, Jorge. *Teoria do Estado e da Constituição*. 5. ed. Rio de Janeiro: Forense, 2019. p. 435.

143. MENDES, Gilmar Ferreira. *Curso de direito constitucional*. 10. ed. São Paulo: Saraiva, 2015. p. 1205.

composto de textos, há um grau de implicitude em todo o seu corpo, não sendo uma suposta natureza expressa das disposições da Constituição elemento a ofuscar o dever constitucional de concretização de seus comandos. Tais omissões, ademais, podem ser absolutas (quando inexista a providência legislativa *tout court*) ou parciais, também denominadas relativas. Nestas há um atendimento insatisfatório ou incompleto à norma de competência modalizada como obrigatória pela Constituição.

Vale, neste ponto, uma pequena digressão quanto à classificação das normas constitucionais. Como aponta Paulo Bonavides,[144] valendo-se grandemente da obra de Crisafulli, as normas constitucionais podem se classificar, conforme sua estrutura e eficácia (diríamos, ainda, eficácia técnica), em (i) programáticas, (ii) imediatamente preceptivas e (iii) de eficácia diferida.

Em apertada síntese sobre tal revolta matéria, pode-se apontar que programáticas seriam aquelas em que o legislador estabelece "normas-princípio" de conteúdo bastante geral, em situações nas quais o legislador constitucional, em vez "de regular imediatamente um certo objeto, preestabelece a si mesmo um programa de ação, com respeito ao próprio objeto, obrigando-se a dele não se afastar sem um justificado motivo".[145]

Já as normas constitucionais imediatamente preceptivas seriam aquelas de eficácia técnica plena, que regulam diretamente relações entre os sujeitos ou entre estes e o Estado, dispensando atuação legiferante a lhes adjudicar eficácia técnica.

Por fim, no caso das normas constitucionais diferidas, o que se tem seriam situações já intactamente reguladas pela Constituição quanto à matéria que lhes serve de objeto, cuja efetivação apenas demandaria atos legislativos para viabilizar sua aplicação. Não seriam "promessas cujo conteúdo há de ser ministrado" posteriormente, como nas normas programáticas,

---

144. BONAVIDES, Paulo. *Curso de direito constitucional*. 31. ed. São Paulo: Malheiros Editores, 2016. p. 247.

145. Ibidem, p. 253.

mas disposições que "precisam apenas de meios técnicos ou instrumentais" para que se apliquem.[146]

Essa classificação nos parece mais aprofundada na obra de Jorge Miranda,[147] que distingue as classes das (i) normas programáticas, das (ii) normas preceptivas exequíveis por si mesmas e das (iii) normas preceptivas não exequíveis por si mesmas (correspondentes, a nosso ver, às normas de eficácia diferida referidas por Paulo Bonavides).

Referido autor aponta que nas normas programáticas há necessidade de um concurso de fatores extrajurídicos para viabilização de seus objetivos: há de se estabelecer uma política pública, diga-se, que não se pode concretizar pela só saturação legislativa de conteúdos normativos.

Quanto às normas preceptivas não exequíveis por si mesmas, estas sim se enquadram na classe daquelas em que o texto constitucional clama a ação legiferante para a concretização de seus comandos. Em tais situações, há as normas preceptivas não exequíveis por si mesmas permissivas ou facultativas, nas quais a Constituição permite ou faculta a atuação legiferante em um tal ou qual caso, bem como as normas preceptivas não exequíveis por si mesmas prescritivas, cuja constituição impõe a ação legiferante para concretização de seus mandamentos.[148]

Há relativo consenso no sentido de que os ilícitos nomogenéticos omissivos se relacionam principalmente a essa classe determinada das normas constitucionais preceptivas não exequíveis por si mesmas prescritivas. Alguns autores, como Luís Roberto Barroso, entendem que as omissões relativas a normas programáticas apenas constituiriam inconstitucionalidades por omissão na medida em que "inviabiliz[assem] providências ou prestações correspondentes ao mínimo Vital";[149]

146. Ibidem, p. 257.

147. MIRANDA, Jorge. *Manual de direito constitucional, II*. 6. ed. Coimbra: Coimbra Editora, 2007.

148. Ibidem, p. 281-283.

149. BARROSO, Luís Roberto. *O controle de constitucionalidade no direito brasileiro*: exposição sistemática da doutrina e análise crítica da jurisprudência. 8. ed. São Paulo: Saraiva Educação, 2019. p. 56.

outros autores, entretanto, possuem concepção mais ampla sobre o tema, vislumbrando também nessa classe de normas a possibilidade de um ilícito omissivo, o que estende ainda mais o espectro de abrangência das sanções correspondentes.[150]

Por fim, vale salientar que as omissões legislativas decorrem da *inertia deliberandi* nas casas legislativas. Trata-se de questão de relevo: pode-se falar em falta ao dever legislativo quando haja nas casas legislativas deliberação sobre o texto de uma lei que, porventura, regulamentará disposição constitucional? De fato, como aponta Gilmar Mendes,[151] "O Supremo Tribunal Federal vinha considerando que, desencadeado o processo legislativo, não havia que se cogitar de omissão inconstitucional do legislador". Esse entendimento, contudo, tem sido alterado pela Corte Suprema no julgamento das Ações Diretas de Inconstitucionalidade por Omissão (ADOs). O excerto a seguir transcrito, do voto de lavra do Ministro Gilmar Mendes, nos autos da ADO 25 bem expõe a evolução da orientação sobre a matéria:[152]

> *Quid juris*, então, se os órgãos legislativos não deliberarem dentro de um prazo razoável sobre projeto de lei em tramitação? Ter-se-ia aqui uma omissão passível de vir a ser considerada morosa no processo de controle abstrato da omissão? É justamente disso que se trata no caso em tela. O fato de existirem, em tramitação atualmente no Congresso Nacional, algumas proposições acerca do tema não é suficiente para afastar a inércia legislativa, passados

150. Há autores que entendem "possível sim a ocorrência de inconstitucionalidade por omissão quanto a norma programática, mesmo sabendo que a concretização desse tipo de norma requer outras providências além da atividade normativa [...] No entanto, o remédio judicial adequado para a ausência de regulamentação de norma programática é a ação declaratória de inconstitucionalidade por omissão, e não o mandado de injunção". FONSECA, João Francisco N. da. *O processo do mandado de injunção*. São Paulo: Saraiva, 2016. p. 34. Outros, entretanto, dissentem dessa posição, já que "as normas programáticas, normalmente, não especificam a conduta a ser adotada, ensejando margem mais ampla de discricionariedade aos poderes públicos". BARROSO, Luís Roberto. Op. cit., p. 329-330.

151. MENDES, Gilmar Ferreira. *Curso de direito constitucional*. 10. ed. São Paulo: Saraiva, 2015. p. 1202.

152. ADO 25, rel. Gilmar Mendes, Tribunal Pleno, julgado em 30/11/2016, *DJe*-182, divulg. 17/08/2017, public. 18/08/2017.

> dez anos da promulgação da EC 42/2003? Penso que a resposta deve ser negativa. [...] Em julgados mais recentes, no entanto, a posição adotada pelo Tribunal foi outra. Deu-se à omissão inconstitucional sentido mais amplo, para admitir que também a *inertia deliberandi* das Casas Legislativas pode ser objeto da ação direta de inconstitucionalidade por omissão. Vale dizer, pode o Supremo Tribunal Federal reconhecer a mora do legislador em deliberar sobre questão, declarando, assim, a inconstitucionalidade por omissão. Foi essa a posição que prevaleceu, por unanimidade, na ADI 3.682, de minha relatoria, *DJ* 6.9.2007.

No caso desse precedente, a Suprema Corte entendeu presente a *inertia deliberandi* na criação de lei complementar prevista pelo art. 91 do Ato das Disposições Constitucionais Transitórias (ADCT), pelo decurso de mais de dez anos desde sua introdução ao texto da Carta Política pela EC nº 42/2003.

Há, assim, uma avaliação casuística sobre o que se considera efetiva inércia omissiva; não obstante, é razoável admitir que em relação às disposições originais da CF quaisquer omissões possam se reputar intoleráveis, uma vez que transcorridos mais de 32 anos desde sua promulgação.

Para todos esses casos, enfim, o modelo constitucional brasileiro trouxe significativo avanço, tendo instituído dois mecanismos que reputamos sancionatórios às omissões legislativas (ilícitos nomogenéticos omissivos): trata-se da ADO, expressamente referida pelo art. 103, § 2º, da Carta Política, e da garantia ao mandado de injunção, prestigiada na disposição de seu art. 5º, LXXI. Façamos um breve apanhado de tais institutos.

3.3 Ação Direta de Inconstitucionalidade por Omissão (ADO) e mandado de injunção: novos paradigmas para concretização das normas constitucionais

Referida expressamente pelo art. 103, § 2º, da Constituição da República, a ADO é regulamentada pela Lei nº 9.868/1999.

A grande crítica a referida ação declaratória é a timidez de seus efeitos, já que, nos termos do que preconiza o art. 12-H da Lei nº 9.868/1999, inexiste previsão para uma atuação supletiva da Suprema Corte a colmatar a omissão apontada no caso não suprida a mora legislativa. Apenas há expressa previsão nesse sentido no caso das omissões administrativas, após decurso do prazo de trinta dias para sua colmatação pela autoridade competente.

Em outros dizeres, a referida medida judicial, nos termos de sua regência legislativa, não poderia perfazer o conceito clássico de sanção a um ilícitos nomogenéticos ético omissivo. Quando muito, seria uma hipótese de sanção simbólica.

Nesse sentido, seria desejável que o próprio texto constitucional trouxesse claramente mecanismos para superação da omissão legislativa pelo Judiciário, situação que chegou a ser objeto de debate desde os trabalhos da constituinte[153] e de posteriores críticas quando o texto final foi promulgado.[154]

Sobre as ADOs, tem-se que a competência para seu julgamento é do Supremo Tribunal Federal (STF), como disposto no art. 102, I, "a", da Constituição. A doutrina estende a aplicação do instituto ao plano estadual, o que se parece confirmar,

153. Em estudo sobre o tema das inconstitucionalidades por omissão dirigido à Assembleia Constituinte, Anna Cândida da Cunha Ferraz apontava: "[...] impõe-se, portanto, ao Constituinte, atuar de modo criativo, no sentido de encontrar os meios adequados para sanar a 'inconstitucionalidade por omissão' do legislador". FERRAZ, Anna Cândida da Cunha. Inconstitucionalidade por omissão: uma proposta para a Constituinte. *Revista de Informação Legislativa*, Brasília: Senado Federal, v. 23, n. 89, p. 57, jan./mar. 1986.

154. Nesse particular, "foi tímida também a constituição nas consequências da decretação da inconstitucionalidade por omissão. Não avançou muito mais do que a Constituição Portuguesa. A mera ciência ao Poder Legislativo pode ser ineficaz, já que ele não está obrigado a legislar. Nos termos estabelecidos, o princípio da discricionariedade do legislador continua intacto, e está bem assim que seja. Mas isso não impediria que a sentença que reconhecesse a omissão inconstitucional já pudesse dispor normativamente sobre a matéria, até que a omissão legislativa fosse suprida. Com isso conciliar-se-iam o princípio político da autonomia do legislativo e a exigência do efetivo cumprimento das normas constitucionais". SILVA, José Afonso da. *Comentário contextual à Constituição*. 9. ed. São Paulo: Malheiros Editores, 2014. p. 571.

por exemplo, pela previsão da competência dos Tribunais de Justiça dos Estados de São Paulo e do Rio de Janeiro para processamento dessas ações, nos termos de suas Constituições estaduais.[155]

A legitimidade para propositura da medida é regida pelo art. 103 da Constituição.[156] De se registrar que a medida, como aponta Gilmar Mendes, não está vocacionada a guarnecer situações individuais ou subjetivadas, mas sim a defesa da ordem jurídica como um todo. Daí que os legitimados à propositura dessa medida agem "não como autor, no sentido estritamente processual, mas como um Advogado do Interesse Público [...] Afigura-se suficiente, portanto, a configuração de um interesse público de controle".[157]

Quanto ao seu objeto, a ADO abrange as omissões legislativas absolutas ou parciais – que são de interesse desta análise –, tal como se apontou em linhas anteriores, ou também as omissões de índole administrativa, tais como o exercício de poder regulamentar ou atos administrativos propriamente ditos.

De relevo a este estudo, contudo, um olhar sobre os efeitos do julgamento de uma ADO. Em princípio, tratando-se de omissão legislativa, o pedido veiculado em uma ADO "estaria limitado a que lhe seja dada ciência da ocorrência da omissão

---

155. Trata-se do art. 74, VI, da Constituição do Estado de São Paulo e do art. 162, § 2º, da Constituição do Estado do Rio de Janeiro.

156. "Art. 103. Podem propor a ação direta de inconstitucionalidade e a ação declaratória de constitucionalidade:
I – o Presidente da República;
II – a Mesa do Senado Federal;
III – a Mesa da Câmara dos Deputados;
IV – a Mesa de Assembleia Legislativa ou da Câmara Legislativa do Distrito Federal;
V – o Governador de Estado ou do Distrito Federal;
VI – o Procurador-Geral da República;
VII – o Conselho Federal da Ordem dos Advogados do Brasil;
VIII – partido político com representação no Congresso Nacional;
IX – confederação sindical ou entidade de classe de âmbito nacional."

157. MENDES, Gilmar Ferreira. *Curso de direito constitucional*. 10. ed. São Paulo: Saraiva, 2015. p. 1198-1199.

inconstitucional, para adoção das providências necessárias[158]". Entretanto, tal sorte de eficácia evidentemente não é hábil a suprir o estado de omissão que ensejou a propositura da medida.

Precisamente por essa razão é que evoluiu a jurisprudência do STF no sentido de dar efetividade a seus provimentos em casos de inconstitucionalidades por omissão, a reboque, aliás, do entendimento constituído para os mandados de injunção. Tal evolução fica bastante evidente quando se avalia o acórdão da ADO 25.

O precedente consiste em ADO proposta pelo Governador do Estado do Pará para colmatar omissão legislativa referente ao art. 91, *caput* e parágrafos, do ADCT, que preconiza a edição de lei complementar que estabeleça mecanismos de compensação aos prejuízos sofridos pelos entes federados em decorrência da desoneração das exportações levada a cabo pela EC nº 42/2003, que alterou a alínea "a" do inciso X do § 2° do art. 155 da Constituição, estabelecendo a não incidência do ICMS nas exportações de mercadorias e serviços.

No voto condutor de mencionado julgado, relatado pelo Ministro Gilmar Mendes, aponta-se para a dificuldade de dar efetividade às decisões proferidas nas ADOs. Há uma extensa comparação com o sistema alemão, além de serem citados precedentes norte-americanos. A propósito, foram citadas medidas de efetividade adotadas em outros julgados de ordem constitucional; tudo para, além de estabelecer um prazo para as casas legislativas suprirem a omissão legislativa apontada, que fosse aplicado um regime supletivo em caso de sua perpetuação. Interessante, a propósito, uma transcrição acerca do julgado:[159]

> Assim, como já adiantei, meu voto é no sentido de julgar procedente a presente ação direta de inconstitucionalidade por omissão e,

158. BARROSO, Luís Roberto. *O controle de constitucionalidade no direito brasileiro*: exposição sistemática da doutrina e análise crítica da jurisprudência. 8. ed. São Paulo: Saraiva Educação, 2019. p. 335.

159. ADO 25, rel. Gilmar Mendes, Tribunal Pleno, julgado em 30/11/2016, *DJe*-182, divulg. 17/08/2017, public. 18/08/2017.

> por conseguinte, reconhecer a mora do Congresso Nacional quanto à edição da lei complementar prevista no art. 91 do ADCT, fixando o prazo de 12 (doze) meses para que seja sanada a omissão.
>
> A grande questão reside na forma de dar efetividade à decisão de reconhecimento de inconstitucionalidade. [...] Nesses precedentes, adotamos a técnica do *complex enforcement*. SARGENTICH, tido como o primeiro autor a empregar a locução, definiu o "*complex enforcement*" como o tipo de litígio "no qual um segmento grande da realidade social é denunciado como ofensivo ao direito e transformado por ordens judiciais de fazer ou não fazer" ("*in which a large segment of social reality is denounced as offensive to law and transformed through the judicial process of injunction*" – SARGENTICH, Lewis D. *Complex Enforcement*. Trabalho não publicado. [...]
>
> No presente caso, tenho que é necessário adotar solução semelhante. Na hipótese de transcorrer *in albis* o mencionado prazo, proponho a este Plenário que atribua ao Tribunal de Contas da União (TCU), enquanto não sobrevier a referida lei complementar, a competência para definir anualmente o montante a ser transferido, na forma do art. 91 do ADCT, considerando os critérios ali dispostos [...].

Vê-se, pois, inovadora medida aplicada nesse julgado, que imprimiu efetividade à decisão proferida na ADO de maneira a suprir – ainda que provisoriamente, até colmatação da omissão legislativa – a conduta omissiva das casas legislativas, naquilo que se pode chamar de sanção, tal como a definimos nos itens precedentes.

Outro recente julgado nesse sentido foi a ADO 26, que tratou da mora do Congresso Nacional na prestação legislativa que conduza à incriminação de que tratam os incisos XLI e XLII do art. 5º da Carta Política no que diz respeito à proteção penal dos integrantes da comunidade das Lésbicas, Gays, Bissexuais, Travestis, Transexuais ou Transgêneros (LGBT). Nesse julgamento, cujo acórdão ainda não se publicou, a Suprema Corte, por maioria, julgou procedente a ADO reconhecendo a mora legislativa e determinando a cientificação do Congresso, nos termos do art. 103, § 2º, da CF e art. 12-H, *caput*, da Lei nº 9.868/1999.

Como medida de concretude a suprir (sancionar) o conteúdo não legislado, entretanto, o julgamento deu interpretação conforme à Constituição (*ex vi* do disposto nos incisos XLI e XLII do art. 5º da CF) "para enquadrar a homofobia e a transfobia, qualquer que seja a forma de sua manifestação, nos diversos tipos penais definidos na Lei 7.716/89, até que sobrevenha legislação autônoma editada pelo Congresso Nacional".[160]

O julgado, claramente, segue a linha do anterior decidido na ADO 25, no sentido de dar concretude e eficácia[161] às disposições constitucionais, o que se depreende do seguinte excerto do voto do relator, Ministro Celso de Mello:[162]

> O Supremo Tribunal Federal, ao suprir as omissões inconstitucionais dos órgãos estatais e ao adotar medidas que objetivem restaurar a Constituição violada pela inércia dos poderes do Estado, nada mais faz senão cumprir a sua missão constitucional e demonstrar, com esse gesto, o respeito incondicional que tem pela autoridade da Lei Fundamental da República.

Neste estudo, evidentemente, não buscamos perquirir a acuidade da interpretação dada pelo STF sobre o tema em seus últimos julgados. Reconhecemos, apenas, a posição da

---

160. Excerto da ata de julgamento. Disponível em: http://portal.stf.jus.br/processos/detalhe.asp? incidente=4515053. Acesso em: 27 set. 2020.

161. A propósito da necessidade de dar eficácia à decisão da Corte Suprema é o seguinte excerto da lavra do Ministro Alexandre de Moraes: "Ressalte-se, ainda, não ser razoável a fixação de prazo impróprio, cujo eventual descumprimento não acarretará nenhuma consequência prática ou jurídica, no sentido de colmatação da omissão constitucional. O eventual descumprimento congressual do prazo fixado por essa Corte, somente estenderia a síndrome de inefetividade da norma protetiva do inciso XLI do artigo 5º da CF também à decisão judicial desta SUPREMA CORTE, que teria eficácia zero. [...] Portanto, constatado o estado de mora constitucional, deve esta CORTE SUPREMA, cientificar o Congresso Nacional, dentro de limites razoáveis de hermenêutica, exercer efetivamente a jurisdição constitucional, verificando a possibilidade de afastar o entendimento de atipicidade das diversas formas preconceituosas contidas em condutas homofóbicas e transfóbicas". Disponível em: http://www.stf.jus.br/arquivo/cms/noticia NoticiaStf/anexo/ADO26voto-MAM.pdf. Acesso em: 27 set. 2020.

162. Disponível em: https://www.conjur.com.br/dl/leia-voto-ministro-celso-mello2.pdf. Acesso em: 27 set. 2020.

Suprema Corte como fonte do direito em seu exercício da jurisdição constitucional, de tal sorte que, mantido o entendimento vigente na Corte Suprema acerca da matéria, haverá sanção aos ilícitos nomogenéticos omissivos, sanção essa que não será apenas, digamos, simbólica, mas efetiva, supletiva da *inertia deliberandi*, pelo oferecimento de um regime provisório a reger a matéria objeto de sua deliberação.

Eis o busílis da questão. Havendo competências tributárias *em seu sentido amplo* (ou seja, não se trata aqui da instituição de tributos, mas sim, por exemplo, da exigência de lei complementar para regência desta ou daquela situações), modalizadas como obrigatórias, seu não exercício renderia ensejo ao controle por uma ADO? Nesse caso, poderia a Suprema Corte agir supletivamente, instituindo regime provisório até supressão da *inertia deliberandi*?

A julgar pela posição do STF expressa nas duas ADOs acima referidas, a resposta a ambas as questões seria afirmativa, desde que reconhecidas a obrigatoriedade do dever de legislar e a *inertia deliberandi.*

Sucede que em julgamento de 06/06/2022 o STF julgou a ADO nº 67,[163] reconhecendo a *inertia deliberandi* do Congresso na edição de Lei Complementar para disciplina do art. 155, § 1º, inciso III, da CF; nesta oportunidade, apenas se fixou prazo de 12 meses contados da sessão de julgamento para que o Poder Legislativo colmatasse a omissão: nenhuma consequência ou mecanismo supletivo de regência se estabeleceu para o caso de o Congresso deixar de cumprir tal comando.

A nosso ver, ao não de estabelecer expressamente um regime supletivo da omissão legislativa para o caso de desatendimento pelo Congresso do prazo concedido, perdeu o STF a chance de dar maior eficácia à ADO tal como já fizera nos dois exemplos acima referidos.

---

163. ADO 67, rel. Dias Toffoli, Tribunal Pleno, julgado em 06/06/2022, Dje-126, divulg. 26/08/2022, public. 29/06/2022.

Não obstante, isso não significa que em ulteriores oportunidades isso não seja – à luz da jurisprudência do próprio STF – possível.

De nossa parte, não cuidaremos do tema sob a perspectiva geral, mas apontaremos adiante alguns casos em que a ação supletiva do STF para colatação de omissões legislativas nos parece aplicável. Faremos isso, é bom que se diga, não no campo da competência tributária em sentido estrito (capacidade de criar, *in abstracto*, tributos), mas no seu sentido amplo, em particular nos casos em que a CF nos parece exigir a edição de leis complementares em matéria tributária.

Deve-se registrar que, evidentemente, não apenas nas ADOs se pode buscar sanção aos ilícitos nomogenéticos omissivos; também o *mandado de injunção*, de que cuida o art. 5º, LXXI, da CF, é medida destinada a tanto.

Trata-se de medida cabível sempre que a falta de norma regulamentadora tornar inviável o exercício dos direitos e das liberdades constitucionais, bem assim as prerrogativas inerentes à nacionalidade, à soberania e à cidadania.

A competência para seu julgamento será do STF quando a norma regulamentadora for atribuição do Presidente da República, do Congresso Nacional, câmara ou do Senado, bem assim das Mesas de uma das Casas Legislativas, do Tribunal de Contas da União, de um dos Tribunais Superiores ou do próprio STF (art. 102, I, "q", da CF). Há competência residual do STJ para julgamento dessa medida quando a norma regulamentadora for atribuição de órgão, entidade ou autoridade federal, excetuados os casos de competência do STF e dos órgãos das Justiças Eleitoral, do Trabalho e Federal (art. 105, I, "h", da CF). Quanto ao âmbito estadual, os Estados estabeleceram em geral a competência dos Tribunais de Justiça para julgamento da medida conforme suas Constituições.

Quanto à legitimidade para sua propositura, tem-na "aquele que afirma ser titular de direito constitucional cujo exercício esteja tolhido por falta de norma regulamentadora".[164] Há, enfim, que identificar a parte como titular de um direito subjetivo de índole constitucional.

Resta saber se seria possível à pessoa jurídica de direito público interno valer-se de mandado de injunção para suprimir omissão inconstitucional que lhe cause violação a direito subjetivo. Embora controvertida a questão, entendemos que, em tese, até seria possível, desde que se identificasse direito subjetivo atribuível a tais entes por normas constitucionais.[165]

A nós parece que a efetiva existência de um direito subjetivo de uma pessoa jurídica de direito público interno a reclamar proteção pelo mandado de injunção é questão mais ligada ao mérito de uma eventual impetração por Estado ou Município, por exemplo, do que propriamente às condições da ação (para o que valeria a demonstração provisória de um interesse legítimo). De qualquer maneira, deve-se cogitar neste ponto se tal seria possível e em que condições.

Como bem aponta Kelsen, as noções de direito objetivo (*law*) e objetivo (*right*) não se confundem. Assim, "Apenas o 'objektives Recht', 'droit objectif', o Direito objetivo, é reconhecido como regra ou norma, ao passo que o 'subjektives Recht', 'droit subjectif', o direito subjetivo é definido como 'interesse' ou vontade'". Não se trata de um interesse ou de uma vontade incondicionais, contudo, mas daqueles protegidos

164. FONSECA, João Francisco N. da. *O processo do mandado de injunção*. São Paulo: Saraiva, 2016. p. 106.

165. A propósito: "Registre-se, ainda, que também as pessoas jurídicas de direito público interno têm – em tese – legitimidade para impetrar mandado de injunção. Difícil será encontrar situação em que, por exemplo, determinado Estado ou Município seja titular de direito subjetivo previsto em norma constitucional preceptiva inexequível por si mesma, cujo exercício esteja inviabilizado exclusivamente por conta da ausência de regulamentação. Entretanto, essa dificuldade não pode levar à conclusão precipitada de se restringir o acesso ao mandado de injunção. Afinal, ainda que não haja atualmente uma situação em que o referido direito subjetivo esteja claramente delineado, nada impede que uma emenda constitucional venha a atribuir a determinada pessoa jurídica de direito público interno um direito tutelável por mandado de injunção". Ibidem, p. 107.

pela norma jurídica, estabelecendo relação entre essas duas realidades.[166]

Assim, quando se fala em direito subjetivo, pressupõe-se um sujeito de direito, que pode ser uma pessoa, um grupo delas ou uma entidade caracterizada por conjunto de bens. Há o conteúdo desse direito, que seria, nos dizeres de Tercio Sampaio Ferraz Jr., "uma faculdade específica de constranger outro, no caso dos direitos pessoais, ou de dispor (gozar e usar a coisa) sem turbação de terceiros, no caso dos direitos reais".[167] Há, ademais, um objeto de direito, que corresponde ao bem protegido, podendo ser uma coisa (física ou não) ou, no caso dos direitos pessoais, um interesse protegido. Tudo isso é aliado a uma "possibilidade de fazer valer o direito por meio da ação processual correspondente".[168]

De seu turno, Miguel Reale indica que um direito subjetivo "é a possibilidade de exigir-se, de maneira garantida, aquilo que as normas de direito atribuem a alguém como próprio", apontando ainda que há outras situações subjetivas, como o "legítimo interesse", que seria um direito subjetivo provisório que garante o acesso à prestação jurisdicional do Estado, bem como as faculdades e os poderes (expressões de competências ou atribuições), que não correspondem necessariamente a pretensões e obrigações correlatas ou faculdades.[169]

Bem por isso entendemos que há, em tese, legitimidade das pessoas jurídicas de direito público para impetração de mandados de injunção; contudo, de acordo com o inciso LXXI do art. 5º da CF, a questão diz com "direitos e liberdades constitucionais, e das prerrogativas inerentes à soberania e à cidadania",

---

166. KELSEN, Hans. *Teoria geral do direito e do estado*. 3. ed. São Paulo: Martins Fontes, 1998. p. 112.

167. FERRAZ JR., Tercio Sampaio. *Introdução ao estudo do direito*: técnica, decisão, dominação. São Paulo: Atlas, 1988. p. 147.

168. Ibidem, loc. cit.

169. REALE, Miguel. *Lições preliminares de direito*. 26. ed. São Paulo: Saraiva, 2002. p. 262-263.

o que traria problemas materiais a um eventual mandado de injunção proposto pelas pessoas jurídicas de direito público.

A eficácia da decisão do mandado de injunção é, a princípio, subjetiva. Sua expansão é possível nos termos do § 1º do art. 9º da Lei nº 13.300/2016, "quando isso for inerente ou indispensável ao exercício do direito, da liberdade ou da prerrogativa objeto da impetração".

Ao que importa a este estudo, entretanto, cabe destacar que referido remédio constitucional claramente possui natureza sancionatória das omissões legislativas. Isso porque, nos termos do art. 8º da Lei nº 13.300/2016, a decisão proferida no mandado de injunção não apenas impõe prazo para que o impetrado promova a edição da norma regulamentadora inexistente, como também estabelece as condições em que se dará o exercício dos direitos, das liberdades ou das prerrogativas reclamados, na hipótese de não supressão da omissão no prazo assinalado.

De todo modo, não antevemos viabilidade material para socorro ao mandado de injunção em relação às normas de competência tributária em sentido amplo, justamente por se cuidar de mecanismo destinado, de forma exclusiva, à salvaguarda dos direitos e das liberdades constitucionais e das prerrogativas inerentes à nacionalidade, à soberania e à cidadania.

Pois bem. As digressões até aqui feitas sobre os ilícitos normativos omissivos e a existência de medidas judiciais aptas à sua colmatação não se restringem a questões de teoria geral. É dizer, não se está aqui apenas apontando para a efetiva existência de sanções cabíveis a todos os tipos de ilícitos nomogenéticos, a ratificar o conceito de normas jurídicas de que nos valemos.

O objetivo destas digressões, mais que isso, é apontar adiante para mecanismos de controle das omissões legislativas referentes às normas de competência em geral, e em particular às normas gerais de direito tributário, cuja inexistência pode implicar frustração do exercício da competência tributária pelos entes federativos ou mesmo a propagação de situações de conflitos de competência.

4
O PAPEL RESERVADO À LEI COMPLEMENTAR NO DIREITO TRIBUTÁRIO

Tendo assentado a função das normas constitucionais no sistema tributário, cuida que se enfrente a questão do papel das leis complementares de que trata o art. 59, II, da Constituição, e cuja ação na área tributária vem pormenorizadamente descrita no art. 146 da Carta Política, a cuja redação se recorre:

> Art. 146. Cabe à lei complementar:
>
> I – dispor sobre conflitos de competência, em matéria tributária, entre a União, os Estados, o Distrito Federal e os Municípios;
>
> II – regular as limitações constitucionais ao poder de tributar;
>
> III – estabelecer normas gerais em matéria de legislação tributária, especialmente sobre:
>
> a) definição de tributos e de suas espécies, bem como, em relação aos impostos discriminados nesta Constituição, a dos respectivos fatos geradores, bases de cálculo e contribuintes;
>
> b) obrigação, lançamento, crédito, prescrição e decadência tributários;
>
> c) adequado tratamento tributário ao ato cooperativo praticado pelas sociedades cooperativas;
>
> d) definição de tratamento diferenciado e favorecido para as microempresas e para as empresas de pequeno porte, inclusive

> regimes especiais ou simplificados no caso do imposto previsto no art. 155, II, das contribuições previstas no art. 195, I e §§ 12 e 13, e da contribuição a que se refere o art. 239.
>
> Parágrafo único. A lei complementar de que trata o inciso III, d, também poderá instituir um regime único de arrecadação dos impostos e contribuições da União, dos Estados, do Distrito Federal e dos Municípios, observado que:
>
> I – será opcional para o contribuinte;
>
> II – poderão ser estabelecidas condições de enquadramento diferenciadas por Estado;
>
> III – o recolhimento será unificado e centralizado e a distribuição da parcela de recursos pertencentes aos respectivos entes federados será imediata, vedada qualquer retenção ou condicionamento;
>
> IV – a arrecadação, a fiscalização e a cobrança poderão ser compartilhadas pelos entes federados, adotado cadastro nacional único de contribuintes.

Evidentemente, há outras hipóteses em que o texto constitucional reserva à lei complementar certa atuação em matéria tributária, tal como, por exemplo, a atribuição à União da possibilidade de instituir empréstimos compulsórios, a definição das grandes fortunas a serem objeto do imposto de sua competência, bem como instituir os impostos residuais por meio de tais veículos legislativos (arts. 148, 153, V, 154, I, e 195, § 4º, da CF), ou dispor sobre a instituição do ITCMD em situações internacionais e disciplinar o ICMS (arts. 155, § 1º, III, e 155, § 2º, XII, todos da CF). Neste ponto cuidaremos, apenas, da lei complementar referida pelo art. 146 da Carta Política – e naquilo que interessa à regência do ITCMD.

Com efeito, mesmo em constituições analíticas, como é o caso da brasileira, certos temas são positivados de maneira relativamente incompleta, restringindo a ação constitucional àquilo que merece maior relevância; o restante se confia à densificação normativa pelo ordenamento infraconstitucional – sempre, é claro, sem que este possa incorrer em abusos ou excessos no que concerne à parcela de competência que tenha sido adjudicada aos entes federativos. Esse mecanismo, aliás, permite uma cristalização constitucional de certos aspectos, garantindo, por outro lado, certa "abertura no tempo" em relação à matéria a ser objeto de regulamentação infraconstitucional.[170]

Vê-se, pelo teor do dispositivo transcrito, que são três as principais funções atribuídas à lei complementar pela literalidade do texto: (i) dispor sobre conflitos de competência em matéria tributária; (ii) regular as limitações constitucionais ao poder de tributar; e (iii) estabelecer normas gerais em matéria de legislação tributária. Nesse ponto, remanesce divergência doutrinária que vicejava já no regime constitucional anterior, naquilo que se convencionou chamar de teorias dicotômica e tricotômica sobre o papel das normas gerais em matéria tributária instituídas pela lei complementar.

Com efeito, posição mais restritiva sobre a abrangência das normas gerais de direito tributário é representada pela denominada teoria dicotômica, que deita raízes nos regimes constitucionais pretéritos e tem no centro de suas preocupações o zelo ao pacto federativo e à autonomia dos municípios.

Ao tratar das "normas gerais de direito administrativo" de que cuidava o texto constitucional de 1946, Geraldo Ataliba[171] ressalta que ali se encontrava "patenteado pelo espírito monolítico, padronizador, uniformizador e antidemocrático, violação aos direitos subjetivos à autonomia que têm os Estados e Municípios, direito subjetivo esse oponível à própria

170. "El carácter incompleto de la Constitución puede deberse a que no sea necesaria una norma constitucional. La Constitución no codifica sino que únicamente regula – y muchas veces sólo de forma puntual y a grandes rasgos – aquello que parece importante y que necesita determinación; todo lo demás se da por supuesto tácitamente, o bien se confía al resto del ordenamiento jurídico su conformación y concretización. De ahí que de antemano la Constitución no pretenda carecer de lagunas i ser tan siquiera un sistema cerrado [...] Si la Constitución quiere hacer posible la resolución de las múltiples situaciones críticas históricamente cambiantes su contenido habrá de permanecer necesariamente 'abierto al tiempo'." HESSE, Konrad. *Escritos de derecho constitucional.* 2. ed. Madrid: Centro de Estudios Constitucionales, 1992. p. 21.

171. ATALIBA, Geraldo. Normas gerais de direito financeiro. *Revista de Direito Administrativo*, Rio de Janeiro, v. 82, p. 55, 1965.

União". Tal posição, frise-se, foi mantida pelo autor mesmo depois do advento da CF de 1988,[172] que, como se viu, foi ainda mais expressa ao destacar o papel das leis complementares para veicular as ditas normas gerais de direito tributário. A crítica ao centralismo é evidente.

Em suma, por um denotado zelo aos princípios federativo e da autonomia das pessoas políticas,[173] bem como por considerar ser a rígida discriminação das competências tributárias realizada pela Constituição elemento indissociável da noção de federalismo no Brasil, a teoria dicotômica preconiza que as leis complementares poderão dispor sobre conflitos de competência e regular as limitações constitucionais ao poder de tributar, mas que as ditas normas gerais de direito tributário apenas farão essas mesmas duas coisas: não há um espaço especial às normas gerais que vão ou solver conflitos de competência ou disciplinar as limitações ao poder de tributar. Ir além disso seria permitir uma atuação dissonante da ideia de federalismo.

Expoente dessa concepção, Roque Carrazza sustenta que na Constituição estão bem escandidos todos os quadrantes das competências tributárias. Assim, em verdade, a lei complementar nessa matéria exerce função propriamente *declaratória*,[174] de sorte a apontar algumas diretrizes, esclarecer, resu-

---

172. Em conhecido debate sobre o tema, apontou que a CF é rígida e exaustiva, não havendo espaço para legislação complementar. Afirmou, ainda: "Depois disso, como continuação da letra 'a' em relação aos impostos discriminados nesta Constituição, vai haver a definição dos fatos geradores, base de cálculo e contribuintes. Peço um minuto de ponderação aos senhores: alguém tem alguma dúvida sobre o fato gerador de algum imposto pela Constituição? Alguma vez surgiu alguma dúvida? Dúvida razoável, de quem tem alguma noção? Não é possível, porque a Constituição já se disse rigorosa, exaustiva [...]". Idem. Lei complementar em matéria tributária. *Revista de Direito Tributário*, São Paulo: Malheiros Editores, v. 48, p. 91, 1989.

173. COSTA, Regina Helena. *Código Tributário Nacional comentado em sua moldura constitucional*. Rio de Janeiro: Forense, 2021. p. 2.

174. "Assim, proclamamos, desde agora, que tal lei complementar só pode explicitar o que está implícito na Constituição. *Não pode inovar, mas apenas declarar*. Para além destas angustas fronteiras, o legislador complementar estará arrogando-se atribuições que não lhe pertencem, e, desse modo, desagregando princípios constitucionais que deve acatar, máxime os que concedem autonomia jurídica às pessoas

mir o conteúdo do texto constitucional, bem como sistematizar alguns de seus princípios ou regras, mas nunca ir além disso.

Justamente por essa razão é que a corrente dicotômica considera não caber "à lei complementar em análise determinar às pessoas políticas como deverão legislar acerca da 'obrigação, lançamento, crédito, prescrição e decadência tributários'",[175] o que, bem de se ver, coloca em xeque a posição mesma do CTN.

Cabem, ao que importa a este estudo, duas colocações adicionais sobre o papel da lei complementar segundo a teoria dicotômica. A primeira é a de que mesmo os conflitos de competência cuja solução lhe caiba suplantar seriam em verdade meros conflitos aparentes, já que a própria Constituição contém todos os elementos encartados para sua superação. O papel da lei complementar nesse tocante seria, como se antecipou, declaratório, de modo a reafirmar a divisão das competências trazida pela Carta Magna: ao Judiciário apenas caberia resolver eventuais desajustes nesse particular.[176] A segunda, quanto às limitações ao poder de tributar, estas também todas já existiriam e estariam ditadas pela Constituição, cabendo à lei complementar apenas a facilitação de sua execução.

Não por outra razão é que a teoria dicotômica aponta para a natureza preventiva de tais normas, ou seja, no seu papel declaratório e aclarador dos ditames constitucionais, irá orientar a ação dos entes federativos na sua atividade de criar

---

políticas no que concerne à decretação e arrecadação dos tributos de suas competências." CARRAZZA, Roque Antonio. *Curso de direito constitucional tributário*. 32. ed. São Paulo: Malheiros Editores, 2019. p. 812.

175. Ibidem, p. 816.

176. "Em verdade, o impropriamente denominado 'conflito de competência tributária' é provocado: I – por uma lei tributária inconstitucional; II – por uma pretensão administrativa ilegal (ou inconstitucional) da pessoa tributante; III – por uma insurgência do apontado sujeito passivo, que vai ao Judiciário para demonstrar que: a) a lei que criou, *in abstracto*, o tributo é inconstitucional; b) o fato por ele praticado não é imponível; e c) o fato por ele praticado subsumiu-se à hipótese de incidência de tributo que, nos termos da Constituição, pertence a pessoa jurídica diversa daquela que dele o quer exigir." Ibidem, p. 843.

in abstracto tributos, evitando um excessivo socorro ao Judiciário para dirimir problemas decorrentes da falta de densidade semântica do texto constitucional.

Paulo de Barros Carvalho, também adepto da corrente dicotômica anteriormente sumarizada, insurge-se contra o texto da Carta de 1988, afirmando que o seu art. 146 buscou sedimentar a noção de que as normas de direito tributário seriam "canal livre de interferência da União nos interesses jurídico-tributários dos Estados, do Distrito Federal e dos Municípios". Assim, o texto atual buscou "uma forma quantitativamente mais forte do que aquela prevista no antigo § 1º, do art. 18 da Constituição de 1967".[177]

E é precisamente a partir dessa questão que se erige a crítica de Souto Maior Borges, adepto da teoria tricotômica. Para tal autor, a teoria dicotômica se desenvolveu em base de regimes constitucionais anteriores, nos quais as "normas gerais de direito financeiro" (art. 5º, XV, "b", da CF de 1946) e as "normas gerais de direito tributário" (art. 19, § 1º, da CF de 1967; art. 18, § 1º, da EC nº 1, de 1969) incidiam em elevado grau de indeterminação semântica quanto ao campo de sua aplicação. Com o regime constitucional de 1988, contudo, essa indeterminação foi superlativamente reduzida diante da redação do art. 146. O novo regime trouxe consigo um "sentido de advertência: em 1988 tudo mudou e, portanto, nada deve permanecer como antes".[178]

Haveria mais aqui que uma tentativa de legitimar invasões de competência da União amesquinhando atribuições dos demais entes federados: o que se fez foi, a partir da própria Constituição, conformar um novo modelo, em que a lei complementar passasse a ter novo e mais destacado papel. A

177. CARVALHO, Paulo de Barros. *Direito tributário, linguagem e método*. 3. ed. São Paulo: Noeses, 2009. p. 394.

178. BORGES, José Souto Maior. Normas gerais de direito tributário: velho problema sob perspectiva nova. *Revista Dialética de Direito Tributário – RDDT*, São Paulo: Dialética, n. 213, p. 52, 2013.

partir da Carta de 1988, enfim, o federalismo tributário brasileiro adquiriu nova significação. Assim, se, por um lado, não se deve adstringir a interpretações literais, deve igualmente o intérprete evitar reduzir o texto constitucional ao qual deve vincular-se.[179] A interpretação se coaduna com as advertências que alhures fizemos sobre a necessidade de valorização dos enunciados, em especial no plano constitucional.

Enfim, segundo a corrente tricotômica, dispor sobre conflitos de competência e regular as limitações ao poder de tributar (incisos I e II do art. 146 da CF) podem de fato ser abrangidos pelo estabelecimento das normas gerais de direito tributário (inciso III), enquanto o contrário não é verdadeiro. Há, com efeito, mais na criação das normas gerais do que apenas essas duas atribuições; o reconhecimento pela doutrina dominante quanto à validade do CTN com *status* de lei complementar na discriminação de seus fatos geradores, base de cálculo e contribuintes, para além de ditar regras de prescrição, decadência e lançamento, são bons exemplos disso.

Em que pese se possa atribuir natureza de normas gerais de direito tributário àquelas que se proponham a regular as limitações ao poder de tributar e a dirimir conflitos de competência, há uma dimensão de normatividade não abrangida por essas realidades presente no inciso III do art. 146 da CF.

Com efeito, essa dimensão adicional de normatividade corresponde ao estabelecimento de certas sobrenormas que condicionem parcialmente a validade de outras, introduzidas por leis ordinárias dos entes federativos no exercício de suas competências. Sua atuação está na definição de princípios gerais e no estabelecimento, por exemplo, das hipóteses

179. Afirma, nesse sentido, que a interpretação dicotômica "[o]fertou, com violação de pertinência, uma interpretação parcialmente anulatória do texto constitucional. É um idealismo platônico que se desconhece, enquanto desdenha da realidade normativa a que deveria vincular-se. É o que eu venho caracterizando como sendo a 'rebelião doutrinária contra os códigos'". BORGES, Souto Maior. Normas gerais de direito tributário: velho problema sob perspectiva nova. *Revista Dialética de Direito Tributário*, São Paulo: Dialética, n. 213, p. 50, 2013.

de incidência, bases de cálculo e possíveis contribuintes dos tributos: estipulações de caráter geral, não resultando dispositivos autoaplicáveis. Sem dúvida, ao assim agir, estará a lei complementar reduzindo o espectro de atuação válida dos legisladores ordinários, potencialmente eliminando eventuais conflitos de competência e até mesmo regulando limitações ao poder de tributar. Trata-se, de todo modo, de uma margem de ação que vai além de tais conceitos.

Partindo da distinção entre tipos e conceitos,[180] Luís Eduardo Schoueri possui visão semelhante à da corrente tricotômica quanto ao papel das normas gerais de direito tributário na densificação dos conteúdos constitucionais.

Sob tal ponto de vista, a discriminação constitucional das competências teria sido realizada a partir de tipos, e não de conceitos; fosse de outra maneira, não faria sentido que o próprio texto constitucional, por meio do art. 146, reservasse à lei complementar espaço para dispor sobre conflitos de competência tributária. Tivesse o constituinte tomado a discriminação de competência a partir de conceitos, seus limites estariam todos de tal maneira bem definidos que qualquer ulterior atuação das normas gerais seria desnecessária:[181]

> Encontra-se, aqui, o papel da lei complementar: a solução dos conflitos de competência e a definição das hipóteses tributárias e bases de cálculo implicam a criação, pelo legislador complementar, de definições das realidades contempladas pelo constituinte.

---

180. Tipos são classes que se definem a partir de uma reunião de características comuns não exaurientes, enquanto os conceitos consistem em definições exatas em contornos precisos e exaurientes. Daí se afirmar que os tipos se descrevem; os conceitos, em oposição, definem-se. Nesse sentido: "Tipo é a ordenação dos dados concretos existentes na realidade segundo critérios de semelhança. Nele há abstração e concretude, pois é encontrado assim na vida social como na norma jurídica. [...] O tipo representa a média ou a normalidade de uma determinada situação concreta, com as suas conexões de sentido. [...] O tipo, pela sua própria complexidade, é aberto, não sendo suscetível de definição, mas apenas de descrição". TORRES, Ricardo Lobo. O princípio da tipicidade no direito tributário. *Revista de Direito Administrativo*, Rio de Janeiro, v. 235, p. 195, 2004.

181. SCHOUERI, Luís Eduardo. *Direito tributário*. 9. ed. São Paulo: Saraiva Educação, 2019. p. 270-277.

> Noutras palavras, quando o constituinte contemplou a realidade econômica do ponto de vista tipológico, com a fluidez a ele inerente, impõe ao legislador complementar a tarefa de expressar a mesma realidade através de conceitos, seja por meio de definições de hipóteses tributárias, bases de cálculo e contribuinte, seja através da imposição de limites em casos de conflitos.

Fixar certos princípios, delinear fronteiras e, sim, estabelecer entre alguns outros possíveis quais sejam as hipóteses de incidência, contribuintes e bases de cálculo dos tributos cuja competência discriminou a CF nos parecem ser – para além de um imperativo constitucional – um pressuposto de segurança jurídica e coerência sistêmica ao ordenamento tributário. É, aliás, o que propõe Tercio Sampaio Ferraz Jr.,[182] mesmo avaliando o regime constitucional pretérito.

A crítica de que tal concepção violaria a noção de federalismo é contundentemente refutada por Sacha Calmon Navarro Coêlho,[183] que aponta:

> O assunto é delicadíssimo. Ocorre que o federalismo brasileiro, como talhado na Constituição de 1988, é *normativamente centralizado, financeiramente repartido e administrativamente descentralizado*. Há tantos federalismos diversos entre si, quantos Estados federativos existam. O importante é que haja um *minimum* de autodeterminação política, de autogoverno e de produção normativa da parte dos Estados Federados. Quanto à repartição das competências legislativas, a questão resolve-se pela

182. Aponta o referido autor: "[...] em outras palavras, a ênfase no conteúdo próprio, reforçando a função-certeza, encara a segurança como um produto da racionalização, material, posto que o sistema deixado 'ao sabor da oportunidade das legislações locais e da jurisprudência muitas vezes vacilante', nos conduziria antes a um 'sistema histórico' (como havia antes da edição do Código Tributário Nacional), o que nos levaria ao 'caos tributário'. Esse 'caos tributário', significando insegurança, exige o reforço da tipificação genérica de alguns conteúdos, e, em consequência, uma subordinação do sistema nacional à função-certeza. Ou seja, a função-certeza referente à tipificação abstrata dos conteúdos, se torna uma exigência do sistema racional, como seu pressuposto [...]". FERRAZ JR., Tercio Sampaio. Segurança jurídica e normas gerais tributárias. *Revista de Direito Tributário*, São Paulo: Revista dos Tribunais, v. 5, n. 17-18, p. 54, 1981.

183. COÊLHO, Sacha Calmon Navarro. *Curso de direito tributário brasileiro*. 14. ed. Rio de Janeiro: Forense, 2015. p. 96.

> opção do legislador. No Brasil, ao menos em tema de tributação, o constituinte optou pelo fortalecimento das prerrogativas do poder central. Este fato, por si só, explica por que avultou a área legislativa reservada à lei complementar tributária. A assertiva é comprovável por uma simples leitura do CTN redivivo e do art. 146, III, da CF, que reforça o centralismo legislativo em sede de tributação, além de matérias esparsas ao longo do capítulo tributário, deferida a lei complementar. Para compreender normas gerais, é preciso entender o federalismo brasileiro.

Também Souto Maior Borges aponta que seria impossível negar a possibilidade de emissão das referidas normas gerais de direito tributário independentemente das noções de solucionar conflitos de competência e regular as limitações ao poder de tributar. Aí estaria verdadeiro duelo entre a concepção de um federalismo exacerbado e a desconsideração do enunciado do art. 146 da CF. Daí por que reafirma que

> a autonomia dos entes federados há de conviver com normas de direito tributário nacional editadas pela União e necessárias à harmonização do sistema. Por outro lado, a afirmação de que o CTN é depositário de protonormas gerais no direito brasileiro tem o significado legítimo – e até simples – de que, antes dele, essas normas não haviam sido instituídas, mas só constitucionalmente autorizadas.[184]

Admitir um espaço de normatividade mais amplo ao papel densificador das normas gerais de direito tributário nos parece mais relevante do que simples bizantinismo: significa legitimar a ação do legislador complementar – sempre em conformidade com o texto constitucional – em impor unidade sistemática ao direito tributário, evitando-se, na medida do possível, a excessiva judicialização da atividade tributária em prejuízo ao sobreprincípio da certeza do direito. E isso não por uma fragilização à forma federativa de Estado, mas sim

184. BORGES, José Souto Maior. Normas gerais de direito tributário: velho problema sob perspectiva nova. *Revista Dialética de Direito Tributário – RDDT*, São Paulo: Dialética, n. 213, p. 50 e 61, 2013.

pela conformação daquilo que seja o federalismo positivo brasileiro.[185] Nesse mesmo sentido aponta McNaughton:[186]

> Há, portanto, uma nítida relação entre a existência de normas oriundas de um Poder Central e o próprio primado do pacto federativo, que exige uma centralização de maior ou menor grau, relação esta apta a garantir a unificação do sistema tributário nacional em um arcabouço sistemático.
>
> Tenhamos, nesse contexto, que grande parte das normas inseridas no que denominamos ordem total permitem um caráter de terceiridade no sistema tributário, ou seja, a padronização, a continuidade, a habitualidade e, até mesmo, a racionalidade. As ordens parciais, sem este elemento de racionalização, estariam sujeitas ao choque, à resistência, enfim, à temática da secundidade, tomada independentemente da síntese própria da terceiridade.

A nosso ver, portanto, há denotado relevo nas normas gerais de direito tributário, tais como as vazadas pelo CTN, as quais se prestam ao papel centralizador e uniformizador que nos parece característica do federalismo tributário brasileiro.

---

185. É de se lembrar que o federalismo conta com várias acepções. Há o conceito em seus pontos de vista histórico, político, filosófico, sociológico etc. E há, também, o federalismo jurídico ou ainda o federalismo positivo, é dizer, a organização constitucional de determinado Estado sob forma federativa – segundo características, instituições, dinâmicas, liberdades e restrições –, assim instituído a partir de um sistema de direito. E há tantos federalismos quanto Estados federativos. Raciocínio similar desenvolveu Souto Maior Borges ao tratar da segurança jurídica: "Com a segurança jurídica pode ser visualizada como um valor transcendente ao ordenamento jurídico, no sentido de que a sua investigação não se confina ao sistema jurídico positivo. Antes inspira as normas que, no âmbito do direito positivo, lhe atribuem efetividade [...] Mas a segurança jurídica é um atributo que convém tanto às normas jurídicas, quanto à conduta humana, fulcrada em normas jurídico-positivas; normas asseguradoras desse valor – é já dizê-las informadas pela segurança jurídica. [...] Assim considerada, a segurança é, percebe-se, um problema de direito positivo. Categoria dogmática portanto. No Brasil, categoria constitucional, primordialmente plasmada e inclusa dentre os direitos e garantias fundamentais, individuais ou coletivos, no artigo constitucional 5º". BORGES, José Souto Maior. O princípio da segurança jurídica na criação e na aplicação do direito. *Revista Dialética de Direito Tributário – RDDT*, São Paulo: Dialética, n. 22, p. 24, 1997.

186. MCNAUGHTON, Charles William. *Hierarquia e sistema tributário*. 2008. 379 f. Dissertação (Mestrado em Direito) – Pontifícia Universidade Católica de São Paulo, São Paulo, 2008. f. 250.

Queremos com isso dizer que tudo se tolera das leis complementares? A resposta, evidentemente, é negativa. Há uma margem decerto para a atuação da lei complementar, conforme aponta a Constituição, mas que também é limitada por essa última, em particular na estipulação de sua matéria como de natureza geral, é dizer, em um plano superior ao estabelecimento ou à criação dos tributos. É dado à lei complementar, por exemplo, dispor sobre a regra-matriz de incidência de um dado tributo, mas não poderá instituí-lo *in abstracto*. Estará a norma geral veiculada por lei complementar em posição hierárquica intercalar entre a Constituição e as leis ordinárias. Ainda sobre o tema, aponta McNaughton:[187]

> O que pretendemos assinalar, com isso, é que o legislador nacional poderá, em uma decisão política, decidir, até que ponto, deverá regular os conflitos de competência, as limitações constitucionais ao poder de tributar, ou dispor veiculações que definam o "o quê" da regra-matriz de incidência dos tributos, ou, então, tratar sobre crédito, obrigação, decadência, prescrição, adequado tratamento ao ato cooperativo etc. Quanto mais minucioso for o exercício dessa competência, mais delimitado estará o "o quê" destinado às ordens parciais; quanto mais genérico for, maior será a liberdade do legislador parcial. O que este último está impedido é de criar disposições que contrariem as normas nacionais. A constituição permitiu essa flexibilidade, o que é uma opção na criação de hierarquias intermediárias [...].
>
> Por esse panorama, os limites que separam o adequado exercício de competência para instituição de normas gerais e a veiculação de normas de competência de ordens parciais distam de ser fixos. Respeitado o texto constitucional, eles se concretizam a partir das veiculações concretas emitidas pelo legislador nacional [...].

Deve-se atentar, por fim, para o fato de que, nos termos do art. 24, I, §§ 1º a 4º, da CF, há competência concorrente entre União, Estados e Distrito Federal para dispor sobre normas de direito tributário, restando à União, nesse tocante,

---

187. MCNAUGHTON, Charles William. *Hierarquia e sistema tributário*. 2008. 379 f. Dissertação (Mestrado em Direito) – Pontifícia Universidade Católica de São Paulo, São Paulo, 2008. f. 273.

a disposição sobre normas gerais. A ausência da atuação da União, entretanto, conforme preconizam tais disposições, não impede a atuação dos Estados. Trata-se, como veremos, de regra bem aplicável às hipóteses do art. 146 da Constituição.

Quando relacionada ao cumprimento do art. 146 da Carta Política, e emitida com propósitos de solver conflitos de competência, regular limitações ao poder de tributar e estabelecer normas gerais de direito tributário, a lei complementar estará – como lei de caráter nacional – em posição intercalar entre a CF e as ordens legislativas parciais, de sorte que estará em relação a essas últimas leis ordinárias em situação de supraordenação ou de hierarquia superior.[188]

Feitas tais colocações, vale apontar para o fato de que a denominada corrente tricotômica foi grandemente acolhida pela jurisprudência do STF, fator que muitas vezes parece suficiente à sua aceitação.[189] São muitos, decerto, os precedentes nesse sentido.[190]

No que diz respeito aos conflitos de competência, a lei complementar atuará por meio da definição das hipóteses normativas, evitando, assim, invasões decorrentes da falta de densidade semântica dos termos vazados na Carta Constitucional. Caberá à lei complementar, destarte, dispor sobre a tributação de mercadorias que circulam pelos diversos Estados bem como os serviços prestados de um para outro Municípios. Da mesma forma, deveria a lei complementar definir os sujeitos passivos do ITD, evitando duplas incidências e conflitos entre diversos Estados.

---

188. BORGES, José Souto Maior. Hierarquia e sintaxe constitucional da lei complementar tributária. *Revista Dialética de Direito Tributário – RDDT*, São Paulo: Dialética, n. 150, p. 70, 2008.

189. BECHO, Renato Lopes. *Lições de direito tributário*. 3. ed. São Paulo: Saraiva, 2015. p. 379.

190. Citam-se, a título de exemplo: RE 136.215, rel. Min. Octávio Gallotti, Tribunal Pleno, julgado em 18/02/1993, *DJ* 16/04/1993, PP-06438, ement vol-01699-05, PP-00941; RE 560.626, rel. Min. Gilmar Mendes, Tribunal Pleno, julgado em 12/06/2008, Repercussão Geral - Mérito, *DJe*-232, divulg. 04/12/2008, public. 05/12/2008, ement vol-02344-05, PP-00868 *RSJADV* jan. 2009, p. 35-47.

Concordamos, nesse particular, com a asserção de que o sistema constitucional oferece mecanismos para suplantar os "conflitos de competência" em matéria tributária, de sorte que seriam estes meros conflitos aparentes. Para nós, contudo, uma das maneiras de fazê-lo é precisamente pela delegação constitucional à lei complementar de caráter nacional para que assim o faça, subordinando as normas locais, de forma a se outorgar uniformidade e centralidade ao sistema tributário federativo, tal como proposto pela Carta Política de 1988.

Cabe aqui um parêntese. Sendo certo que as leis complementares podem dirimir conflitos de competência pelo melhor esclarecimento das regras-matrizes constitucionais dos tributos ou mesmo, nesse tocante, pela definição de certos aspectos sobre como podem sobre elas as pessoas políticas de direito interno exercer validamente sua competência, vemos nesse instrumento legislativo não a negação do federalismo, mas sua concretização. A convivência harmônica e pacífica entre as pessoas políticas - no campo tributário - demanda supressão de dúvidas que possam conduzir às desinteligências entre elas, ainda que se trate de conflitos "aparentes", i.e., de invasões de competência por via legislativa ou mesmo excessos administrativos.

De todo modo, a lei complementar atua, nesse particular, tornando harmoniosa a interação dos integrantes da federação brasileira no campo tributário: para nós, uma exigência do próprio federalismo tributário brasileiro, tal como aponta o art. 146, anteriormente transcrito. Tal regulação se dá por norma de nível nacional, cujo quórum de aprovação é qualificado (art. 69 da CF), e, quando exercida nesse mister, ostenta hierarquia sobre as leis ordinárias das ordens parciais. Mas não é só: dirimir os conflitos de competência no altiplano da legislação complementar é medida pacificadora do sistema tributário também em prestígio ao fundamental direito de segurança jurídica dos contribuintes. Imaginar um sistema federativo rigidamente demarcado no campo tributário que imponha aos contribuintes sujeição a conflitos típicos de uma ordem internacional nos parece significar expresso reconhecimento da inexistência de qualquer característica sistêmica ou racional às disposições constitucionais em vigor – que apontam, insistimos, em sentido contrário a tal possibilidade.

Mais que isso. A nós não soa razoável a solução dos "aparentes" conflitos relegar-se unicamente ao Judiciário. Isso implica negar a atuação centralizadora e uniformizadora preconizada pela Constituição, de maneira a resultar em uma profusão de conflitos atomizados (ainda que calcados em ações diretas que, mesmo possuindo eficácia *erga omnes*, ostentam, por óbvio, eficácia restrita à legislação daquele tal e qual ente federativo em discussão) incapazes de a tempo e modo trazer aos contribuintes a expectativa de segurança jurídica sobre a tributação de suas condutas.

Com isso queremos dizer que, identificada ausência da lei complementar capaz de dirimir definitivamente conflitos – ainda que aparentes – de competência tributária daqueles capazes de gerar desinteligências entre as pessoas políticas e insegurança jurídica aos contribuintes, há de se ter mecanismo hábil a suplantar a *inertia deliberandi* do Congresso Nacional; talvez aí esteja mais uma aplicação às ADOs referidas no item 3.3.

Pois bem. Quanto às limitações constitucionais ao poder de tributar, atua a lei complementar nesse caso por meio de uma delimitação ou conformação na disciplina normativa para reconhecimento de imunidades, veiculando, assim, eventuais condicionantes ao seu exercício. A nós parece que a ausência de lei complementar nesse sentido não obstaculiza o gozo da imunidade (de resto, como regra, que albergam posições de direito fundamental), já que o próprio texto constitucional cuidará de trazer expressa ou implicitamente os requisitos necessários a seu gozo.

Nesse sentido, a título de exemplo, vale destacar a decisão do STF fixada no Tema nº 32 de repercussão geral dessa Corte, quando se estabeleceu que "[a] lei complementar é forma exigível para a definição do modo beneficente de atuação das entidades de assistência social contempladas pelo art. 195, § 7º, da CF, especialmente no que se refere à instituição de contrapartidas a serem por elas observadas".[191]

Eis exemplo pragmático da ação da lei complementar na regulação das limitações ao poder de tributar.

Como veremos adiante, a lei complementar tributária é apenas parcialmente dedicada ao ITCMD em seu perfil traçado pela CF de 1988. Há sensível abertura para temas ali não disciplinados depois de mais de três décadas do texto constitucional.

Com tais ponderações, encerramos, neste capítulo, a primeira parte deste estudo. Até aqui nos dedicamos a direções nos planos de teoria geral do direito, de direito constitucional tributário e do papel em geral reservado às leis complementares como veículos introdutores das normas gerais de direito tributário que supõem firmar consistência semântica ao sistema tributário nacional.

Nos itens seguintes, tais categorias serão reclamadas para aplicação específica à disciplina do ITCMD.

---

191. RE 566.622 ED, rel. Marco Aurélio, rel. p/ acórdão Rosa Weber, Tribunal Pleno, julgado em 18/12/2019, Processo Eletrônico *DJe*-114, divulg. 08/05/2020, public. 11/05/2020.

5

O ITCMD NA CONSTITUIÇÃO E NA LEI COMPLEMENTAR – A REGÊNCIA DO CÓDIGO TRIBUTÁRIO NACIONAL

5.1 A evolução da tributação sobre as transmissões patrimoniais nas Constituições brasileiras

Ao comentar a parte do CTN voltada ao ITCMD, cabe um breve escorço histórico sobre o aspecto positivo dessa exação no Brasil. Isso explicará as particularidades da deficiente regulamentação do tema em plano de legislação nacional, em razão da ausência de atualização do referido diploma às inovações da ordem constitucional em vigor.

Por evidente que a tributação da transmissão da propriedade, seja ela *causa mortis*, seja *inter vivos*, é bastante antiga: provavelmente tão antiga quanto as noções de propriedade e tributação. Apontam-se, em termos históricos, tributos sobre transmissões em geral em uma alíquota de 10% já praticados no Egito antigo.[192] Igualmente em Roma, no ano VI da

---

192. ARAÚJO, Petronio Baptista de. *O impôsto sobre a transmissão da propriedade*. Rio de Janeiro: Fundação Getulio Vargas, 1954. p. 14.

era cristã, instituiu-se um tributo sucessório por meio da *lex Julia de Cidesima hereditatum*,[193] e a tributação sobre vendas de mercadorias (*centesima rerum venalium*) e escravos (*vicesima venalium mancipiorum*) teria sido criada entre 27 a.C. e 14 a.C.[194] Houve, decerto, uma evolução histórica, passando pelo medievo e pela formação dos estados modernos. Não pretendemos neste estudo nos alongar em tais antecedentes, sendo-nos de relevo uma visão histórica sob o prisma da experiência brasileira ou, ainda, luso-brasileira, de início.

Nesse sentido, nota-se que muitas das atuais tribulações atinentes aos impostos atualmente reunidos na sigla ITCMD devem-se ao fato de que em variados momentos históricos tais exações foram reunidas ou segregadas em um único tributo. Assim, houve a tributação das transmissões em geral (gratuitas ou onerosas) de imóveis, a tributação sobre transmissões de bens móveis, transmissões gratuitas ou onerosas e, claro, de forma especial, a tributação sobre transmissões *causa mortis*. Vejamos um breve histórico a trazer-nos ao atual contexto constitucional e no plano do CTN.

Pois bem. As transmissões imobiliárias no Brasil se tributavam pela sisa dos bens de raiz, instituída pelo Alvará nº 3, de junho de 1809. Naquele momento, erigia-se o sistema tributário brasileiro,[195] mais uma das transformações decorrentes da transferência da Corte para o que viria a ser o território nacional. O conceito de imóvel aplicado a tal tributação era amplo, abrangendo os imóveis por natureza, árvores e frutos enquanto aderentes ao solo, para além dos bens cujos destino e aplicação integravam o prédio, bem como os usufrutos, servidões e ações tendentes à reivindicação imobiliária.[196]

---

193. NICÁCIO, Antônio. *Do impôsto de transmissão de propriedade "causa mortis"*. Rio de Janeiro: Alba, 1959. p. 26.

194. ARAÚJO, Petronio Baptista de. Op. cit., loc. cit.

195. NICÁCIO, Antônio. *Do impôsto de transmissão de propriedade "causa mortis"*. Rio de Janeiro: Alba, 1959. p. 28.

196. ARAÚJO, Petronio Baptista de. *O impôsto sobre a transmissão da propriedade*. Rio de Janeiro: Fundação Getulio Vargas, 1954. p. 18-19.

Também o imposto sucessório deita raízes nas franjas do período colonial, tendo sido aqui institucionalizado de forma contemporânea, em especial pelos §§ 8º e 9º do Alvará Régio nº 17, de 1809. Características dessa exação à época eram a isenção absoluta da tributação sobre a linha sucessória reta, uma alíquota única de 10% para colaterais e estranhos e colaterais até o segundo grau, elevada a 20% aos demais parentes. A partir do Decreto nº 4.355, de 1869, instituiu-se a tributação dos herdeiros necessários, a uma alíquota de 1/10%.[197]

Foi no Segundo Império, entretanto, que a Lei nº 1.507, de 26 de setembro de 1867, outorgou disciplina geral ao tema. Tal diploma, por se dizer, unificou a tributação sobre as transferências patrimoniais. Deixou-se, enfim, de se tratar separadamente do ***sêlo ou décima de heranças e legados***, passando-se a referir, conforme art. 19[198] de mencionada norma, também às transmissões por atos entre vivos. A partir daí se tem um "imposto sobre a transmissão de propriedade".

Em termos constitucionais não havia, àquela altura, grande desenvolvimento, isso porque a Constituição Imperial de 1824 dispensava pouco espaço à tributação, senão pela previsão da anualidade (arts. 171 e 172).

Inaugurando o sistema federativo tributário, a Constituição de 1891 atribuiu aos Estados a competência exclusiva para decretar impostos, entre os quais aqueles "sobre a transmissão da propriedade" (art. 9º, nº 3). A tal altura, como se

---

197. Ibidem, p. 206.

198. Eis o ilustrativo teor do enunciado normativo: "Art. 19. O Governo fica autorisado para expedir um regulamento uniformisando as regras para a cobrança dos actuaes impostos sobre a transmissão da propriedade e usufructo de immoveis, moveis e semoventes, por titulo oneroso ou gratuito, inter vivos ou causa mortis, e comprehendendo no imposto que os substituir sob a denominação de transmissão de propriedade: 1º A taxa de heranças e legados. 2º A siza dos bens de raiz. 3º A meia siza e sello da venda dos escravos. 4º Os direitos e sello da venda das embarcações nacionaes ou estrangeiras. 5º Os direitos de insinuação e outros da tabella annexa á Lei de 30 de novembro de 1841, §§ 32, 42, 43 e 44. 6º O sello proporcional dos quinhões hereditarios e legados, doações, troca de immoveis e constituição de emphyteuse ou sub-emphyteuse".

viu, o regime geral desse tributo já era unificado em diversas materialidades, desde a Lei nº 1.507, de 1867. Dessa inicial regência da matéria advieram conflitos de competência entre os Estados[199] e entre estes e a União.[200]

A breve Carta de 1934, em seu art. 8º, I, alíneas "b" e "c", manteve nos Estados a competência privativa para "decretar impostos" sobre a "transmissão de propriedade *causa mortis*" e a "transmissão de propriedade imobiliária *inter vivos*, inclusive a sua incorporação ao capital da sociedade". O § 4º do aludido enunciado, ademais, pretendeu solucionar a conflitiva relação entre os entes tributantes, o que fez estabelecendo: (i) que, na transmissão dos bens corpóreos, a exação caberia ao Estado em cujo território se encontrem situados os bens; (ii) que, na transmissão *causa mortis* de bens incorpóreos, a exação caberia ao "Estado onde se tiver aberto a Sucessão"; no caso da abertura no exterior, "será devido o imposto ao Estado em cujo território os valores da herança forem liquidados, ou transferidos aos herdeiros".

A Constituição de 1937, imposta sob jugo do golpe de Estado desse mesmo ano,[201] pouco inovou a respeito; no que inovou, contudo, o fez a volver incertezas sobre a matéria. Anota Petronio Baptista de Araújo que a novel Constituição trasla-

199. "A Constituição de 1891 atribuiu aos Estados o imposto sobre heranças e legados, abstendo-se, contudo, de fixar normas destinadas a impedir que os bens da sucessão fôssem supertributados, no caso, assás frequentemente, de se acharem compreendidos na jurisdição de um Estado diferente daquele em que o *de cujus* tivera o último domicílio. Os bens corpóreos, móveis e imóveis, eram geralmente gravados como que por um acordo tácito, pelo Estado onde se achavam situados. O mesmo não acontecia com os bens incorpóreos, relativamente aos quais se encontravam os mais variados critérios na legislação fiscal." ARAÚJO, Petronio Baptista de. *O impôsto sobre a transmissão da propriedade*. Rio de Janeiro: Fundação Getulio Vargas, 1954. p. 323.

200. Nesse particular, a discussão gravitou acerca da tributação de apólices da dívida pública e de embarcações, tendo a Corte Suprema definido tratar-se de tributação sob competência dos Estados, por cuidar-se de atos de transmissão. FERNANDES, Regina Celi Pedrotti Vespero. *Impostos sobre Transmissão Causa Mortis e Doação – ITCMD*. 3. ed. São Paulo: Revista dos Tribunais, 2013. p. 49.

201. MENDES, Gilmar Ferreira. *Curso de direito constitucional*. 10. ed. São Paulo: Saraiva, 2015. p. 100.

dou para o § 4º do art. 23 a disposição do texto anterior adicionando a expressão "em outro estado",[202] que teria suscitado dúvidas sobre a anterior já assentada regra de competência do Estado do domicílio do *de cujus*.[203]

No regime da Constituição de 1946, a situação permaneceu a mesma, ao menos até a EC nº 5, de 1961, que outorgou aos Municípios a competência tributária relacionada ao Imposto sobre a Transmissão de Imóveis *inter vivos* (art. 29, III), seja gratuita, seja onerosa.

O quadro se altera novamente em 1965 quando a EC nº 18 implementou uma reforma no sistema tributário. O art. 9º[204] da referida emenda centralizou a tributação das transmissões apenas no caso imobiliário, a título seja gratuito, seja oneroso, atribuindo a competência aos Estados. Os possíveis conflitos de competência restaram solucionados pela regra da competência de situação do bem.

---

202. "Art. 23 [...].
§ 4º O imposto sobre a transmissão dos bens corpóreos cabe ao Estado em cujo território se achem situados; e o de transmissão *causa mortis* de bens incorpóreos, inclusive de títulos de créditos, ao Estado onde se tiver aberto a sucessão. Quando esta se haja aberto em outro Estado, ou no estrangeiro, será devido o imposto ao Estado em cujo território os valores da herança forem liquidados ou transferidos aos herdeiros."

203. ARAÚJO, Petronio Baptista de. *O impôsto sobre a transmissão da propriedade*. Rio de Janeiro: Fundação Getulio Vargas, 1954. p. 326.

204. Vale a transcrição do dispositivo: "Art. 9º Compete aos Estados o impôsto sôbre a transmissão, a qualquer título, de bens imóveis por natureza ou por cessão física, como definidos em lei, e de direitos reais sôbre imóveis, exceto os direitos reais de garantia.
§ 1º O impôsto incide sôbre a cessão de direitos relativos à aquisição dos bens referidos neste artigo.
§ 2º O impôsto não incide sôbre a transmissão dos bens ou direitos referidos neste artigo, para sua incorporação ao capital de pessoas jurídicas, salvo o daquelas cuja atividade preponderante, como definida em lei complementar, seja a venda ou a locação da propriedade imobiliária ou a cessão de direitos relativos à sua aquisição.
§ 3º O impôsto compete ao Estado da situação do imóvel sôbre que versar a mutação patrimonial, mesmo que esta decorra de sucessão aberta no estrangeiro.
§ 4º A alíquota do impôsto não excederá os limites fixados em resolução do Senado Federal, nos têrmos do disposto em lei complementar, e o seu montante será dedutível do devido à União, a título do impôsto de que trata o art. 8º, nº II, sôbre o provento decorrente da mesma transmissão".

Importante trazer, neste ponto, um alerta: é sob esse regime constitucional que sobreveio o CTN, instituído pela Lei nº 5.172, de 25 de outubro de 1966. Por evidente que disso advieram consequências em razão da superveniência de regimes tributários posteriores, como trataremos adiante.

Pois bem. A Constituição de 1967 e sua emenda de 1969[205] não trouxeram significativa alteração no quadro em apreço.

Já a CF de 1988, que permanece em vigor, alterou substancialmente tal quadro.

A tributação sobre a "transmissão *inter vivos*, a qualquer título, por ato oneroso, de bens imóveis, por natureza ou acessão física, e de direitos reais sobre imóveis, exceto os de garantia, bem como cessão de direitos a sua aquisição" coube aos Municípios (art. 156, II, da CF).

Aos Estados, por outro lado, foi outorgada a competência para a tributação sobre as transmissões *causa mortis* e também *inter vivos* a título gratuito (doações), agora abrangendo bens tanto imóveis quanto móveis. Vê-se, enfim, relevante distinção em relação ao modelo anterior.

5.2 A falta da lei complementar de que trata o art. 155, I, e § 1º, III, da CF e a instituição do ITCMD em transmissões internacionais: entendimento do STF

Questão particular aos tributos *causa mortis* e sobre doações é a do papel da lei complementar de que trata o art. 155, I, e § 1º, III, da CF, que assim dispõe:

> Art. 155. Compete aos Estados e ao Distrito Federal instituir impostos sobre:

205. A EC nº 1/1969 implementou relevantes alterações na Carta de 1967. Trata-se de ato realizado pela junta composta pelos ministros integrantes do Exército, da Marinha e da Aeronáutica em pleno curso do regime ditatorial vigente no País. Alguns autores apontam tal emenda como uma Carta Constitucional nova, outorgada pela referida junta militar.

> I – transmissão *causa mortis* e doação, de quaisquer bens ou direitos;
>
> [...]
>
> § 1º O imposto previsto no inciso I:
>
> [...]
>
> III – terá competência para sua instituição regulada por lei complementar:
>
> a) se o doador tiver domicílio ou residência no exterior;
>
> b) se o *de cujus* possuía bens, era residente ou domiciliado ou teve o seu inventário processado no exterior;

O enunciado preconiza que caberá à lei complementar "regular a competência para a instituição" dos referidos tributos, o que deu azo à controvérsia sobre a possibilidade de os Estados exercerem sua competência tributária livremente em situações internacionais enquanto ausente tal legislação.

É bem verdade que o art. 41 do CTN estabelece que o imposto compete "ao Estado da situação do imóvel transmitido, ou sobre que versarem os direitos cedidos, mesmo que a mutação patrimonial decorra de sucessão aberta no estrangeiro".[206] Considerando aplicável tal vetusta disposição prevista ainda à luz de regime constitucional pretérito, decerto que estaria presente a lei complementar reguladora das situações internacionais que envolvem imóveis em território nacional. Seria aplicação clássica do elemento de situação da coisa a ensejar exercício da competência nessa particular hipótese. É certo, entretanto, que a aplicação do referido art. 41 em face do novo regime constitucional do ITCMD é alvo de disputa.[207] Ainda

206. Em nota de atualização ao comentário de Aliomar Baleeiro sobre o art. 41 do CTN, Misabel Derzi esclarece que "a regra da situação do imóvel está expressa na Constituição no art. 155, § 1º, I, para o imposto estadual sobre transmissão por causa de morte e doação. Entretanto, a situação do imóvel, como critério geral, define tanto a competência no caso do imposto estadual, como, ainda, a competência para cobrança do imposto municipal *inter vivos*". BALEEIRO, Aliomar. *Direito tributário brasileiro*. Atualizada por Misabel Abreu Machado Derzi. 13. ed. Rio de Janeiro: Forense, 2015. p. 384.

207. Nesse sentido: "Os artigos 35 a 42 do CTN, que tratavam das operações,

que assim não se desse, de todo modo, remanesceria o espaço para discussão do tema em relação aos bens móveis e direitos.

Enfim, a deficiente disciplina de lei complementar já referida no item precedente deixa visivelmente sem regulamentação a disposição constitucional de que ora se trata.

Um dos argumentos sobre a questão parece considerar que a especial enunciação contida no art. 155, anteriormente transcrito, não possui relevância particular, de tal forma que a lei complementar nele prevista não se distinguiria substancialmente daquela do art. 146, III, da Carta Política. Seria esse, enfim, mais um caso no qual a lei complementar deve versar sobre normas gerais de direito tributário, a dirimir conflitos entre pessoas políticas de direito interno ou regular as limitações ao poder de tributar.

E, por assumir que não se trata de um caso particular, mas de comum situação que clamaria pela edição das "normas gerais de direito tributário", a falta da lei complementar referida pelo art. 155, § 1º, III, não poderia impedir que os Estados instituíssem por meio de suas legislações a incidência dos tributos de que ora se cuida em situações internacionais. Tal conclusão parte, no plano positivo, do que preconiza o art. 24 da CF, que cuida das competências concorrentes, e que merece a reprodução que segue:

> Art. 24. Compete à União, aos Estados e ao Distrito Federal legislar concorrentemente sobre:
>
> I – direito tributário, financeiro, penitenciário, econômico e urbanístico;
>
> [...]

---

onerosas ou não, com bens imobiliários, são imprestáveis para a hipótese, na medida em que, à época, a transmissão de bens móveis transmitidos não era tributada e a competência para a transmissão onerosa ou não de bens imóveis estava exclusivamente na alçada dos Estados". MARTINS, Ives Gandra da Silva. Necessidade de lei complementar para a conformação do Imposto de Transmissão "Causa Mortis" e por Doação de bens e recursos recebidos do exterior – inteligência do artigo 155, § 1º, inciso III, da Constituição Federal. *Revista Dialética de Direito Tributário – RDDT*, São Paulo: Dialética, n. 99, p. 157, 2002.

> § 1º No âmbito da legislação concorrente, a competência da União limitar-se-á a estabelecer normas gerais.
>
> § 2º A competência da União para legislar sobre normas gerais não exclui a competência suplementar dos Estados.
>
> § 3º Inexistindo lei federal sobre normas gerais, os Estados exercerão a competência legislativa plena, para atender a suas peculiaridades.
>
> § 4º A superveniência de lei federal sobre normas gerais suspende a eficácia da lei estadual, no que lhe for contrário.

A construção erige-se a partir do § 3º da indicada disposição. Assim, aponta-se que a ausência da lei complementar não impediria o exercício da competência dos Estados para instituição do ITCMD em situações internacionais até que exsurja norma nacional sobre o tema.

Outra disposição invocada como sustento desse raciocínio é o art. 34, §§ 3º, 4º e 8º, do ADCT, que estabelece a possibilidade de as pessoas políticas de direito interno editarem as leis necessárias à aplicação do sistema tributário nacional previsto na Carta Política. Eis um excerto de tal enunciado:

> Art. 34. O sistema tributário nacional entrará em vigor a partir do primeiro dia do quinto mês seguinte ao da promulgação da Constituição, mantido, até então, o da Constituição de 1967, com a redação dada pela Emenda nº 1, de 1969, e pelas posteriores.
>
> [...]
>
> § 3º Promulgada a Constituição, a União, os Estados, o Distrito Federal e os Municípios poderão editar as leis necessárias à aplicação do sistema tributário nacional nela previsto.
>
> § 4º As leis editadas nos termos do parágrafo anterior produzirão efeitos a partir da entrada em vigor do sistema tributário nacional previsto na Constituição.
>
> [...]
>
> § 8º Se, no prazo de sessenta dias contados da promulgação da Constituição, não for editada a lei complementar necessária à instituição do imposto de que trata o art. 155, I, "b", os Estados e o Distrito Federal, mediante convênio celebrado nos termos da Lei Complementar nº 24, de 7 de janeiro de 1975, fixarão normas para regular provisoriamente a matéria.

Enfim, o argumento é de que a CF, no ADCT, teria reforçado a autorização para que os Estados exercessem legitimamente a competência tributária pelos Estados em relação ao ITCMD nos casos em que o doador tiver domicílio ou residência no exterior, bem como no caso de o falecido possuir bens, ser residente ou domiciliado ou ter seu inventário processado no exterior. Seria tal leitura, ademais, a que se presta a dar maior eficácia às disposições constitucionais.[208]

A sustentação principiológica à concepção da competência plena dos Estados para legislar nesse caso repousa essencialmente no princípio federativo: tomada como óbice ao exercício da competência tributária dos Estados, a ausência da lei complementar objeto do art. 155, § 1º, III, da Constituição atentaria contra a autonomia financeira dos Estados.[209]

Em termos pragmáticos, costuma-se invocar em favor de tal posição o decidido pelo STF na apreciação da ADI 429/CE, ao tratar da possibilidade de a Constituição do Estado do

---

208. MARTINS, Adriano Vidigal. Constitucionalidade das leis estaduais que instituem a incidência do ITCMD sobre doações provenientes do exterior. *Revista Dialética de Direito Tributário - RDDT*, São Paulo: Dialética, n. 223, p. 15, 2014. No mesmo sentido: WEISS, Fernando Lemme. O imposto de transmissão *causa mortis* e a partilha extrajudicial. *Revista Dialética de Direito Tributário - RDDT*, São Paulo: Dialética, n. 146, p. 30, 2007.

209. A noção de liberdade dos entes federados para exercício da competência tributária é naturalmente relacionada à garantia de sua autonomia financeira. Nesse particular, "[...] não subsiste efetiva autonomia se não existe a potestade de proceder às exigências necessárias para enfrentar as necessidades financeiras do ente; a limitação ao poder de impor tributos comporta inelutavelmente uma limitação à autonomia da entidade". UCKMAR, Victor. *Princípios comuns de direito constitucional tributário*. Tradução de Marco Aurélio Greco. São Paulo: Revista dos Tribunais; EDUC, 1976. p. 95. Muito embora consideremos que a existência de algum espectro de competência tributária seja com efeito inerente à forma federativa de Estado, nossa posição é de que há de se fazer um temperamento a tal interpretação. A existência de certas limitações ao exercício das competências tributárias, bem como eventuais alterações que sobre elas se possa levar a cabo no exercício do poder constituinte derivado, não necessariamente implicam negação à autonomia dos entes federativos, desde que salvaguardados mecanismos constitucionais garantidores (*v.g.*, regras de partilha do produto da arrecadação) dos ingressos financeiros necessários a que os entes federados possam cumprir com o programa constitucional a eles atribuído.

Ceará dispor sobre o adequado tratamento do ato cooperativo quando ainda ausente tal disciplina em âmbito nacional.[210]

Nesse mesmo sentido, citam-se também diversos julgamentos[211] da Suprema Corte que cuidam da possibilidade de os Estados instituírem alíquotas diferenciadas do Imposto sobre a Propriedade de Veículos Automotores (IPVA) conforme o tipo e a utilização do veículo mesmo ausente lei complementar sobre o tema e antes do advento da EC nº 42/2003, que incluiu o § 6º, II, ao art. 155 da CF.[212]

---

210. "Ação Direta de Inconstitucionalidade. Tributário. Normas gerais de direito tributário. ICMS. Constituição do Estado do Ceará. [...] 1. O Federalismo brasileiro exterioriza-se, dentre outros campos, no segmento tributário pela previsão de competências legislativo-fiscais privativas dos entes políticos, reservada à Lei Complementar estabelecer normas gerais. [...] 4. O art. 146, III, 'c', da CRFB/88 determina que lei complementar estabeleça normas gerais sobre matéria tributária e, em especial, quanto ao adequado tratamento tributário a ser conferido ao ato cooperativo praticado pelas sociedades cooperativas. 5. Não há a alegada inconstitucionalidade da Constituição estadual, porquanto a competência para legislar sobre direito tributário é concorrente, cabendo à União estabelecer normas gerais, aos Estados-membros e o Distrito Federal suplementar as lacunas da lei federal sobre normas gerais, afim de afeiçoá-las às particularidades locais, por isso que inexistindo lei federal de normas gerais, acerca das matérias enunciadas no citado artigo constitucional, os Estados podem exercer a competência legislativa plena (§ 3º, do art. 24 da CRFB/88). 6. Consectariamente, o § 1º do artigo 192 da Constituição cearense que estabelece que 'o ato cooperativo, praticado entre o associado e sua cooperativa, não implica em operação de mercado', não é inconstitucional [...]." ADI 429, rel. Luiz Fux, Tribunal Pleno, julgado em 20/08/2014, acórdão eletrônico *DJe*-213, divulg. 29/10/2014, public. 30/10/2014.

211. A propósito: "[...] Imposto sobre Propriedade de Veículos Automotores – Disciplina. Mostra-se constitucional a disciplina do Imposto sobre Propriedade de Veículos Automotores mediante norma local. Deixando a União de editar normas gerais, exerce a unidade da federação a competência legislativa plena – § 3º do artigo 24, do corpo permanente da Carta de 1988 –, sendo que, com a entrada em vigor do sistema tributário nacional, abriu-se à União, aos Estados, ao Distrito Federal e aos Municípios, a via da edição de leis necessárias à respectiva aplicação – § 3º do artigo 34 do Ato das Disposições Constitucionais Transitórias da Carta de 1988". AI 167777 AgR, rel. Marco Aurélio, Segunda Turma, julgado em 04/03/1997, *DJ* 09/05/1997, PP-18134, ement vol-01868-04, PP-00796.

212. Citam-se, a título de exemplo, outros julgados em mesmo sentido: RE 262.643 AgR, rel. Dias Toffoli, Primeira Turma, julgado em 06/04/2010, *DJe*-081, divulg. 06/05/2010, public. 07/05/2010, ement vol-02400-04, PP-00839; RE 191.703 AgR, rel. Néri da Silveira, Segunda Turma, julgado em 19/03/2001, *DJ* 12/04/2002, PP-00063, ement vol-02064-04, PP-00744; e RE 601.247 AgR, rel. Ricardo Lewandowski, Segunda Turma, julgado em 29/05/2012, acórdão eletrônico *DJe*-114, divulg. 12/06/2012, public. 13/06/2012, *RTJ* vol-00226-01, PP-00648.

Eis a exposição do ponto de vista segundo o qual a lei complementar de que trata o art. 155, § 1º, III, da CF não impede o exercício da competência tributária dos Estados em relação ao ITCMD em situações internacionais.

Há, contudo, objeções. Tendo em vista a ausência de regulamentação mais específica em nível constitucional e o expresso relegar da questão à lei complementar, deve-se considerar que o critério a ser estabelecido somente poderia ser dado por esse veículo introdutor, sendo vedada a atuação das ordens jurídicas parciais dos Estados.[213]

Para Roque Carrazza, por exemplo, parece haver alguma identidade entre o papel reservado à lei complementar pelo art. 155, § 1º, III, e pelo art. 146, ambos da CF, mas disso não decorre a possibilidade do exercício livre da competência tributária do ITCMD em situações internacionais, tudo pelos seguintes fundamentos: (i) trata-se, nesse caso, de resguardo ao princípio federativo para se evitar a hipótese de guerra fiscal, com diversas unidades federativas exigindo tributos simultaneamente (*v.g.*, no caso de bens móveis transmitidos a título gratuito por residente no exterior quando estes se localizem em diversos Estados); (ii) a baixa densidade normativa do art. 155, § 1º, III, da Constituição não é suficiente a permitir a aplicação do § 3º do art. 34 do ADCT; (iii) mais que isso, a exigência da lei complementar em questão pretende harmonizar as legislações estaduais aos convênios e tratados internacionais dos quais o Brasil é signatário. Eis o raciocínio nas palavras do próprio autor:[214]

> Vai daí que em matéria de ITCMD os Estados e o Distrito Federal estão impedidos de exercitar plenamente suas competências tributárias enquanto não for editada a lei complementar nacional prevista no precitado art. 155, § 1º, III, da Constituição da

---

213. ATALIBA, Geraldo. Lei complementar em matéria tributária. *Revista de Direito Tributário*, São Paulo: Malheiros Editores, v. 48, p. 98, 1989.

214. CARRAZZA, Roque Antonio. *Curso de direito constitucional tributário*. 32. ed. São Paulo: Malheiros Editores, 2019. p. 856.

> República. Justamente para que, em face da omissão legislativa (*vacum legis*), de um lado, não se enfraqueça a federação, com fatais embates entre as unidades federadas e, de outro, se impeça a bitributação. [...] Como se vê, nosso sistema tributário inadmite que, sendo o doador residente ou domiciliado no exterior, ou se o *de cujus* possuía bens, era residente ou domiciliado ou teve seu inventário processado no exterior, a lei ordinária instituidora do ITCMD busque fundamento de validade diretamente na Constituição Federal. Pelo contrário, a possível plurilocalização do fato imponível (fato tributário ou fato gerador *in concreto*) ou do sujeito passivo destas exações exige a intermediação de uma lei complementar nacional em ordem a (i) dar segurança aos contribuintes e (ii) evitar conflitos entre os Estados-membros e entre estes e o Distrito Federal.

Com efeito, a CF, em seu art. 24, adota a competência concorrente não cumulativa ou vertical, segundo a qual a atuação da União está restrita a estabelecer normas gerais, cabendo aos Estados e ao Distrito Federal especificá-las por meio de sua competência suplementar.[215]

A questão, contudo, estaria na definição do que sejam as "normas gerais" de que trata o art. 24 da Carta Política. Tal como sugere Tercio Sampaio Ferraz Jr.,[216] deve-se tomar por "geral" toda norma relativa a matéria que vá além do interesse circuns-

---

215. MORAES, Alexandre de. *Constituição do Brasil interpretada e legislação constitucional*. 8. ed. São Paulo: Atlas, 2011. p. 639.

216. Para Tercio Sampaio Ferraz Jr., quando o art. 24 da CF estabelece a primazia da União para cuidar das normas gerais, refere-se àquelas que assim o são por seu conteúdo (ou seja, quando sua matéria se reporta a uma generalidade de situações, tal como *facti species* ou hipóteses de incidência) ou também por sua universalidade (em relação aos destinatários). Conforme entende aludido autor, entretanto, há de se conferir uma interpretação teleológica também a tal disposição, de modo a entender por atribuição da União a regência de situações críticas à harmonia das pessoas políticas: "Ora, o federalismo cooperativo vê na necessidade de uniformização de certos interesses um ponto básico da colaboração. Assim, toda matéria que extravase o interesse circunscrito de uma unidade (estadual, em face da União; municipal, em face do Estado) ou porque é comum (todos têm o mesmo interesse) ou porque envolve tipologias, conceituações que, se particularizadas num âmbito autônomo, engendrariam conflitos ou dificuldades no intercâmbio nacional, constitui matéria de norma geral". FERRAZ JR., Tercio Sampaio. Normas gerais e competência concorrente: uma exegese do art. 24 da Constituição Federal. *Revista da Faculdade de Direito*, Universidade de São Paulo, São Paulo, v. 90, p. 249-250, 1995.

crito a um ente federativo, seja por ser comum a outros entes, seja porque a disciplina da questão, se particularizada em um âmbito autônomo, implicaria conflitos entre tais unidades.

Assim também nos parece ser a conclusão de Schoueri[217] ao tratar do tema, preconizando que a competência concorrente "apenas pode ser exercida na medida necessária para que eles, Estados, possam exercer sua competência própria de legislador sobre normas particulares". Ao comentar o precedente da Corte Suprema sobre o Recurso Extraordinário (RE) 136.215/RJ, aponta que o entendimento ali firmado foi no sentido de que permitir aos Estados legislar livremente sobre o adicional ao Imposto de Renda sem prévia lei complementar disciplinadora do tema iria além do poder tributante de cada qual, razão por que o risco de tributações cumuladas resultou no julgamento que estabeleceu a necessidade de prévia lei complementar sobre a matéria.

Com efeito, ao julgar o RE 136.215/RJ,[218] considerou o Plenário do STF ser impossível a cobrança do adicional sem a prévia lei complementar de que trata o art. 146 da CF. Tal precedente é, naturalmente, uma das correntes invocações no plano pragmático à tese da impossibilidade do exercício pleno da competência tributária dos Estados na situação objeto deste item.

Nessa mesma linha, a Corte Suprema considerou impossível o exercício da competência tributária relativa ao ICMS sobre empresas de navegação aérea, já que a ausência de lei complementar que definisse claramente o serviço tributário poderia ensejar graves conflitos de competência. Tal entendimento se deu no julgamento da ADI 1.089-1,[219] quando ainda não havia a Lei Complementar nº 87/2009.

---

217. SCHOUERI, Luís Eduardo. *Direito tributário*. 9. ed. São Paulo: Saraiva Educação, 2019. p. 85 e 281.

218. RE 136.215, rel. Octávio Gallotti, Tribunal Pleno, julgado em 18/02/1993, *DJ* 16/04/1993, PP-06438, ement vol-01699-05, PP-00941.

219. Vale, no caso, a transcrição da ementa: "Transporte aéreo. ICMS. Dada a gênese do novo ICMS na Constituição de 1988, tem-se que sua exigência no caso dos

Daí que a situação em análise, a ensejar potencial sobreposição de incidências e conflitos entre os entes federativos, torna vã a invocação ao art. 24 da Carta Política, já que inexistente a possibilidade de exercício da competência tributária dos Estados e do Distrito Federal.

Pois bem. No curso destes estudos, a questão em exame foi decidida pelo STF por ocasião do julgamento do RE 851.108/SP, de relatoria do Ministro Dias Toffoli.

Em tal julgamento, a discussão se desenvolveu precisamente em torno dos argumentos delineados anteriormente.

O relator, seguido pela maioria dos ministros da Suprema Corte, considerou impossível o exercício da competência legislativa ordinária sobre o ITCMD enquanto ausente a lei complementar de que trata o art. 155, I, § 1º, III, da Constituição. E isso porque mencionada previsão não cuida de hipótese comum de normas gerais de direito tributário, de sorte a haver ali também importante mecanismo de supressão de potenciais conflitos de natureza internacional, a evitar desinteligências em matéria de competência também no âmbito do direito interno. Assim, à míngua de tal veículo normativo devidamente instituído, concluiu o julgado pela inconstitucionalidade do exercício da competência tributária em sentido estrito pelo Estado de São Paulo, ao instituir o ITCMD em tais situações.

O entendimento vencido seguiu o contra-argumento já explanado: o cerne de suas colocações reside na autonomia dos entes federativos e na impossibilidade de que a mora legislativa – passados mais de trinta anos desde a atual Constituição – implique vedação ao livre exercício da competência tributária dos Estados e do Distrito Federal. Daí que estes

transportes aéreos configura nova hipótese de incidência tributária, dependente de norma complementar à própria carta, e insuscetível, à luz de princípios e garantias essenciais daquela, de ser inventada, mediante convênio, por um colegiado de demissíveis *ad nutum*. Procedência da ação direta com que o Procurador-Geral da República atacou o regramento convenial da exigência do ICMS no caso dos transportes aéreos". ADI 1.089, rel. Francisco Rezek, Tribunal Pleno, julgado em 29/05/1996, *DJ* 27/06/1997, PP-30224, ement vol-01875-02, PP-00220.

poderiam exercer sua competência até superveniência de eventual lei complementar, tal como se dá nas demais hipóteses em que inexistem *normas gerais de direito tributário*. Tratando-se de caso dotado de repercussão geral, a tese fixada na Ata de Julgamento publicada aos 11 de março de 2021[220] foi a seguinte: "É vedado aos estados e ao Distrito Federal instituir o ITCMD nas hipóteses referidas no art. 155, § 1°, III, da Constituição Federal sem a intervenção da lei complementar exigida pelo referido dispositivo constitucional".

Chama atenção o alerta feito a partir do voto do Ministro Luís Roberto Barroso no sentido de se encaminhar apelo ao Poder Legislativo a que discipline a matéria:[221]

> Faço ainda um apelo ao Poder Legislativo para que supra tal omissão e discipline a matéria do art. 155, § 1°, III, da Constituição, por meio de lei complementar. Não posso deixar de destacar que estamos diante de uma situação de clara tensão entre a Justiça tributária e a reserva de lei, que demanda a atuação do legislador.

O apelo em apreço foi acolhido pelo relator, bem como pelos Ministros Rosa Weber e Kassio Nunes Marques. Dele

---

220. Eis a íntegra da Ata de Julgamento: "O Tribunal, por maioria, apreciando o tema 825 da repercussão geral, negou provimento ao recurso extraordinário, vencidos os Ministros Alexandre de Moraes, Carmen Lúcia, Luiz Fux (Presidente) e Gilmar Mendes, que davam provimento ao recurso. Na sequência, por maioria, modulou os efeitos da decisão, atribuindo-lhes eficácia *ex nunc*, a contar da publicação do acórdão em questão, ressalvando as ações judiciais pendentes de conclusão até o mesmo momento, nas quais se discuta: (1) a qual Estado o contribuinte deve efetuar o pagamento do ITCMD, considerando a ocorrência de bitributação; e (2) a validade da cobrança desse imposto, não tendo sido pago anteriormente, vencidos os Ministros Marco Aurélio e Edson Fachin, que reajustou seu voto nesta assentada. Tudo nos termos do voto reajustado do Relator. Foi fixada a seguinte tese: 'É vedado aos estados e ao Distrito Federal instituir o ITCMD nas hipóteses referidas no art. 155, § 1°, III, da Constituição Federal sem a intervenção da lei complementar exigida pelo referido dispositivo constitucional'. No tocante ao apelo direcionado ao legislador, o Tribunal, por maioria, entendeu não ser o caso e divergiu do voto do Relator. Ficaram vencidos nessa proposta os Ministros Dias Toffoli (Relator), Rosa Weber, Roberto Barroso e Nunes Marques. Plenário, Sessão Virtual de 19.2.2021 a 26.2.2021". Disponível em: http://portal.stf.jus.br/processos/detalhe.asp?incidente=4667945. Acesso em: 6 abr. 2021.

221. Voto do Ministro Luís Roberto Barroso por ocasião do julgamento do RE 851.108/SP em sessão virtual. Disponível em: http://portal.stf.jus.br/processos/detalhe.asp?incidente=4667945. Acesso em: 6 abr. 2021.

discordaram os Ministros Ricardo Lewandowski e Marco Aurélio Melo, que, entretanto, acompanharam o relator no reconhecimento da inconstitucionalidade da legislação local emitida à míngua da lei complementar em pauta. Os demais ministros, visto que dissentiram do mérito principal da questão, tampouco viram razão no apelo em voga.

Cabem-nos algumas ponderações sobre a decisão da Corte Suprema.

Sua solução nos pareceu a mais adequada. Decerto que a disciplina dos impostos sobre a transmissão *causa mortis* ou por doações nas situações internacionais pode ensejar graves conflitos de competência. Isso se dá, igualmente, em âmbito interno, fora da aplicação específica do art. 155, § 1º, III, da Carta Política. A possível implicação da atuação das ordens estaduais e distritais sobre eventuais tratados ou convenções de que seja parte o País nos parece um argumento que sem dúvida se adiciona à impossibilidade do exercício pleno da competência em tais casos.

Há de se ter presente, entretanto, não se tratar esse caso, pura e simplesmente, de norma geral de direito tributário ou mecanismo para precaver conflitos de competência, tal como se depreende da disposição do art. 146 da Constituição.

Aqui há algo mais que parte do plano textual da própria Constituição e que preconiza a necessidade de lei complementar para regular a competência tributária em tais casos. Cuida-se de caso particular, específico, ao qual se somam, sim, todas as cautelas relativas às normas gerais, mas que se trata de competência tributária de plano estabelecida – pelo próprio texto constitucional, em sua origem – de maneira distinta, a ser instituída e regulada por lei complementar.

Decerto que, como as críticas que se transcreveu, não se aplica ao caso a invocação da competência concorrente dos Estados e do Distrito Federal. Da mesma forma não se há de invocar, pelos mesmos e sólidos fundamentos, o disposto no art. 34 do ADCT. Nesse particular, ademais, vale o registro de que o § 8º do aludido dispositivo expressamente estipula que, "se, no prazo de sessenta dias contados da promulgação da Constituição, não for editada a lei complementar necessária à instituição" do Imposto sobre a Circulação de Mercadorias e Serviços, "os Estados e o Distrito Federal, mediante convênio celebrado nos termos da Lei Complementar nº 24, de 7 de janeiro de 1975, fixarão normas para regular provisoriamente a matéria". Veja-se que o próprio texto constitucional expressamente reforça, no que concerne ao mesmo art. 155, que a ausência de lei complementar impede o exercício da competência tributária dos Estados e do Distrito Federal, nesse caso em relação ao ICMS, ressalvando a possibilidade de sua tributação pelos convênios que, precisamente, garantem – por definição – harmonia entre os entes federados.

Enfim, pareceu-nos acertada a decisão da Corte Suprema, que, diga-se de passagem, contou com modulação de seus efeitos para que tenha eficácia *ex nunc* contada a partir da publicação do respectivo acórdão.

A inconstitucionalidade por omissão – agora apontada pelo entendimento da Corte Suprema, em repercussão geral – das legislações estaduais sobre a matéria não quer dizer, entretanto, que reste aos Estados e ao Distrito Federal resignação absoluta em relação à parcela de sua competência de que foram privados pela inércia legislativa decorrente da inexistência de lei complementar regente da matéria.

Ao revés, como se expôs no item 3.1.1 deste estudo, a norma de estrutura que estabelece edição de lei complementar para regência da matéria em apreço – aí sim, em prestígio à autonomia financeira dos entes federativos e sua necessidade fiscal a fazer frente ao amplo programa de direitos fundamentais preconizados pela ordem constitucional – é modalizada de maneira obrigatória. Passados praticamente 33 anos desde a promulgação da Carta Política, que estabelece a necessidade de lei complementar para regular a instituição do ITCMD em situações internacionais sem que tal diploma tenha sido aprovado, parece-nos deixar indene de dúvida a mora legislativa necessária ao socorro de ADO.

A hodierna orientação da Corte Suprema nos casos de ADO (*vide* item 3.3) vem no sentido de estabelecer normas gerais regentes da situação, o que se prestaria como uma solução concreta à indefinição então vigente até que sobrevenha a lei complementar exigida pela Constituição; contudo, como já se pôde apontar alhures, o julgamento da ADO nº 67 apenas estabeleceu ao Congresso prazo para colmatação da omissão legislativa sem estabelecimento expresso de qualquer regime supletivo em caso de seu desatendimento.

5.3 Panorama da deficiente disciplina do ITCMD no CTN

Em item precedente (5.1), demonstramos que o CTN (Lei nº 5.172, de 25 de outubro de 1966) teve lugar anteriormente ao regime constitucional em vigor, que o admitiu por recepção, nos moldes referidos no item 2.1.

Assim, é certo que a Seção III do Capítulo III do CTN, ao cuidar do "Imposto sobre a Transmissão de Bens Imóveis e Direitos a eles Relativos", não trata do ITCMD em seus atuais contornos. Suas disposições – embora se refiram à extinta exação sobre transferências imobiliárias gratuitas e onerosas –, em verdade, muito mais se afeiçoam à disciplina do atual imposto sobre a "transmissão 'inter vivos', a qualquer título, por ato oneroso, de bens imóveis, por natureza ou acessão física, e de direitos reais sobre imóveis, exceto os de garantia, bem como cessão de direitos a sua aquisição",[222] de que trata o art. 156, II, da Carta Política, é dizer, o Imposto sobre Transmissão de Bens Imóveis (ITBI).

Podemos dizer que das disposições constantes da seção em voga aplicam-se ao ITCMD as seguintes: (i) art. 35, sobretudo seu parágrafo único, quando dispõe que na sucessão a causa de morte há tantos fatos geradores quantos sejam os herdeiros ou legatários; (ii) art. 38, quando estabelece que a base de cálculo

222. COSTA, Regina Helena. *Código Tributário Nacional comentado em sua moldura constitucional*. Rio de Janeiro: Forense, 2021. p. 97.

do imposto é o valor venal dos bens ou direitos transmitidos, o que se aplica sobretudo à disciplina das doações de bens imóveis e oferece norte à avaliação, em inventário, dos imóveis a serem partilhados; (iii) art. 39, que, coincidindo com o texto constitucional, estipula que as alíquotas do tributo devem limitar-se ao percentual fixado em resolução do Senado Federal; (iv) art. 41, que atribui o critério do *locus rei sitae* para tributação das doações e transmissões a causa de morte de bens imóveis; (v) art. 42, ao estabelecer que o contribuinte do imposto é qualquer das partes conforme dispuser a lei – disposição essa que, como se verá oportunamente, será objeto de crítica.

Com tal brevíssimo escorço sobre as disposições aplicáveis ao ITCMD, demonstramos a evidente defasagem da regulação do imposto em apreço pelo CTN, cujas prescrições efetivamente se coadunam melhor com a disciplina do ITBI.

Tudo isso ficará mais evidente conforme se descer à análise crítica das regras-matrizes do ITCM e do ITD a partir do texto constitucional e das disposições referidas, atualmente vazadas pelo CTN.

5.3.1 Decadência e prescrição do ITCMD e sua regência pelo CTN

Tal como registramos no capítulo 4, é função da lei complementar, nos termos do art. 146, III, "b", da CF, a disciplina da decadência e da prescrição tributárias; sendo assim, tendo cuidado da matéria o CTN, não há espaço a que os legisladores locais inovem na matéria, sob pena de inconstitucionalidade.

A decadência é entendida como o prazo estabelecido *ex lege* para que as fazendas públicas exerçam o direito de constituir o crédito tributário,[223] é dizer, para procederem ao lançamento.

223. BECHO, Renato Lopes. *Lições de direito tributário*. 3. ed. São Paulo: Saraiva, 2015. p. 608.

Decerto que são quatro as hipóteses de decadência estabelecidas pelo CTN, conforme o termo inicial de seu cômputo, a saber: (i) no caso dos tributos sujeitos ao lançamento de ofício, aplica-se a regra do art. 173, I, de sorte que o prazo decadencial tem início no "primeiro dia do exercício seguinte àquele em que o lançamento poderia ter sido efetuado"; (ii) no caso dos tributos sujeitos ao lançamento por homologação, e se houver declaração e pagamento antecipado pelo contribuinte, o prazo decadencial é de cinco anos contados da ocorrência do fato gerador, nos termos do art. 150, § 4º, excetuados os casos de dolo, fraude ou simulação, quando a regra aplicável for a do art. 173, I. Por outro lado, não havendo pagamento ou declaração, o prazo aplicável é o do já referido art. 173, I; (iii) o parágrafo único do art. 173 estabelece o prazo decadencial "contado da data em que tenha sido iniciada a constituição do crédito tributário pela notificação, ao sujeito passivo, de qualquer medida preparatória indispensável ao lançamento". Trata-se de um particular caso de antecipação do início do prazo decadencial (para antes, pois, a regra do inciso I do mesmo artigo). Quanto a tal disposição, deve-se registrar a orientação da Primeira Seção do STJ no sentido de que o prazo não se extingue com o decurso do prazo previsto no inciso I do mencionado artigo, desde que antes disso haja medida preparatória indispensável ao lançamento, situação em que se reiniciaria o prazo quinquenal.[224] Tal entendimento, evidentemente, é alvo de críticas;[225] por fim, (iv) há a hipó-

---

224. "[...] 12. Por seu turno, nos casos em que inexiste dever de pagamento antecipado (tributos sujeitos a lançamento de ofício) ou quando, existindo a aludida obrigação (tributos sujeitos a lançamento por homologação), há omissão do contribuinte na antecipação do pagamento, desde que inocorrentes quaisquer ilícitos (fraude, dolo ou simulação), tendo sido, contudo, notificado de medida preparatória indispensável ao lançamento, fluindo o termo inicial do prazo decadencial da aludida notificação (artigo 173, parágrafo único, do CTN), independentemente de ter sido a mesma realizada antes ou depois de iniciado o prazo do inciso I, do artigo 173, do CTN. [...]." REsp 766.050/PR, rel. Min. Luiz Fux, Primeira Seção, julgado em 28/11/2007, *DJ* 25/02/2008, p. 265.

225. "O julgado acima adotou entendimento diverso: o parágrafo único do artigo 173 seria uma exceção ao *caput*, de modo que bastaria o início do procedimento fiscalizatório para que deixasse de fluir o prazo decadencial do *caput*. Noutras

tese de anulação do lançamento, nos termos do inciso II do art. 173.

No caso do ITCMD – nos dois tributos envolvidos por essa sigla –, há relevante discussão quanto à decadência, notadamente na hipótese "(i)" referida, é dizer, nos casos de lançamento de ofício. Trataremos individualmente das controvérsias aplicáveis, contudo, seguinte à descrição do critério temporal de suas regras-matrizes de incidência nos capítulos 7 e 8.

Por fim, no que diz respeito à prescrição,[226] regida pelo art. 174 do CTN, as situações relacionadas ao ITCMD não diferem substancialmente daquelas inerentes aos demais tributos: uma vez constituído definitivamente o crédito tributário pelo lançamento (aqui incluída a declaração do contribuinte nos casos dos tributos sujeitos ao lançamento por homologação[227]), o prazo para o exercício do direito de ação a ele relativo é de cinco anos. Não dispensaremos, assim, destacado tratamento ao tema.

Sobreleva pontuar, de todo modo, que em qualquer caso tanto decadência quanto prescrição relacionadas ao ITCMD são questões cuja normatividade está restrita à lei complementar consubstanciada no CTN, uma vez que este cuidou inteiramente da matéria.

---

palavras, pela decisão acima, mesmo que já estivesse fluindo o lustro contado do primeiro dia do exercício seguinte ao que o lançamento poderia ter sido efetuado, o direito de a Fazenda Pública lançar não se extinguiria com o encerramento dos cinco anos desde que, antes da extinção daquele direito, houvesse qualquer medida preparatória indispensável para o lançamento. Neste caso, esta medida daria ensejo a novo prazo. Conquanto apoiada em doutrina respeitável, a decisão não merece aplauso." SCHOUERI, Luís Eduardo. *Direito tributário*. 9. ed. São Paulo: Saraiva Educação, 2019. p. 705.

226. Entendida como "perda do direito do Fisco (poder-dever) de ajuizar a ação de execução do crédito tributário – a execução fiscal, disciplinada pela Lei nº 6.830/1980. O prazo prescricional flui a partir da data da 'constituição definitiva do crédito tributário', ou seja, do *lançamento eficaz*, assim entendido aquele regularmente comunicado, pela notificação ao devedor". COSTA, Regina Helena. *Código Tributário Nacional comentado em sua moldura constitucional*. Rio de Janeiro: Forense, 2021. p. 379.

227. Tal entendimento foi cristalizado com a edição da Súmula 436 do STJ, que enuncia: "A entrega de declaração pelo contribuinte reconhecendo o débito fiscal constitui o crédito tributário, dispensada qualquer outra providência por parte do fisco".

5.3.2 O art. 110 do CTN: impossibilidade da perversão dos conceitos de direito privado para fins de tributação

Malgrado não se cuide de matéria exclusivamente relacionada ao ITCMD, vale que tracemos breves considerações sobre o tratamento dado pelo CTN à inexorável interdisciplinaridade entre o direito tributário – admitido para fins propedêuticos como situado no domínio do direito público – e o direito privado, particularmente o direito civil, que rege as doações e a sucessão *causa mortis*. Eis o que prescreve o art. 110 do CTN:

> Art. 110. A lei tributária não pode alterar a definição, o conteúdo e o alcance de institutos, conceitos e formas de direito privado, utilizados, expressa ou implicitamente, pela Constituição Federal, pelas Constituições dos Estados, ou pelas Leis Orgânicas do Distrito Federal ou dos Municípios, para definir ou limitar competências tributárias.

A vetusta, muito embora controvertida, divisão do direito nos subdomínios dos direitos público e privado[228] é alvo de críticas, como a de Alfredo Becker, que reforça ser o Direito um todo sistêmico, de tal sorte que suas normas postas valem nos seus subdomínios; daí que seria ocioso falar na necessidade de as normas tributárias se aterem aos conceitos de direito privado:[229]

> Em resumo: as regras jurídicas que geram as relações jurídicas tributárias são regras jurídicas organicamente enquadradas

---

228. Apontando para diversos critérios e críticas a tal distinção, marcando inclusive sua natureza pedagógica, assim propõe Vicente Ráo: "Direito Público é o conjunto sistemático de princípios e de normas que disciplinam a organização e a atividade política e jurisdicional do Estado e das entidades políticas ou administrativas por ele criadas, bem como as suas relações, de igual caráter, mantidas com os indivíduos, regulando, ademais, os meios tendentes a assegurar a defesa da ordem jurídica, dentro da comunhão social. Direito privado é o conjunto sistemático de princípios e de normas que disciplinam as relações, desprovidas de natureza política ou jurisdicional, que os indivíduos mantêm entre si, ou com o Estado, ou com as entidades por ele criadas para a realização de seus fins próprios". RÁO, Vicente. *O direito e a vida dos direitos*. 3. ed. São Paulo: Revista dos Tribunais, 1991. v. 1. p. 190-191.

229. BECKER, Alfredo Augusto. *Teoria geral do direito tributário*. 6. ed. São Paulo: Noeses, 2013. p. 132-133.

> num único sistema que constitui o ordenamento jurídico de um Estado. Desta homogeneidade sistemática [...] decorre a consequência de que a regra de Direito Tributário ao fazer referência a conceito ou instituto de outro ramo de Direito, assim o faz, aceitando o mesmo significado jurídico que emergiu daquela expressão (fórmula ou linguagem literal legislativa), *quando ela entrou para o mundo jurídico* naquele outro ramo do Direito. Somente há deformação ou transfiguração pelo Direito Tributário, quando este, *mediante regra jurídica*, deforma ou transfigura aquele conceito ou instituto; ou melhor, quando o Direito Tributário cria uma nova *regra jurídica*, tomando como "dado" (matéria-prima para elaboração da nova regra jurídica) o "construído" (o conceito ou instituto jurídico de outro ramo do Direito).

Embora percuciente a crítica, parece-nos que a regra do CTN reforça um óbice indelével à legislação tributária, qual seja: o de alterar definição, conteúdo e alcance dos institutos de direito privado que foram utilizados pela CF para demarcar as competências tributárias das pessoas políticas.

Tratamos em item precedente (2.3) da repartição de competências tributárias levada a cabo pela CF, pois daí parte a absoluta impossibilidade de que a legislação tributária se descure dos conceitos de direito privado de que se vale implicitamente o texto constitucional e utilizados para outorga de competências às pessoas políticas.

Mais que isso, como aponta Alcides Jorge Costa,[230] mesmo alterações posteriores realizadas pela própria legislação civil não poderiam influir nos conceitos utilizados pela CF para distribuição das competências tributárias: isso implicaria conceber que o legislador federal, a quem cabe disciplinar a matéria, tivesse supremacia em relação ao Poder Constituinte, o que, decerto, é inadmissível.

Atualmente, entretanto, admitem-se, em geral, alterações quanto a conceitos de direito privado levadas a cabo pelo direito tributário quando eles não digam respeito a institutos

230. COSTA, Alcides Jorge. Direito tributário e direito privado. *In*: OLIVEIRA, Ricardo Mariz de; COSTA, Sérgio de Freitas (coord.). *Diálogos póstumos com Alcides Jorge Costa*. São Paulo: Instituto Brasileiro de Direito Tributário – IBDT, 2017. p. 91.

empregados pela CF para repartição de competências tributárias ou partilha de receitas entre os entes federativos.[231]

5.3.3 Planejamento patrimonial e sucessório e seus limites: arts. 116, parágrafo único, e 149, VII, do CTN

É controvertida a questão dos limites normativos aos planejamentos tributários realizados pelos contribuintes, bem assim o âmbito possível de atuação do Fisco na requalificação de negócios jurídicos por eles praticados para fins de lançamento, sobretudo em face dos princípios da certeza do direito e da segurança jurídica.

Em linhas gerais, admite-se que o planejamento tributário corresponda às "condutas lícitas do contribuinte, que visam a buscar o menor ônus fiscal legalmente possível", em decorrência de seu direito de auto-organização, que "repousa na autonomia da vontade e no princípio da legalidade da tributação, sobretudo porque lhe são constitucionalmente asseguradas a liberdade contratual, a livre-iniciativa e a propriedade privada".[232]

No que diz respeito ao ITCMD, a questão geralmente se insere no contexto dos planejamentos patrimoniais e sucessórios, levados a cabo não apenas com vistas à proteção patrimonial quanto a riscos de atividades profissionais ou empresariais,[233] mas também em busca da mais conveniente divisão da herança para se evitarem conflitos inerentes à concorrência sucessória, garantir a melhor forma de disposição de bens pelos herdeiros, antecipar alguns aspectos da transmissão e,

---

231. Nesse sentido: VASCONCELLOS, Roberto França de. Direito tributário e direito privado. *In*: OLIVEIRA, Ricardo Mariz de; COSTA, Sérgio de Freitas (coord.). *Diálogos póstumos com Alcides Jorge Costa*. São Paulo: Instituto Brasileiro de Direito Tributário – IBDT, 2017. p. 107.

232. SILVA, Rômulo Cristiano Coutinho da. *Planejamento tributário e segurança jurídica*. São Paulo: Quartier Latin, 2019. p. 27.

233. ESTEVAM, Priscila Lucenti *et al*. *Planejamento patrimonial*: família, sucessão e impostos. São Paulo: Editora B18, 2018. p. 190.

por óbvio, fazê-lo tendo em vista a racionalização e diminuição dos custos e tributos[234] envolvidos.

A doutrina nacional tende a associar a ideia de planejamento tributário ao conceito de *elisão*, é dizer, a adoção de mecanismos lícitos para se "evitar a subsunção tributária, com escopo de reduzir o tributo que seria devido ou postergar sua incidência".[235] O termo contrapõe-se, nessa ordem de convicções, à noção de *evasão*,[236] esta que se refere à utilização de meios ilícitos para evitar a tributação, reduzi-la ou postergá-la, valendo-se de simulações, dissimulações e fraudes. Hermes Huck aponta que as ideias de elisão e evasão ou, ainda, elisão lícita e elisão ilícita, guardam semelhança com as figuras adotadas pela doutrina anglo-americana que contrapõe *tax avoidance* a *tax evasion*.[237] A terminologia aqui referida nos parece conveniente, sobretudo por já se haver consagrado a distinguir entre condutas lícitas (elisão ou elusão) e ilícitas (evasão).

O parágrafo único do art. 116 do CTN estabelece que "a autoridade administrativa poderá desconsiderar atos ou negócios jurídicos praticados com a finalidade de dissimular a ocorrência do fato gerador do tributo ou a natureza dos elementos constitutivos da obrigação tributária, observados os procedimentos a serem estabelecidos em lei ordinária". Tal disposição foi inserida pela Lei Complementar nº 104/2001.

Ao lado da figura da *dissimulação*, referida pela disposição em apreço, o CTN já estabelecia no inciso VII do art. 149

234. FONSECA, Priscila M. P. Corrêa da. *Manual do planejamento patrimonial das relações afetivas e sucessórias*. 2. ed. São Paulo: Thomson Reuters Brasil, 2020. p. 233.

235. BARRETO, Paulo Ayres. *Planejamento tributário*: limites normativos. São Paulo: Noeses, 2016. p. 157.

236. A questão terminológica aqui brevemente exposta não é livre de disputas. Hugo de Brito Machado, por exemplo, considera que o mais apropriado seria utilizar o termo "evasão" para designar a conduta lícita dos contribuintes. MACHADO, Hugo de Brito. *Comentários ao Código Tributário Nacional*. 2. ed. São Paulo: Atlas, 2008. v. II. p. 344.

237. HUCK, Hermes Marcelo. *Evasão e elisão*: rotas nacionais e internacionais. São Paulo: Saraiva, 1997. p. 36.

a possibilidade de lançamento de ofício "quando se comprove que o sujeito passivo, ou terceiro em benefício daquele, agiu com dolo, fraude ou simulação" na tentativa de mascarar ou suprimir – sempre ilicitamente – o fato jurídico tributário.

Decerto que os conceitos utilizados pelas normas gerais de direito tributário em apreço tomam-se de empréstimo do direito privado – razão pela qual deles tampouco se pode desgarrar para aumentar ou diminuir o espectro de atuação da Administração Tributária, nos termos do já referido art. 110 do CTN. Valem algumas considerações breves sobre tais conceitos.

A simulação é instituto de direito privado que encontra definição no art. 167 do Código Civil (CC), que dispõe:

> Art. 167. É nulo o negócio jurídico simulado, mas subsistirá o que se dissimulou, se válido for na substância e na forma.
>
> § 1º Haverá simulação nos negócios jurídicos quando:
>
> I – aparentarem conferir ou transmitir direitos a pessoas diversas daquelas às quais realmente se conferem, ou transmitem;
>
> II – contiverem declaração, confissão, condição ou cláusula não verdadeira;
>
> III – os instrumentos particulares forem antedatados, ou pós-datados.
>
> § 2º Ressalvam-se os direitos de terceiros de boa-fé em face dos contraentes do negócio jurídico simulado.

A simulação consiste em "celebrar-se um ato, que tem aparência de normal, mas que, na verdade, não visa ao efeito que juridicamente devia produzir".[238] Pode ser *absoluta* ou *relativa*. Absoluta será quando "o negócio encerra[r] confissão, declaração, condição ou cláusula não verdadeira, realizando-se para não ter qualquer eficácia"; será relativa ou corresponderá a uma dissimulação "quando o negócio tiver por

---

238. PEREIRA, Caio Mário da Silva. *Instituições de direito civil*: introdução ao direito civil: teoria geral de direito civil. 33. ed. Rio de Janeiro: Forense, 2020. v. I. p. 536-537.

objeto encobrir outro de natureza diversa (*e.g.*, uma compra e venda para dissimular uma doação), ou quando aparenta[r] conferir ou transmitir direitos a pessoas diversas daquelas às quais realmente se conferem ou transmitem".[239]

As considerações até aqui trazidas demonstram a distinção entre *simulação* e *dissimulação*, essa última referida pelo parágrafo único do art. 116 do CTN. Segundo Washington de Barros Monteiro, na simulação faz-se aparecer algo que inexiste, ao passo que na dissimulação oculta-se o que existe. Aponta, assim, que, "se a simulação é um fantasma, a dissimulação é uma máscara".[240]

Exemplo de dissimulação seria a celebração de contrato de compra e venda de imóvel entre cônjuge adúltero a seu cúmplice havida na constância do casamento, ato esse que se faz – no exemplo em apreço – apenas para mascarar efetiva doação, que seria anulável *ex vi* do art. 550 do CC. Como exemplo de simulação se poderia apontar uma doação de dinheiro em espécie que, em verdade, não se materializa com a tradição, tendo sido realizada apenas com o propósito de legitimar ganhos não declarados pelo donatário.

Quanto às fraudes que autorizam o lançamento de ofício referido no inciso VII do art. 149 do CTN, sua noção se associa à de falsidade[241] na tentativa de dar aparência de legalidade a ato ilícito vedado pelo ordenamento. Nela igualmente se exige

> a realização de ato ou atos amparados em lei ditada com finalidade diversa, que geram um resultado contrário ao previsto na norma jurídica. A fraude à lei tem como característica a aparente legalidade, a conveniência particular do sujeito, a utilização

---

239. PEREIRA, Caio Mário da Silva. *Instituições de direito civil*: introdução ao direito civil: teoria geral de direito civil. 33. ed. Rio de Janeiro: Forense, 2020. v. I. p. 536-537.

240. MONTEIRO, Washington de Barros; PINTO, Ana Cristina de Barros Monteiro F. *Curso de direito civil 1*: parte geral. 45. ed. São Paulo: Saraiva, 2016. p. 293.

241. DÓRIA, Antônio Roberto Sampaio. *Elisão e evasão fiscal*. 2. ed. São Paulo: José Bushatsky Editor, 1977. p. 58.

> de norma jurídica, porém com finalidade distinta da que originalmente possui e a violação do ordenamento jurídico.[242]

Distingue-se das simulações e dissimulações sobretudo porque, na fraude, o que se busca é contornar expressa norma proibitiva:[243]

> O negócio simulado quer produzir uma aparência; o negócio fraudulento uma realidade. O negócio simulado é fictício, não querido; o negócio fraudulento é sério, real e realizado para obter um resultado proibido pelo ordenamento. O negócio simulado não é um meio de iludir a lei, mas sim de ocultar sua violação; o negócio fraudulento pretende contornar proibição legal. Embora tanto o negócio simulado quanto o negócio em fraude à lei sejam nulos, é possível que o negócio dissimulado subsista, na hipótese de ser válido na substância e na forma.

Por fim, deve-se entender pelo dolo a que se refere o art. 145 do CC o "artifício ou expediente astucioso empregado para induzir alguém à prática de um ato que o prejudica, e aproveita ao autor do dolo ou terceiro",[244] sendo causa de anulação dos negócios jurídicos.

A par de tais ponderações, muito se discute se a inserção do parágrafo único no art. 116 do CTN pela Lei Complementar nº 104/2001 teria inaugurado uma norma geral antielisiva.

Decerto que assim considera parte da doutrina,[245] para a qual a referência à *dissimulação* naquele texto não se deve pren-

---

242. HUCK, Hermes Marcelo. *Evasão e elisão*: rotas nacionais e internacionais. São Paulo: Saraiva, 1997. p. 103.

243. BOZZA, Fábio Piovesan. *Planejamento tributário e autonomia privada*. São Paulo: Quartier Latin, 2015. v. XV. Série Doutrina Tributária. p. 189.

244. MONTEIRO, Washington de Barros; PINTO, Ana Cristina de Barros Monteiro F. *Curso de direito civil 1*: parte geral. 45. ed. São Paulo: Saraiva, 2016. p. 268.

245. "Por sua vez, Ricardo Lobo Torres e Marco Aurélio Greco consideram que o parágrafo único do art. 116, do CTN veicula uma norma geral antielisão ou antielusão ou antiabuso, que não se confunde com as hipóteses previstas no art. 149, inc. VII, do CTN, relativas à ocorrência de dolo, fraude ou simulação. A expressão 'dissimular', portanto, não teria o sentido próprio de simulação do Direito Privado, mas um sentido diverso." MONTEIRO, Washington de Barros; PINTO, Ana Cristina de

der à noção que lhe outorga o direito civil, havendo, pois, em tal disposição, a inauguração da possibilidade de anulação pela Administração Tributária de economias tributárias que o contribuinte porventura obtiver por meio de associação de sua conduta à de abuso de direito. A quem sustenta tal posição, contudo, deve-se desde logo apontar que a disposição restaria ineficaz em termos técnicos, ante a ausência de norma regulamentadora de sua aplicação, tal como demanda o texto em voga.

De todo modo, a ideia de existência de uma norma geral antielisiva não nos parece a interpretação mais adequada e consentânea tanto com as demais disposições do CTN quanto, sobretudo, com o texto constitucional. Em verdade, como bem pontua Misabel Derzi, "inexiste no direito positivo nacional cláusula geral antielisiva[246]". O que se pode admitir, sim, é, como propõe Regina Helena Costa, a existência de uma norma geral "antievasiva" ou "antissimulatória".[247]

Em outros dizeres, concorre o parágrafo único do art. 116 do CTN, ao prever a possibilidade de desconsideração de negócios dissimulados, com a noção da possibilidade de lançamento de ofício diante das simulações de que trata o referido inciso VII do art. 149 do mesmo diploma. Há um claro reforço quanto à legitimação da atuação da Fazenda Pública para a desconsideração de negócios simulados ou dissimulados; não mais que isso.[248]

Barros Monteiro F. *Curso de direito civil 1*: parte geral. 45. ed. São Paulo: Saraiva, 2016. p. 295.

246. DERZI, Misabel Abreu Machado. Nota de atualização à obra de Aliomar Baleeiro. *In*: BALEEIRO, Aliomar. *Limitações constitucionais ao poder de tributar.* 7. ed. rev. e compl. à luz da Constituição de 1988 até a Emenda Constitucional nº 10/1996. Atualizada por Misabel Abreu Machado Derzi. Rio de Janeiro: Forense, 1997. p. 1107.

247. COSTA, Regina Helena. *Código Tributário Nacional comentado em sua moldura constitucional.* Rio de Janeiro: Forense, 2021. p. 250.

248. Nesse sentido: "Em síntese, nos termos em que hoje está posta, sustentamos seja a norma geral antielisiva representativa da inadequada aplicação de praticabilidade fiscal, porquanto, embora de forma induvidosa torne mais facilmente exequível o controle de atos e negócios jurídicos pelo Fisco, revela-se ofensiva à segurança jurídica, em razão de suas acentuadas generalidade e latitude, demandando, a nosso ver, que outra lei venha a estatuir as hipóteses de sua aplicação, sob pena de

Com efeito, o direito tributário nacional se erige a partir da Constituição, esta que, para além de repartir analiticamente competências tributárias aos entes federativos a partir de materialidades bem definidas (*vide* item 2.3), se sustenta nos princípios da legalidade e da tipicidade estrita (art. 150, I, da CF). Tal peculiaridade *per se* torna incompatíveis com o sistema pátrio a tributação por analogia (vedação reforçada pelo art. 108, § 1º, do CTN) e, por conseguinte, a pretensão de se dar interpretação econômica do direito tributário. Ademais, a redação do art. 110 do CTN de que se tratou anteriormente (item 5.3.2) é bastante clara a vedar que se pervertam conceitos de direito privado no afã de melhor ajustar práticas dos contribuintes a condutas mais gravosas para fins de definição da incidência tributária.

A interpretação econômica do direito tributário, tal como tomada do direito alemão, não viaja bem; não se presta ao regime constitucional brasileiro, ao qual é, ao contrário, írrita.[249] O mesmo se diga da pretensão de se elegerem razões extratributárias ou utilidades negociais (*business purposes*) como critérios por si sós justificadores de desconsideração dos atos praticados pelos contribuintes: inexiste no direito pátrio o constrangimento legal que imponha aos indivíduos a "obrigação de optar, *a priori* e por definição, pela via mais onerosa do ângulo tributário, ainda que a preferencialmente utilizada pelas vantagens relativas ao direito civil ou comercial".[250]

---

conceder-se demasiada liberdade ao administrador fiscal na desconsideração de atos e negócios jurídicos". COSTA, Regina Helena. *Código Tributário Nacional comentado em sua moldura constitucional.* Rio de Janeiro: Forense, 2021. p. 251.

249. "Em consequência, o direito brasileiro, por sua notória inclinação legalista, revela-se infenso a tais métodos interpretativos. Primeiramente, a estrita legalidade dos tributos é cânone de natureza constitucional [...]. Ora, se o legislador prefere, para instituir a tributação, a terminologia jurídico-formal à indicação do conteúdo econômico, como pode o aplicador da lei, salvo se se transmudar em seu autor, inverter tal prioridade? [...] Além disso, inexiste no plano da legislação ordinária no Brasil preceito equivalente ao do Código Alemão (admitida fosse, para argumentar, a constitucionalidade de tal dispositivo em face do aludido art. 153, § 29, da Constituição Federal)." DÓRIA, Antônio Roberto Sampaio. *Elisão e evasão fiscal.* 2. ed. São Paulo: José Bushatsky Editor, 1977. p. 96-97.

250. Ibidem, p. 77.

Com efeito, pretender interpretações econômicas ou identificar propósitos negociais, se já não nos parece coadunar com o ordenamento em vigor, com mais razão se mostra um sem-sentido quando da interpretação dos atos próprios aos planejamentos familiares e sucessórios comumente afetados pelo ITCMD. É que a estruturação de relações patrimoniais familiares não raras vezes se reveste precisamente de lógicas antieconômicas, cujos efeitos positivos se ligam à melhor preservação de relações afetivas e ao estabelecimento de segurança financeira em vista de peculiaridades e capacidades dos membros de um núcleo familiar etc.

Nesse sentido, planejamentos sucessórios envolvem uma miríade de possibilidades de atos e negócios jurídicos. Há, por exemplo, certa liberdade de eleição de domicílios quando exista pluralidade de residências (art. 71 do CC e art. 127 do CTN), o que pode repercutir em atos de doação e na abertura da sucessão para direcionamento a alíquotas mais favoráveis do ITCMD. Da mesma maneira, podem-se utilizar de contratos típicos, tais como o comodato (art. 579 do CC) com efeitos próximos mas distintos de doações ou atribuições de direito de uso ou usufruto; e a realização de vendas entre ascendentes e descendentes aquiescidas pelos demais e pelo cônjuge, a se evitar questionamentos sobre a legítima. Bem assim, a alocação de bens e a de direitos em jurisdições estrangeiras – tal como a adoção de certos institutos alienígenas não integralmente abrangidos pela legislação nacional – mostram-se mecanismos legítimos de planejamento patrimonial com efeitos possivelmente tributários.

Finalmente, são incontáveis as alternativas jurídicas lícitas de que se valem os indivíduos para proceder a planejamentos patrimoniais ou sucessórios – inclusive com vistas à elisão tributária –, sendo tais negócios insusceptíveis de desconsideração pelo Fisco no atual regime do CTN.

Enfim, a disposição do parágrafo único do art. 116 do CTN não se pode aplicar de maneira dissociada da do já referido inciso VII do art. 149 do mesmo diploma. Não nos parece haver utilidade especial na disposição, para além de expressar a hipótese de desconsideração de negócios dissimulados, já abrangida pelo conceito de simulação (vale rememorar que à dissimulação equivale, como se demonstrou acima, a noção de simulação relativa).

Apenas diante de situações marcadamente ilícitas concernentes às simulações ou dissimulações, enfim, é que poderá a Administração Tributária desconstituir a presunção de legitimidade de que gozam os atos e negócios praticados pelos contribuintes; isso, necessariamente, mediante apresentação fundamentada das provas que embasem tal acusação.[251] Eis o regime preconizado pela legislação complementar em vigor na disciplina dos planejamentos patrimoniais e sucessórios envolvendo o ITCMD.

---

251. "O princípio da certeza das relações jurídicas (segurança, enfim) enforma e conforma a presunção de validade ou de legitimidade dos atos jurídicos. A estabilidade do Direito repousa, assim, na aparência ou na forma de aparente legitimidade dos atos jurídicos. Desconsideração dos atos e negócios jurídicos dissimulatórios, autorizada pelo parágrafo único do art. 116, repousa, pois, no pressuposto da demonstração pela Fazenda Pública da ocorrência do fato gerador, ou seja, da prova dos atos e negócios reais, que na realidade se constituíram." DERZI, Misabel Abreu Machado. Nota de atualização à obra de Aliomar Baleeiro. *In*: BALEEIRO, Aliomar. *Limitações constitucionais ao poder de tributar.* 7. ed. rev. e compl. à luz da Constituição de 1988 até a Emenda Constitucional nº 10/1996. Atualizada por Misabel Abreu Machado Derzi. Rio de Janeiro: Forense, 1997. p. 1110.

6

AS IMUNIDADES E ALGUNS PRINCÍPIOS RELACIONADOS AO ITCMD

6.1 As imunidades em relação ao ITCMD

A CF não dispensou aos impostos sobre a transmissão de propriedade *causa mortis* ou doação regras imunizantes específicas, de sorte que sobre tais tributos atuam apenas as imunidades genéricas de que trata o art. 150, VI, da Carta Magna. Passaremos a abordar especificamente as imunidades relacionadas ao ITCMD, expondo algumas de suas implicações.

Iniciamos tal análise pela imunidade das pessoas políticas de que trata o art. 150, VI, "a", que as impossibilita de instituírem impostos sobre "o patrimônio, a renda e os serviços" umas das outras, bem como, *ex vi* do § 2º da mesma disposição, pela extensão de tal regra às "autarquias e às fundações instituídas e mantidas pelo Poder Público, no que se refere ao patrimônio, à renda e aos serviços, vinculados a suas finalidades essenciais ou às delas decorrentes".

Decerto que a imunidade recíproca é corolário do princípio federativo, bem assim da noção de igualdade formal entre as pessoas políticas. Pudesse uma pessoa política exigir tributos de outra, comprometeria sua autonomia, obstaculizando potencialmente a realização de suas funções institucionais.[252] Mas não é só. O fundamento de tal imunidade repousa também na ausência de capacidade contributiva, isso porque todas as atividades econômicas das pessoas políticas "nunca representam capacidade contributiva, porque toda a riqueza do Estado já serve diretamente às finalidades públicas e seria sem sentido atribuir-lhe uma capacidade de contribuição às finalidades para as quais toda sua atividade e existência mesma estão destinadas".[253] É a ausência de capacidade contributiva, aliás, que fundamenta a extensão da imunidade em apreço às autarquias e fundações mantidas pelo Poder Público, bem assim às empresas públicas.[254]

Quando se fala em *patrimônio* para fins de aplicação da imunidade, deve-se compreender toda a universalidade de bens, direitos e obrigações da pessoa política em questão. Por *renda*, entende-se todo acréscimo patrimonial decorrente do exercício de certa atividade, venda de bem ou prestação de serviços, que, evidentemente, deve ser um serviço público.[255]

Já as *finalidades essenciais* abrangidas pela imunidade em relação às autarquias e fundações instituídas pelo Poder Público são aquelas atividades inerentes à sua razão de ser ou ao seu objetivo institucional.

Deve-se, por fim, atentar que o § 3º do referido art. 150 exclui da imunidade o patrimônio, a renda e os serviços relacionados às atividades econômicas regidas pelas normas de direito privado ou em que haja contraprestação ou pagamento

---

252. CARRAZZA, Roque Antonio. *Curso de direito constitucional tributário*. 32. ed. São Paulo: Malheiros Editores, 2019. p. 619.

253. JARACH, Dino. *El hecho imponible*. Buenos Aires: Abeledo-Perrot, 1982. p. 200.

254. BALEEIRO, Aliomar. *Limitações constitucionais ao poder de tributar*. 7. ed. rev. e compl. à luz da Constituição de 1988 até a Emenda Constitucional nº 10/1996. Atualizada por Misabel Abreu Machado Derzi. Rio de Janeiro: Forense, 1997. p. 294.

255. COSTA, Regina Helena. *Imunidades tributárias*: teoria e análise da jurisprudência do STF. 3. ed. São Paulo: Malheiros Editores, 2015. p. 153-154.

de preços ou tarifas pelo usuário. É o que se dá, por exemplo, no caso de atividades realizadas por empresas públicas, sociedades de economia mista ou suas subsidiárias. Deve-se atentar, contudo, para a jurisprudência do STF, que vem no sentido de admitir a extensão da imunidade em apreço às sociedades de economia mista controladas pelo Poder Público que realizem prestação de serviços públicos essenciais em regime que não ponha em risco a livre concorrência.[256]

Em linhas gerais, pois, atendidos os critérios em questão, é certo que doações ou transmissões *causa mortis* realizadas aos sujeitos abrangidos pela imunidade em apreço são intributáveis pelo ITCMD.

O STF teve oportunidade de reafirmar tal situação por ocasião do julgamento do RE 732.619,[257] quando se cuidava de afastar a tributação de doação de imóvel à Seccional da Ordem dos Advogados do Brasil (OAB). Em referido julgado, entendeu-se que, estando a entidade sujeita à imunidade recíproca conforme histórica posição da Suprema Corte, o ITCMD estaria, sim, abrangido pela regra imunizante, situação também já consagrada pela jurisprudência desse tribunal.

A segunda classe de imunidades prevista pelo art. 150, VI, da CF está contida em sua alínea "b" e em seu § 4º, e trata dos templos de qualquer culto. Tal imunidade compreende o patrimônio, a renda e os serviços relacionados às suas finalidades essenciais, estas compreendidas, conforme mencionamos anteriormente, como aquelas inerentes à sua natureza.

Doações e transmissões *causa mortis* realizadas a entidades religiosas, portanto, são intributáveis pelo ITCMD, desde que seu produto seja destinado às suas finalidades essenciais.

---

256. Nesse sentido: RE 253.472, rel. Marco Aurélio, rel. p/ acórdão Joaquim Barbosa, Tribunal Pleno, julgado em 25/08/2010, *DJe*-020, divulg. 31/01/2011, public. 01/02/2011, ement vol-02454-04, PP-00803, *RTJ* vol-00219-01, PP-00558.

257. RE 732.619 AgR, rel. Luiz Fux, Primeira Turma, julgado em 28/06/2016, *DJe*-166, divulg. 08/08/2016, public. 09/08/2016.

Conforme orientação do STF, deve-se atentar às entidades consideradas imunes, que gozam da presunção de que seu patrimônio, renda e serviços destinam-se às suas finalidades essenciais, cabendo à Administração Tributária prova em sentido contrário durante o procedimento de lançamento.[258] Não se admite, pois, o subterfúgio da utilização do lançamento de ofício como tentativa de verdadeira inversão desse ônus probatório, pela posterior inscrição em dívida ativa, que há de ostentar presunção de validade: o título constituído a partir da violação da presunção de imunidade há de se reconhecer como nulo.

Por fim, devemos atenção à imunidade do art. 150, VI, "c", e § 4º, da Carta Política, que versa sobre patrimônio, renda ou serviços dos partidos políticos e suas fundações, das entidades sindicais de trabalhadores, bem assim de instituições de educação e assistência social sem fins lucrativos, sempre que estejam ligados às suas atividades essenciais, e "atendidos os requisitos da lei".

Como bem aponta Regina Helena Costa, a remissão à regulamentação legal da matéria pela Constituição demonstra que as imunidades em apreço são condicionáveis pela lei, sendo esta necessariamente do *status* de leis complementares,[259] por força do art. 146, II, da Carta Política. Cabe exclusivamente à lei complementar, como tratamos no capítulo 5, disciplinar as limitações constitucionais ao poder de tributar, entre as quais estão as imunidades.

---

258. ARE 1.059.196 AgR, rel. Luiz Fux, Primeira Turma, julgado em 31/10/2017, *DJe*-258, divulg. 13/11/2017, public. 14/11/2017.

259. "Pensamos que a cláusula 'atendidos os requisitos de lei', contida no art. 150, VI, 'c', refere-se, efetivamente, aos requisitos que podem ser estabelecidos para condicionar a fruição do benefício, já que a norma trata, exatamente, dos entes contemplados com a exoneração tributária em matéria de impostos que recaiam sobre seu patrimônio, renda e serviços. Parece-nos que esta cláusula não se reporta às condições para a existência e legalização da pessoa imune – e, assim, irrelevante para o tema em análise afirmar que estas podem ser estabelecidas por lei ordinária." COSTA, Regina Helena. *Imunidades tributárias*: teoria e análise da jurisprudência do STF. 3. ed. São Paulo: Malheiros Editores, 2015. p. 180.

De se registrar que o STF reafirmou tal posição ao julgar o RE 566.622/RS, cuja ementa é bastante esclarecedora ao pontificar: "ante a Constituição Federal, que a todos indistintamente submete, a regência de imunidade faz-se mediante lei complementar". O precedente deu azo ao enunciado do Tema nº 32[260] de Repercussão Geral da Corte Suprema, que também apreciou a matéria nas ADIs 2.028, 2.036, 2.228 e 4.480.[261]

Destarte, se é certo que leis ordinárias podem dispor sobre questões procedimentais relativas à certificação, à fiscalização e ao controle administrativo das entidades beneficentes, por outro lado os aspectos ligados à imunidade em si considerada hão de reger-se única e exclusivamente por lei complementar, a qual, aliás, deve apenas detalhar os requisitos em pauta, sem os inovar ou os agravar,[262] sob pena de irremissível inconstitucionalidade.

Atualmente, a questão é disciplinada pelo art. 14 do CTN, cuja transcrição se faz oportuna:

> Art. 14. O disposto na alínea c do inciso IV do artigo 9º é subordinado à observância dos seguintes requisitos pelas entidades nele referidas:
>
> I – não distribuírem qualquer parcela de seu patrimônio ou de suas rendas, a qualquer título; (Redação dada pela Lcp nº 104, de 2001)

---

260. "A lei complementar é forma exigível para a definição do modo beneficente de atuação das entidades de assistência social contempladas pelo art. 195, § 7º, da CF, especialmente no que se refere à instituição de contrapartidas a serem por elas observadas. Obs.: Redação da tese aprovada no julgamento do RE 566622 ED, realizado em 18/12/2019."

261. ADI 4.480, rel. Gilmar Mendes, Tribunal Pleno, julgado em 27/03/2020, *DJe*-089, divulg. 14/04/2020, public. 15/04/2020.

262. "Melhor elucidando, o próprio constituinte já indicou o *aspecto material* para o desfrute da imunidade: ausência de fins lucrativos. Absolutamente não atribuiu competência ao legislador complementar para abrir ou fechar as portas da tributação contra os partidos políticos e suas fundações, os sindicatos de empregados e as instituições de educação e assistência social; mas, pelo contrário, limitou-se a permitir detalhe dos requisitos pertinentes e adequados à fruição da desoneração constitucional em tela." CARRAZZA, Roque Antonio. *Curso de direito constitucional tributário*. 32. ed. São Paulo: Malheiros Editores, 2019. p. 657.

> II – aplicarem integralmente, no País, os seus recursos na manutenção dos seus objetivos institucionais;
>
> III – manterem escrituração de suas receitas e despesas em livros revestidos de formalidades capazes de assegurar sua exatidão.
>
> § 1º Na falta de cumprimento do disposto neste artigo, ou no § 1º do artigo 9º, a autoridade competente pode suspender a aplicação do benefício.
>
> § 2º Os serviços a que se refere a alínea c do inciso IV do artigo 9º são exclusivamente, os diretamente relacionados com os objetivos institucionais das entidades de que trata este artigo, previstos nos respectivos estatutos ou atos constitutivos.

Atendidos os requisitos em apreço, pois, doações e transmissões *causa mortis* feitas aos partidos políticos e suas fundações, bem como às entidades sindicais dos trabalhadores e às instituições de educação e assistência social, estão abrangidas pela imunidade.

As controvérsias existentes sobre o tema no Judiciário muitas vezes envolvem a prova dos requisitos ao gozo da imunidade ou mesmo eventuais exigências procedimentais impostas pela Administração Tributária a pretexto da certificação da imunidade. Afora tais aspectos da casuística, importa que se registre, conforme orientação do STJ,[263] que as decisões que reconhecem o *status* de filantropa às entidades imunes possuem eficácia *ex tunc*; assim, prestam-se a estender a imunidade a eventuais doações ou transmissões *causa mortis* havidas antes de tal reconhecimento.[264] Ou seja, tendo

263. "A jurisprudência do STJ, alinhada à orientação do STF, firmou-se no sentido de reconhecer o cunho declaratório do Certificado de Entidades de Fins Filantrópicos (Cebas), cuja manifestação administrativa apenas reconhece situação preexistente da entidade e, consequentemente, possuiu efeito *ex tunc* à data em que preenchidos os requisitos legais. Precedentes [...]." AgInt no REsp 1.591.624/RS, rel. Min. Humberto Martins, Segunda Turma, julgado em 14/06/2016, *DJe* 21/06/2016.

264. Nesse sentido: "Tributário – ITCMD – Imunidade – Entidade beneficente de assistência social – Lar de idosos – Ausência de finalidade lucrativa – Atividade desenvolvida para prestação de serviços na área de assistência social – Recebimento de legado – Integralização ao patrimônio da entidade – Inexigibilidade de pagamento do ITCMD – Caráter filantrópico da entidade – Incidência do artigo 150, inciso VI, alínea 'c', da Constituição da República – Caráter meramente declaratório da decisão que

haurido o reconhecimento administrativo de sua imunidade por meio de certificação nesse sentido (Certificação de Entidades Beneficentes de Assistência Social na Área de Educação – Cebas), poderá a entidade imune impugnar a incidência do ITCMD em relação a transmissões anteriores ou, ainda, vindicar a devida repetição do indébito.

Dispõe ainda o art. 150, VI, da Constituição em sua alínea "d" sobre a imunidade sobre os "livros, jornais, periódicos e o papel destinado a sua impressão". Trata-se de imunidade que "não alcança outros tributos que não os impostos que incidam sobre os objetos da tutela constitucional. Alargar-se o alcance da imunidade em tela é transformar seu caráter objetivo em subjetivo – de maior abrangência [...]".[265]

Assim, é certo que tal imunidade não abrange, por exemplo, o imposto sobre a renda da editora ou do livreiro, de jornalistas ou mesmo da indústria papeleira: o que se evita é a tributação direta sobre os objetos em questão; nesse sentido, digno de nota que a Suprema Corte considera passível um alargamento da literalidade da disposição constitucional de maneira a prestigiar a efetividade teleológica da regra imunizante. Foi o que se deu no julgamento do RE 330.817[266] em regime de repercussão geral, o qual levou à fixação do Tema nº 593 dessa Corte, assim redigido: "A imunidade tributária constante do art. 150, VI, 'd', da CF/88 aplica-se ao livro eletrônico (*e-book*), inclusive aos suportes exclusivamente utilizados para fixá-lo".

Em geral, a doutrina aponta que os tributos abrangidos pela imunidade em voga seriam o Imposto de Importação (II),

---

reconhece a isenção – Efeitos 'ex tunc' – Inexigibilidade de créditos pretéritos – Precedentes jurisprudenciais do STJ e desta Corte – Sentença mantida – Recurso não provido". TJSP, Apelação Cível 1017328-67.2019.8.26.0451, rel. Percival Nogueira, 8ª Câmara de Direito Público, julgado em 24/02/2021, data de registro 24/02/2021.

265. COSTA, Regina Helena. *Imunidades tributárias*: teoria e análise da jurisprudência do STF. 3. ed. São Paulo: Malheiros Editores, 2015. p. 203.

266. RE 330.817, rel. Dias Toffoli, Tribunal Pleno, julgado em 08/03/2017, Repercussão Geral – Mérito *DJe*-195, divulg. 30/08/2017, public. 31/08/2017.

o Imposto de Exportação (IE), o Imposto sobre a Circulação de Mercadorias e Serviços (ICMS), o Imposto sobre Produtos Industrializados (IPI) e o Imposto Sobre Serviços (ISS). A nós, entretanto, inexiste razão para serem excluídos desse rol os tributos sobre a transmissão gratuita de bens, é dizer, o ITCMD.

Doações ou transmissões *causa mortis* de acervos literários, por exemplo, parecem-nos abrangidas pela regra imunizante; basta que se cuide de "livros, jornais ou periódicos". Seria de efeito questionável admitir que os caros valores de proteção à liberdade de pensamento e comunicação, bem assim a propagação da cultura e educação abrangidos pela norma imunizante, estivessem mais bem servidos por uma imunidade que é extensível às vendas de livros, mas não às suas doações ou transmissões por herança ou legado. Doações de tais bens, a nosso ver, devem ser abrangidas pela imunidade.

Por fim, há de se registrar que ao ITCMD também se aplica a imunidade diplomática,[267] positivada pelo direito internacional por meio da Convenção de Viena sobre Relações Diplomáticas (aprovada pelo Decreto Legislativo nº 103/1964, promulgado pelo Decreto nº 56.435/1965) e da Convenção de Viena sobre Relações Consulares (aprovada pelo Decreto Legislativo nº 6/1964, promulgado pelo Decreto nº 61.078/1967), ambas incorporadas ao direito interno por força do art. 98 do CTN.

Assim, as transmissões não onerosas aos órgãos de representação consular de Estados estrangeiros no Brasil são consideradas imunes, conforme, inclusive, reconhece a Corte Suprema. Tal posição se reafirmou no julgamento de caso em

267. "A natureza da exoneração fiscal é a de vera imunidade. Torna invioláveis os bens, rendas ou serviços de agentes diplomáticos e das legações estrangeiras. É uma qualidade do diplomata, um atributo do Estado em seu relacionamento internacional, 'um predicamento moral e jurídico derivado dos princípios do Direito Natural, consagrados pelo Direito Público moderno', um princípio do Direito das Gentes, superior ao direito interno. Tem por conseguinte, existência pré-constitucional, não sendo jamais concessão do direito positivo do Estado tributante ou de tratados internacionais aprovados pelo parlamento." TORRES, Ricardo Lobo. *Tratado de direito constitucional financeiro e tributário*: os direitos humanos e a tributação: imunidades e isonomia. Rio de Janeiro: Renovar, 1999. v. III. p. 317.

que o Estado de Minas Gerais pretendia a incidência do ITCMD sobre doação de imóvel feita ao Consulado Honorário de Moçambique. O entendimento do STF foi de que a situação se amoldava à hipótese de imunidade diplomática, decorrente das referidas Convenções de Viena de 1961 e 1963.[268]

Eis, em linhas gerais, as imunidades relacionadas ao imposto sobre doações e transmissões *causa mortis* e doação.

6.2 O ITCMD e o princípio da legalidade

Sob o influxo dos princípios democrático e republicano, a legalidade constitui uma das mais relevantes garantias inerentes à tributação. A evolução desse princípio tal como o concebemos atualmente, i.e., como garantia de participação de uma vontade coletiva para a imposição de tributos por meio da edição de um documento legislativo produzido por um órgão de representação,[269] costuma centrar-se historicamente na *Magna Charta*, e o sentimento de sua necessidade sem dúvida foi um dos fatores que contribuiu para grandes fenômenos, como as setecentistas revoluções americana e francesa.[270]

E foi precisamente a partir das experiências revolucionárias americana e francesa que a legalidade tributária passou por um processo de constitucionalização. Atrelada à noção de Estado de Direito, que supõe a partição do Poder, a ideia de legalidade e tributação viceja em diversas Constituições. Victor Uckmar anota que todas as Constituições vigentes à época de seus estudos (exceção feita à soviética) estabeleceram que

268. ACO 2.569 ED, rel. Luiz Fux, Primeira Turma, julgado em 24/02/2015, *DJe*-049, divulg. 12/03/2015, public. 13/03/2015.

269. CARRAZZA fala em "autotributação, no sentido de que há consentimento dos representantes daqueles que hão de suportar os tributos, bem como a estrita vinculação da ação arrecadatória ao produto legislado, de sorte a que esteja guarnecida a segurança jurídica a salvaguarda da propriedade" CARRAZZA, Roque Antonio. *Curso de direito constitucional tributário*. 32. ed. São Paulo: Malheiros Editores, 2019. p. 206.

270. BURG, David F. *A World History of Tax Rebellions*: An Encyclopedia of Tax Rebels, Revolts, and Riots from Antiquity to the Present. New York: Routledge, 2004. p. vi.

"os impostos devem ser aprovados pelos órgãos legislativos competentes, preceito que, pelo menos nos Estados de Direito, não seria nem mesmo necessário [...]".[271]

Não é diferente no caso brasileiro, em que diversas são as passagens do texto constitucional reservadas ao tema, senão vejamos: (i) o art. 5º, II, proclama que "ninguém será obrigado a fazer ou deixar de fazer alguma coisa senão em virtude de lei", estatuindo a legalidade como quadrante geral de ordenação das condutas; (ii) o art. 37 introduz o princípio da legalidade administrativa, que vincula toda ação da Administração de sorte que só lhe é permitido fazer aquilo que for expressamente autorizado por lei;[272] (iii) por fim, no que diz respeito à tributação, há o art. 150, I, que veda à União, aos Estados, ao Distrito Federal e aos Municípios "exigir ou aumentar tributo sem lei que o estabeleça". A legalidade, enfim, é um dos pilares do sistema constitucional em geral, e do sistema constitucional tributário em particular, como aponta Humberto Ávila:[273]

> A Constituição Brasileira exige, no artigo 150, I, em conjunto com seu artigo 5º, II, a edição de lei (ordinária, art. 59 e ss.) para instituição ou aumento de tributos. Nesse caso, somente o Poder Legislativo por meio do procedimento legislativo pode instituir ou aumentar tributos.
>
> Considerando que o Poder Executivo deve executar a lei (art. 76 e ss., especialmente o art. 84, IV), que o Poder Judiciário deve editar normas individuais (art. 92 e ss.) e que os três poderes são independentes e harmônicos entre si (art. 2º), a lei deve ser geral e abstrata, sob pena de violar as competências de outros

271. UCKMAR, Victor. *Princípios comuns de direito constitucional tributário*. Tradução de Marco Aurélio Greco. São Paulo: Revista dos Tribunais; EDUC, 1976. p. 24.

272. Valendo a clássica distinção entre a liberdade dos particulares e a vinculação da Administração à legalidade: "Na Administração Pública não há liberdade nem vontade pessoal. Enquanto na administração particular é lícito fazer tudo o que a lei não proíbe, na Administração Pública só é permitido fazer o que a lei autoriza. A lei para o particular significa 'pode fazer assim'; para o administrador público significa 'deve fazer assim'". MEIRELLES, Hely Lopes. *Direito administrativo brasileiro*. 41. ed. São Paulo: Malheiros Editores, 2015. p. 91.

273. ÁVILA, Humberto. *Sistema constitucional tributário*. 5. ed. São Paulo: Saraiva, 2012. p. 176.

> Poderes. Daí decorre a proibição de os regulamentos e atos administrativos violarem a lei (supremacia da lei). A administração deve executar a lei, que possui presunção de validade, por meio de regulamentos executivos a serem editados quando necessários à aplicação da lei.

A especial posição que a legalidade ocupa no sistema tributário brasileiro encontra eco nas disposições do CTN, que em diversas oportunidades lhe faz referência, a saber: (i) em seu art. 9º, I, que veda a instituição ou majoração de tributos à míngua de lei; (ii) em seu art. 97, quando reforça que somente a lei poderá fixar, majorar ou extinguir tributos, definir seus fatos geradores, alíquotas e bases de cálculo, bem como dispor sobre penalidades tributárias e hipóteses de regência do crédito tributário. Pode-se falar também (iii) no art. 115, que estabelece a lei como requisito à instituição de deveres instrumentais.

O próprio texto constitucional estabelece pontuais situações de mitigação do princípio da legalidade em homenagem ao princípio da praticidade e no afã de potencializar a utilização de certos tributos com natureza extrafiscal. É o caso do art. 153, § 1º, que possibilita que o Executivo – dentro de patamares fixados por lei – alterar as alíquotas dos impostos sobre a Importação e Exportação, do Imposto sobre Produtos Industrializados (IPI) e do Imposto sobre Operações Financeiras (IOF). Da mesma forma, a controversa[274] redação do art. 177, § 4º, inserido pela EC nº 33/2010, possibilita a alteração das alíquotas da contribuição de intervenção no domínio econômico sobre a importação ou comercialização de combustíveis.

Decerto que, havendo clara estipulação constitucional das precisas hipóteses em que tal espécie de mitigação pode ocorrer, todo e qualquer avanço distinto significa evidente

274. Concordamos com a objeção à referida alteração, assim sustentada por Regina Helena Costa: "Tal dispositivo é de constitucionalidade duvidosa, porquanto tal mitigação do princípio da legalidade tributária (e também da anterioridade da lei tributária) vem a lume por meio de emenda constitucional, o que evoca provável ofensa à cláusula pétrea consubstanciada no respeito aos direitos e garantias individuais (art. 60, § 4º, IV, CR)". COSTA, Regina Helena. *Código Tributário Nacional comentado em sua moldura constitucional.* Rio de Janeiro: Forense, 2021. p. 19.

violação ao texto constitucional. Há ilegalidade na legislação que porventura autorize – fora desses *numerus clausus* – regência das alíquotas pelo Executivo. Da mesma forma, há abuso regulamentar[275] deste último nessa hipótese.

Não se nega que tais delegações possam surtir positivos efeitos em matéria de política fiscal por meio da aceleração da implementação dos processos decisórios, ou seja, há aqui um expediente claramente tendente a conferir maior praticabilidade (ou praticidade) à atividade tributária (possivelmente de viés extrafiscal). A praticabilidade, entretanto, tem como principais limites os direitos e as garantias fundamentais dos contribuintes, dos quais a legalidade tributária é um dos mais eloquentes exemplos.[276]

Não é demais reforçar a característica da indelegabilidade da competência tributária, à qual nos referimos em item precedente (2.2). Aquele a quem a CF outorga uma competência poderá ou deverá exercê-la estritamente no espaço em que foi delegada: qualquer desvio e haverá inexorável inconstitucionalidade. A quem é delegado um poder não é dado repassá-lo, a não ser no caso de expressa previsão nesse sentido pela fonte originária; afinal, como se demonstrou, toda competência é a um só tempo uma permissão ou um dever e uma vedação: permite-se ou se determina o exercício de uma competência; concomitantemente, proíbe-se qualquer atuação

275. "Como o regulamento é subordinado à lei, esta não pode delegar competência legislativa ao Executivo para criar direitos e deveres. A lei inova a ordem jurídica infraconstitucional; o regulamento não altera. A lei depende da Constituição; nela encontra seu fundamento de validade. O regulamento depende de lei; nela encontra seu fundamento de validade. Regulamento se prende ao texto legal e seu objetivo é facilitar o processo de execução da lei. É o regulamento também norma abstrata e geral, mas difere da lei por não importar modificação da ordem jurídica." TEMER, Michel. *Elementos de direito constitucional*. 24. ed. São Paulo: Malheiros Editores, 2019. p. 163.

276. "Entendemos que os princípios determinantes da indicação das limitações à utilização de recursos voltados à praticidade tributária são, essencialmente, os da realidade ou verdade material, da capacidade contributiva e da legalidade tributária." COSTA, Regina Helena. *Praticabilidade e justiça tributária*: exequibilidade da lei tributária e direitos do contribuinte. São Paulo: Malheiros Editores, 2007. p. 216.

que não esteja expressamente prevista em tal delegação e dentro de suas precisas circunscrições.

Daí por que, mesmo nas respeitáveis críticas que se possam dirigir à visão estrita da legalidade, como aponta Zilvetti,[277] nos parece ser impossível aos regulamentos inovar na ordem jurídica contra o que preconiza a lei; esta, jungida ao texto constitucional, jamais poderá alterar aspectos relacionados à sua esfera de competência. Enfim, somente por lei se cria tributo,[278] máxima que não nos parece absolutamente ter perdido validade ou atualidade.

Deve-se registrar, contudo, uma imprópria permissividade do ordenamento brasileiro nesse sentido. Exemplos que se podem citar são: (i) o estabelecimento de condições regulamentadas pelo Executivo para gozo de benefícios fiscais referidos pelos §§ 10, 11, 12 e 13 do art. 8º da Lei nº 10.865/2004 em relação à contribuição ao Programa de Integração Social (PIS) e à Contribuição para o Financiamento da Seguridade Social (Cofins) importação; (ii) a possibilidade de alteração de alíquotas das referidas contribuições sobre receitas financeiras, como prevê o art. 27, § 2º, da Lei nº 10.865/2004.[279] No que concerne a esse último tema, a propósito, houve pronunciamento do STF por ocasião do julgamento do RE 1.043.313 e da ADI 5.277, quando se reputou constitucional o Decreto nº

277. "Não se discute a competência do legislador para a tipificação. Ele capta tipos encontrados na vida e toma deles a tipicidade. Nada se inventa em relação aos fatos, apenas são eles revelados na linguagem legislativa. Naqueles outros casos que comportam valoração global, em que se faz necessária investigação dos elementos do tipo legal, pode o legislador contar com o auxílio do Executivo ou do Judiciário." ZILVETTI, Fernando Aurelio. *Obrigação tributária*: fato gerador e tipo. São Paulo: Quartier Latin, 2009. p. 118.

278. NOGUEIRA, Ruy Barbosa. *Curso de direito tributário*. 10. ed. São Paulo: Saraiva, 1990. p. 129.

279. Contra tais delegações se opôs Schoueri, demonstrando que a outorga desse tipo de benefícios por atos do Poder Executivo viola a liberdade dos contribuintes e abala as estruturas da separação de poderes. SCHOUERI, Luís Eduardo. Tributação e liberdade. *In:* PIRES, Adilson Rodrigues; TÔRRES, Heleno Taveira (org.). *Princípios de direito financeiro e tributário*: estudos em homenagem ao Professor Ricardo Lobo Torres. Rio de Janeiro: Renovar, 2006. p. 469.

8.426, de 1º de abril de 2015, que restabeleceu (majorou) as alíquotas em apreço, fixando a tese de repercussão geral nº 939[280] dessa Corte.

A par de nossas premissas fixadas anteriormente, não consideramos jurídica qualquer concessão para flexibilizar o princípio da legalidade senão nos casos originariamente referidos pela Constituição (art. 153, § 1º). Uma eventual criação de situações adicionais por meio de emendas à Constituição nos soa de duvidosa constitucionalidade (art. 60, § 4º), de tal forma que se permitirem quaisquer relativizações independentemente de expressa outorga constitucional nos parece um caminho não apenas tortuoso, mas rotundamente equivocado.

Em uma sociedade democrática, o debate institucional – e as muitas dificuldades "práticas" que dele decorrem – não é mera característica acessória ou detalhe, mas sim condição necessária à sua própria existência. Suprimir do debate legislativo a disciplina da tributação em nome da eliminação de obstáculos burocráticos seria convite aberto à invasão de garantias fundamentais das mais caras às sociedades modernas.

No caso do ITCMD exigido pelo Estado de São Paulo, deu-se situação parecida.

Sucede que a legislação paulista estabelece (art. 13 da Lei nº 10.705/2000) que a base de cálculo dos impostos não será inferior ao valor venal fixado para lançamento do Imposto sobre a Propriedade Predial e Territorial Urbana (IPTU) ou, no caso de imóveis rurais, ao valor do imóvel declarado pelo contribuinte para fins de lançamento do Imposto sobre a Propriedade Territorial Rural (ITR).

---

280. Referida tese fixou-se com o seguinte enunciado: "É constitucional a flexibilização da legalidade tributária constante do § 2º do art. 27 da Lei nº 10.865/04, no que permitiu ao Poder Executivo, prevendo as condições e fixando os tetos, reduzir e restabelecer as alíquotas da contribuição ao PIS e da Cofins incidentes sobre as receitas financeiras auferidas por pessoas jurídicas sujeitas ao regime não cumulativo, estando presente o desenvolvimento de função extrafiscal".

Por outro lado, a pretexto de regulamentar a questão, sobreveio o Decreto estadual nº 55.002/2009, que estabeleceu que a base de cálculo do ITCMD na hipótese de transmissão imobiliária seria "o valor venal de referência do Imposto sobre Transmissão de Bens Imóveis (ITBI) divulgado ou utilizado pelo município" ou, no caso de imóveis rurais, "o valor médio da terra-nua e das benfeitorias divulgado pela Secretaria de Agricultura e Abastecimento do Estado de São Paulo".

Trata-se, sem sombra de dúvida, de uma perversão legislativa das normas de competência que foram atribuídas pela Carta Política aos Estados, a quem cabe estabelecer bases de cálculo por lei ordinária. A fixação de uma base mínima sem estabelecimento de alternativa não conduz a que o Poder Executivo, a pretexto de exercer regulamentações, avance estabelecendo distintas bases de cálculo: isso implica evidente inconstitucionalidade, como, aliás, reconhece o Tribunal de Justiça do Estado de São Paulo (TJSP), para os imóveis tanto urbanos[281] quanto rurais.[282]

---

281. "Remessa necessária – Mandado de segurança – Determinação de valor venal de imóveis para cobrança de Imposto sobre Transmissão *Causa Mortis* e Doação de Quaisquer Bens ou Direitos – ITCMD, com adoção de base de cálculo nos termos do que dispõe o Decreto Estadual n° 55.002/09 – Alteração de base de cálculo e subsequente majoração de tributo que só pode ser realizada por meio de lei – Ofensa ao princípio da legalidade, violação ao art. 150, inciso I, da Constituição Federal e art. 97, II, § 1°, do Código Tributário Nacional – Sentença que julgou procedente o pedido – Manutenção – Remessa necessária não acolhida." TJSP, Remessa Necessária Cível 1063592-75.2019.8.26.0053, rel. Antonio Celso Faria, 8ª Câmara de Direito Público, Foro Central – Fazenda Pública/Acidentes, 10ª Vara de Fazenda Pública, julgado em 24/02/2021, data de registro 24/02/2021.

282. "Apelação – Mandado de segurança – ITCMD – Base de cálculo – Determinação legal de que não poderá ser inferior ao ITR para imóveis rurais – Art. 13, 'caput', II, da Lei Estadual nº 10.705/00 – Impossibilidade de exigência fiscal que adote a base de cálculo com arrimo no Decreto Estadual nº 55.002/09 – Majoração indireta de tributo que reclama a edição de lei específica – Princípio da legalidade – Inteligência do art. 150, 'caput' e I, da CF e do art. 97, 'caput', II, e § 1°, do CTN – Precedentes desta 1ª Câmara de Direito Público [...] Sentença reformada – Recurso parcialmente provido." TJSP, Apelação Cível 1065244-30.2019.8.26.0053, rel. Marcos Pimentel Tamassia, 1ª Câmara de Direito Público, Foro Central – Fazenda Pública/Acidentes, 1ª Vara de Fazenda Pública, julgado em 23/02/2021, data de registro 23/02/2021.

A par de tais colocações, tem-se que o ITCMD está jungido à regra da estrita legalidade, sendo *ipso facto* inconstitucional qualquer iniciativa tendente a delegar ao Poder Executivo – a pretexto de regulamentar disposições de lei – a definição de todo e qualquer aspecto de sua regra-matriz de incidência.

6.3 O ITCMD e o princípio da irretroatividade

Tempus regit actum. Eis o aforismo que bem traduz a noção de irretroatividade, consectária do Estado de Direito, e que exige prestígio à regulação das condutas conforme o ordenamento vigente a seu tempo, vedando que alterações posteriores apliquem-se ao passado, salvo em excepcionais casos, como a *lex mitior*.

Com efeito, a segurança jurídica exige previsibilidade e certeza: o prévio conhecimento pelos sujeitos sobre as consequências que seus atos hão de produzir e a certeza de que irão perdurar malgrado uma eventual alteração de regime jurídico posterior. A lei, enfim, deve produzir efeitos para o futuro, salvo em excepcionais situações.

Referido princípio está expresso em termos gerais pelo art. 5º, XXXVI, da Constituição, e estabelece que "a lei não prejudicará o direito adquirido, a coisa julgada e o ato jurídico perfeito".

Direito adquirido consiste em termo de difícil conceituação, objeto de disputas que fogem ao escopo desta análise. De todo modo, conforme o art. 6º, § 2º, da Lei de Introdução às Normas do Direito Brasileiro (LINDB – Decreto-Lei nº 4.657, de 1942), "consideram-se adquiridos assim os direitos que o seu titular, ou alguém por êle, possa exercer, como aquêles cujo comêço do exercício tenha têrmo pré-fixo, ou condição pré-estabelecida inalterável, a arbítrio de outrem". A nosso ver, tem-se aqui o direito a reclamar a incidência de uma norma conforme os elementos materiais de seu tempo,[283] ainda que haja alterações posteriores no regime jurídico aplicável.

283. Em outros dizeres: "[...] A lei nova não tem o poder de desfazer a situação

Quanto ao ato jurídico perfeito, dispõe o § 1º do já referido art. 6º da LINDB ser aquele "já consumado segundo a lei vigente ao tempo em que se efetuou". Não se trata apenas de um "direito adquirido", como no caso anterior, mas de um direito esgotado, aplicado. Nessa hipótese, já reclamou o sujeito a incidência de norma para realização de determinado negócio jurídico consumado, estando satisfeitos os requisitos a que tal ato produza seus efeitos.

Por fim, a coisa julgada diz com a decisão judicial da qual não caiba mais recurso (art. 6º, § 3º, da LINDB), sobre a qual milita a imutabilidade,[284] traduzida na corrente noção de coisa julgada material. Decerto que o prestígio constitucional à coisa julgada não obsta a regência de suas hipóteses de rescisão, do que cuidam as normas processuais.

Tal fundamental direito à irretroatividade das leis está prestigiado, no subdomínio do direito tributário, no art. 150, III, "a", da Carta Magna, em que proíbe a cobrança de tributos "em relação a fatos geradores ocorridos antes do início da vigência da lei que os houver instituído ou aumentado". Parece-nos que a irretroatividade não se restringe às hipóteses de cobranças de tributos: também as normas que estabeleçam deveres instrumentais, critérios de correção ou atualização monetária, estabeleçam penalidades etc., todas elas hão de guardar respeito ao princípio da irretroatividade.

---

jurídica consumada. A lei nova não pode descasar o casado, porque tenha estabelecido regras diferentes para o casamento. Se o direito subjetivo não foi exercido, vindo a lei nova, transforma-se em direito adquirido, porque era direito exercitável e exigível à vontade de seu titular. Incorporou-se ao seu patrimônio, para ser exercido quando lhe convier. A lei nova não pode prejudicá-lo só pelo fato de o titular não o ter exercido antes". SILVA, José Afonso da. *Comentário contextual à Constituição*. 9. ed. São Paulo: Malheiros Editores, 2014. p. 136.

284. "Adota-se o entendimento segundo o qual a coisa julgada torna indiscutível e imutável a norma jurídica concreta definida na decisão judicial. [...] Para compreender a coisa julgada, é preciso partir da premissa de que a decisão é fonte de norma jurídica; a norma jurídica concreta que decorre de uma decisão pode tornar-se indiscutível e imutável a partir de determinado momento; quando isso acontecer, há o fenômeno da coisa julgada." DIDIER JR., Fredie. *Curso de direito processual civil*: teoria da prova, direito probatório, ações probatórias, decisão, precedente, coisa julgada e antecipação dos efeitos da tutela. 11. ed. Salvador: JusPodivm, 2016. p. 530.

Por outro lado, há decerto certas normas cuja retroatividade se admite, das quais trata o art. 106 do CTN: as normas expressamente interpretativas – conceito controverso sobre o qual não convém nos alongarmos neste item – e as hipóteses de retroatividade benéfica.

Quanto ao imposto sobre doações, há uma situação interessante que se pode colocar sob a perspectiva da irretroatividade.

A Lei paulista nº 10.705/2000, que dispõe sobre o ITCMD, estabelece que a base de cálculo do tributo corresponde a 1/3 do valor do bem quando haja instituição de usufruto por ato não oneroso, e a 2/3 do valor do bem na hipótese de transmissão gratuita da nua-propriedade.

Sucede que o Decreto nº 46.655, de 1º de abril de 2002, o qual regulamenta a supramencionada lei, possibilita (art. 31, II, § 3º) que o recolhimento do imposto no caso de doação com reserva de usufruto se faça de diferentes maneiras: (i) antes da lavratura da escritura, sobre o valor da nua-propriedade; (ii) quando da consolidação da propriedade plena na pessoa do nu-proprietário, sobre o valor do usufruto, uso ou habitação; (iii) facultativamente antes da lavratura da escritura, sobre o valor integral da propriedade.

Pois bem. Na hipótese de uma doação com reserva de usufruto realizada mediante pagamento fundado na base de cálculo de 2/3 do valor do bem ou direito transmitido ser sucedida de um aumento da alíquota do imposto antes da consolidação da propriedade em favor do donatário, questiona-se: qual alíquota há de se aplicar ao caso? A resposta nos parece intuitiva: a alíquota vigente à época da doação, isso porque: (i) a consolidação plena da propriedade pela extinção de usufruto não se confunde com ato de transmissão gratuita *inter vivos* nem tampouco *causa mortis*;[285] e, destarte (ii), por força do

285. Cuidaremos em detalhes da impossibilidade de tributação pelo ITCMD das consolidações decorrentes da extinção de usufruto linhas adiante, a tratar do critério material dos tributos em apreço. Basta dizer, por ora, que a jurisprudência do

princípio da irretroatividade, não se pode admitir que sobre tal ato haja retroação de legislação superveniente.

Enfim, a exigência do ITCMD em relação a todas as suas peculiaridades (elementos de sua regra-matriz, critérios de correção ou atualização, deveres instrumentais etc.) há de guardar absoluto respeito ao princípio da irretroatividade, sob pena de irremissível inconstitucionalidade.

6.4 O ITCMD e o princípio da anterioridade

O princípio da anterioridade, que estabelece a regra geral de impossibilidade de instituição ou majoração de tributos dentro de um mesmo exercício e do período de noventa dias da publicação da respectiva lei, mantém vínculos com a noção de legalidade[286] e de anterioridade, e se presta claramente a prestigiar o princípio da segurança jurídica.

Nesse sentido, a histórica necessidade de anterior previsão orçamentária para a cobrança dos tributos implicava a instituição ou majoração de cobranças de tributos de maneira anual, dada a aprovação de leis orçamentárias referíveis a esse interregno: aí está tanto a exigência de lei quanto a noção de anualidade.

A anualidade esteve por muito tempo presente nas Constituições nacionais, a se iniciar pela Constituição Imperial de

TJSP (assim como a de outros Estados) é bastante sedimentada quanto à não incidência dos tributos em tais hipóteses. Nesse sentido: "Reexame Necessário – Mandado de segurança – ITCMD – Extinção de usufruto – Lei nº 10.705/2000 não prevê a hipótese de incidência do Imposto de Transmissão *Causa Mortis* e Doação em caso de extinção/cancelamento de usufruto oneroso – Não há como equiparar a extinção de usufruto a doação, sob pena de exceder os limites da competência tributária – Artigo 110 do CTN – Sentença que concedeu a segurança para declarar a inexigibilidade na cobrança do ITCMD sobre a renúncia do usufruto do imóvel descrito na inicial – Decisão mantida – Recurso não provido". TJSP, Remessa Necessária Cível 1039002-68.2018.8.26.0053, rel. Marrey Uint, 3ª Câmara de Direito Público, Foro Central – Fazenda Pública/Acidentes, 13ª Vara de Fazenda Pública, julgado em 03/06/2019, data de registro 03/06/2019.

286. Nesse sentido: SCHOUERI, Luís Eduardo. *Direito tributário*. 9. ed. São Paulo: Saraiva Educação, 2019. p. 331-332.

1824. Sua matriz constitucional, contudo, foi objeto de avanços e retrocessos na experiência brasileira.[287] "Doutrina e jurisprudência, entretanto, sob o influxo inspirador do direito comparado, sempre vincularam a exigibilidade anual dos tributos à sua previsão orçamentária."[288] Deve-se ter cautela, todavia, a fim de não se confundir a só exigência de lei orçamentária anual com o princípio da anterioridade, que, decerto, tem implicações específicas no regime constitucional presente.

A ideia de anterioridade, por evidente, é implicação dos sobreprincípios da certeza do direito e da segurança jurídica. Seu propósito é o de possibilitar aos contribuintes evitar que a tributação apresente um elemento surpresa, conferindo assim as necessárias previsibilidade e segurança às atividades dos contribuintes: quer-se evitar o efeito surpresa da tributação. A propósito:[289]

> Os fundamentos históricos do princípio tributário da anterioridade radicam: (a) na possibilidade de os contribuintes poderem prever a lei de regência a que estarão, no exercício seguinte, sujeitados seus negócios, renda e patrimônio (*antes de realizarem* os fatos geradores); e (b) na certeza de que, durante o transcurso do exercício, lei alguma terá eficácia para alterar a *lex proevia* em que se basearam para a realização dos fatos jurígeno-tributários. Saber antes: certeza e segurança. Eis o significado da *anterioridade*.

Presentemente, a anterioridade é disciplinada pelo art. 150, III, "b", "c" e § 1º, bem assim, para as contribuições sociais, que não são objeto deste estudo, pelo art. 195, § 6º, todos da Constituição. Eis o teor da primeira disposição, que nos é de relevo:

> Art. 150. Sem prejuízo de outras garantias asseguradas ao contribuinte, é vedado à União, aos Estados, ao Distrito Federal e aos Municípios:

---

287. CARRAZZA, Roque Antonio. *Curso de direito constitucional tributário*. 32. ed. São Paulo: Malheiros Editores, 2019. p. 162.

288. DÓRIA, Antônio Roberto Sampaio. *Da lei tributária no tempo*. 1968. Universidade de São Paulo, São Paulo, 1968. p. 25 e 62-63.

289. COÊLHO, Sacha Calmon Navarro. *Curso de direito tributário brasileiro*. 14. ed. Rio de Janeiro: Forense, 2015. p. 224.

> [...]
>
> III – cobrar tributos:
>
> [...]
>
> b) no mesmo exercício financeiro em que haja sido publicada a lei que os instituiu ou aumentou;
>
> c) antes de decorridos noventa dias da data em que haja sido publicada a lei que os instituiu ou aumentou, observado o disposto na alínea "b";
>
> [...]
>
> § 1º A vedação do inciso III, "b", não se aplica aos tributos previstos nos arts. 148, I, 153, I, II, IV e V; e 154, II; e a vedação do inciso III, "c", não se aplica aos tributos previstos nos arts. 148, I, 153, I, II, III e V; e 154, II, nem à fixação da base de cálculo dos impostos previstos nos arts. 155, III, e 156, I.

Ao lado da anterioridade geral, que preconiza a suspensão da vigência[290] da norma tributária até o exercício seguinte, há a anterioridade especial, referida pela alínea "c", que se instituiu pela EC nº 42/2003. Essa última tem por objeto evitar que eventuais alterações legislativas no final de dado exercício surpreendam os contribuintes logo no início daquele subsequente.[291]

No regime constitucional em vigor, o ITCMD não se encontra em qualquer das exceções ao princípio da anterioridade, de sorte que toda e qualquer legislação que venha a instituir ou aumentar tal tributo, bem assim revogar isenções ou benefícios tributários de prazo indeterminado,[292] há de sujeitar-se ao referido princípio em sua inteireza.

---

290. Estamos com Paulo de Barros Carvalho ao considerar que a questão, neste ponto, atine à vigência, não à eficácia da norma tributária: "Não se trata de um problema de eficácia, mas única e exclusivamente de vigência. Na hipótese, o que ocorre é a convergência de dois fatores condicionantes, que interagem provocando o deslocamento do termo inicial da vigência de modo que a regra jurídica que entraria em vigor quarenta e cinco dias depois de publicada ou na data em que estabelecer continua sem força vinculante, até que venha o primeiro dia do novo exercício financeiro". CARVALHO, Paulo de Barros. *Direito tributário, linguagem e método*. 3. ed. São Paulo: Noeses, 2009. p. 301.

291. LINS, Robson Maia. *Curso de direito tributário brasileiro*. São Paulo: Noeses, 2019. p. 172.

292. Nesse sentido: RE 564.225 AgR, rel. Marco Aurélio, Primeira Turma, julgado em 02/09/2014, *DJe*-226, divulg. 17/11/2014, public. 18/11/2014.

Mais que isso, temos que eventuais alterações quanto à forma e aos prazos de pagamento que possam refletir em posições desvantajosas aos contribuintes também devem sujeitar-se ao princípio em exame,[293] nas formas anual e nonagesimal.

6.5 O ITCMD e o princípio da capacidade contributiva

Embora de difícil conceituação, a ideia central da noção de capacidade contributiva é ainda bem expressa por uma de suas originais formulações, segundo a qual "os súditos de cada Estado devem contribuir o máximo possível para a manutenção do Governo, em proporção a suas respectivas capacidades, isto é, em proporção ao rendimento de que cada um desfruta".[294]

Esse princípio das finanças encontrou ao longo de sua evolução conceitual diversos fundamentos teóricos antes de chegar a seu atual *status* de princípio de direito tributário. Uma das propostas de fundamentação consiste na *teoria do benefício*, segundo a qual os tributos devem ser aquinhoados entre os contribuintes de maneira proporcional ao incremento que estes recebam das atividades gerais do Estado. Assume-se, assim, que os detentores de maior patrimônio são aqueles que, de alguma maneira, auferem maiores benefícios justificando suportarem maior carga tributária. O raciocínio, é bem verdade, parece informar as taxas, regidas pelo critério da referibilidade ou retributividade. Outra solução consiste na *teoria do sacrifício*, que milita contra tributos fixos: utilizando-se de uma alíquota fixa, impõe-se aos menos afortunados um ônus proporcional muito maior em relação àqueles dotados de maior capacidade contributiva. Essa noção foi uma das primeiras a inspirar as técnicas de proporcionalidade

---

293. Nesse particular: CARRAZZA, Roque Antonio. *Curso de direito constitucional tributário*. 32. ed. São Paulo: Malheiros Editores, 2019. p. 180.

294. SMITH, Adam. *A riqueza das nações*. Tradução de Luiz João Baraúna. São Paulo: Nova Cultural, 1996. v. II. p. 282.

e, posteriormente, de progressividade.[295] Todos esses fundamentos, decerto, são disputados.

Não obstante, a capacidade contributiva modernamente se costuma admitir preponderantemente como decorrência da noção de igualdade.[296] O princípio, enfim, "hospeda-se nas dobras do princípio da igualdade, e ajuda a realizar, no campo tributário, os ideais republicanos",[297] isso porque pressupõe a abolição dos privilégios odiosos típicos do antigo regime,[298] ao passo que orienta a distribuição linear da tributação indistintamente a todos, conforme apenas seus índices de riqueza.

Mas não é só. A capacidade contributiva exprime objetivamente o espaço em que se pode dar a tributação com resguardo aos direitos fundamentais:[299]

---

295. GODOI, Marciano Seabra de. *Justiça, igualdade e direito tributário*. São Paulo: Dialética, 1999. p. 190-191.

296. "Isonomia pressupõe a prévia manifestação de capacidade contributiva, dado que esta é requisito para o nascimento da obrigação tributária, que deve apanhar exatamente a sua manifestação pela ocorrência do fato gerador. Assim, verificada a existência de capacidade contributiva, a isonomia deve ser respeitada face a ela, no sentido de que capacidades contributivas equivalentes devem receber igual carga tributária." OLIVEIRA, Ricardo Mariz de. Breves considerações sobre a capacidade contributiva e a isonomia. *In*: SCHOUERI, Luís Eduardo. *Direito tributário*. São Paulo: Quartier Latin, 2003. v. I. p. 521.

297. CARRAZZA, Roque Antonio. *Curso de direito constitucional tributário*. 32. ed. São Paulo: Malheiros Editores, 2019. p. 79.

298. A injustiça tributária representada pelas imunidades e distinções entre os Estados (estamentos) e que viria a contribuir para os movimentos revolucionários oitocentistas havia muito inspirava sentimento de repúdio. Veja-se, *e.g.*, aos 14 de setembro de 1642, como verberava Padre Antônio Vieira contra a imunidade concedida aos primeiro e segundo Estados em seu "Sermão de Santo Antônio", supondo que a tributação universal seria não apenas mais justa, mas menos onerosa: "O maior jugo de um Reino, a mais pesada carga de uma República, são os imoderados tributos. Se queremos que sejam leves, repartam-se por todos. Não há tributo mais pesado que o da morte, e contudo todos o pagam, e ninguém se queixa; porque é tributo de todos. Se uns homens morrem, e outros não, quem levara em paciência esta rigorosa pensão da mortalidade? Mas a mesma razão que a estende, a facilita; e porque não há privilegiados, não há queixosos". VIEIRA, Antônio. *Sermões*: Padre Antônio Vieira. São Paulo: Hedra, 2014. t. II. p. 324.

299. TORRES, Ricardo Lobo. A legitimação da capacidade contributiva e dos direitos fundamentais do contribuinte. *In*: SCHOUERI, Luís Eduardo (coord.). *Direito tributário*. São Paulo: Quartier Latin, 2003. v. I. p. 434.

> De efeito, a capacidade contributiva abre ao legislador a possibilidade de instituir o tributo, que incide sobre a riqueza de cada qual. *Nada mais é que o espaço jurídico aberto pelos direitos fundamentais para a tributação, nomeadamente para a exercida sobre o direito de propriedade e o direito de livre exercício da profissão.* Mas a capacidade contributiva fica totalmente limitada por princípios anteriores e superiores ligados aos direitos da liberdade, que não se deixam relativizar pelo poder de tributar e aos próprios direitos da propriedade e de profissão em seu núcleo essencial intributável. O dinheiro em que se consubstanciam os frutos da propriedade e da livre iniciativa, que afinal de contas expressa a capacidade contributiva declarada no art. 145, § 1º, da CF, só se torna disponível para o legislador dentro da moldura dos direitos fundamentais, em boa parte desenhada no art. 5º, incisos XIII, XXII, XXIII, XXX, e nos arts. 150, 151 e 152 da CF.

A não nos alongarmos demasiadamente na evolução do conceito, permitimo-nos adotar sua definição tal como proposta por Jarach, que nos parece de cirúrgica precisão ao captar todos os desdobramentos desse instituto:[300]

> ¿Qué es la capacidad contributiva? Es la potencialidad de contribuir a los gastos públicos que el legislador atribuye al sujeto particular. Significa al mismo tempo existencia de una riqueza en posesión de una persona o en movimiento entre dos personas y graduación de la obligación tributaria según la magnitud de la capacidad contributiva que el legislador atribuye. Es la tarea de la ciencia de las finanzas y de la política financiera la de establecer el concepto de capacidad contributiva en base a determinados presupuestos teóricos y, respectivamente, de indicar a los legisladores cuales situaciones de hecho deben ser elegidas como síntoma de capacidad contributiva.

Como se extrai do conceito transcrito, a capacidade contributiva se vê – no plano jurídico – de duas distintas perspectivas ao mesmo tempo: a objetiva ou absoluta e a subjetiva ou relativa.

Assim, em termos *absolutos* ou *objetivos*, a capacidade contributiva cuida de uma manifestação de riqueza. Indica um fenômeno de manifestação de riqueza que pode ser capturado

300. JARACH, Dino. *El hecho imponible*. Buenos Aires: Abeledo-Perrot, 1982. p. 87.

pelo legislador como base para a tributação. Esses elementos apontam, decerto, para um sujeito passivo em potencial, mas independem de condições particulares deste. Já a capacidade contributiva *subjetiva* ou *relativa* diz precisamente com as características do contribuinte. "Expressa aquela aptidão de contribuir na medida das possibilidades econômicas de determinada pessoa. Nesse plano, presente a capacidade contributiva *in concreto*, aquele potencial sujeito passivo torna-se efetivo – apto, pois, a absorver o impacto tributário."[301]

Enfim, a capacidade econômica objetiva veda que se eleja para fins de tributação um fenômeno que, objetivamente, não exprima capacidade contributiva (*e.g.*, relação de parentesco). Já a capacidade contributiva relativa é vista sob perspectiva concreta em relação a uma determinada pessoa e sua aptidão para fazer frente aos tributos *vis-à-vis* sua condição material.[302]

Em termos objetivos, a capacidade contributiva vem estampada na CF nos arts. 153, 155 e 156 por meio da indicação das situações que expressam as riquezas passíveis de tributação pelos impostos. Já a capacidade contributiva relativa é objeto do § 1º do art. 145 da CF, que assim se reproduz:

> Art. 145. [...].
>
> § 1º Sempre que possível, os impostos terão caráter pessoal e serão graduados segundo a capacidade econômica do contribuinte, facultado à administração tributária, especialmente para conferir efetividade a esses objetivos, identificar, respeitados os

---

301. COSTA, Regina Helena. *Princípio da capacidade contributiva*. 4. ed. São Paulo: Malheiros Editores, 2012. p. 28.

302. "Nesta acepção relativa, parece que o Princípio da Capacidade Contributiva deve espraiar-se por todas as categorias tributárias: não tendo o contribuinte o mínimo para sua sobrevivência, não pode ele ser constrangido a contribuir para as despesas públicas, ainda que ele as tenha causado (o serviço público é, sempre, de interesse público ainda que dirigido a alguém). [...] Mínimo existencial e confisco oferecem as balizas da capacidade contributiva, no sentido subjetivo, que 'começa além do mínimo necessário à existência humana digna e termina aquém do limite destruidor da propriedade'. Assim, no sentido subjetivo, o Princípio da Capacidade Contributiva não se limita aos impostos." SCHOUERI, Luís Eduardo. *Direito tributário*. 9. ed. São Paulo: Saraiva Educação, 2019. p. 358.

> direitos individuais e nos termos da lei, o patrimônio, os rendimentos e as atividades econômicas do contribuinte.

Como bem aponta José Maurício Conti, são dois os excertos críticos da disposição em voga sobre os quais se instauraram disputas doutrinárias: "sempre que possível" e "caráter pessoal". É certo que a primeira expressão diz tanto com o caráter pessoal dos impostos quanto com sua gradação segundo a capacidade contributiva. Em outros dizeres, "sempre que possível" os impostos terão caráter pessoal e, igualmente, "sempre que possível" se graduarão conforme a capacidade econômica do contribuinte.[303]

Quanto ao primeiro ponto, é dizer, sobre a necessidade "sempre que possível" de que os impostos tenham caráter pessoal, decerto que muitas posições e críticas se levantam.

Antes de enfrentar o tema, cabe abrir parêntese neste parágrafo para tratar do caráter pessoal dos impostos. Nesse particular, decerto que muitas são as classificações passíveis de utilização em relação aos impostos; uma delas é a que os distingue entre impostos reais e pessoais. Os impostos reais, segundo tal classificação, são aqueles cujo fato gerador refere-se a um fato ou a uma coisa indiferente à pessoa que o pratica e suas características. O que há de relevo é o valor da coisa ou do ato; exemplos de tais impostos seriam o IPTU e o ITCMD. Já os impostos pessoais seriam aqueles cujo fato gerador toma por considerações características ou qualidades inerentes à pessoa do sujeito passivo; exemplo de tais impostos seria o Imposto sobre a Renda.[304] Claro que tal definição foi objeto de acerbas críticas por sua falta de técnica, em especial porque, não incidindo sobre "bens" em si mesmos, todos os tributos são pessoais.

---

303. CONTI, José Maurício. *Princípios tributários da capacidade contributiva e da progressividade*. São Paulo: Dialética, 1996. p. 46-47.

304. MELO, José Eduardo Soares de. *Curso de direito tributário*. 2. ed. São Paulo: Dialética, 2001. p. 51.

De todo modo, o que a dicção parece sugerir é que o texto constitucional privilegia a eleição de tributos cujas características estejam mais próximas de condições próprias do contribuinte, pessoalidade essa que aproxima a imposição da noção de capacidade contributiva. Assim, como aponta Regina Helena Costa, a expressão "sempre que possível", no caso, pretende significar "sempre que a estrutura do aspecto material da hipótese de incidência tributária o comporte";[305] sim, porque nem todos os impostos guardam relação direta com a pessoalidade (exemplos clássicos seriam o IPTU e o ITR).

Hugo de Brito Machado sugere que a expressão "sempre que possível" contida no § 1º apenas se pode vincular à questão da pessoalidade dos impostos, e não à da capacidade contributiva,[306] que deverá sempre – em todo caso – ser observada.

É também como interpretamos a questão. Mesmo nos impostos de difícil relacionamento direto com uma característica pessoal do contribuinte, a capacidade contributiva evidentemente há de se respeitar em sua dimensão tanto objetiva (eleição legislativa de critérios susceptíveis de traduzirem riqueza tributável) quanto subjetiva, essa última pelo respeito às diretrizes do mínimo existencial e da vedação ao confisco.

6.5.1 O ITCMD, a capacidade contributiva e a progressividade

A progressividade consiste na técnica de tributação pela qual se sói aumentar o percentual (alíquota) do tributo devido à medida que se aumenta sua base de cálculo. Diferentemente da proporcionalidade, que assume uma arrecadação maior conforme a variação da base de cálculo por meio de uma alíquota fixa, a progressividade justamente propõe um

---

305. COSTA, Regina Helena. *Princípio da capacidade contributiva*. 4. ed. São Paulo: Malheiros Editores, 2012. p. 97.

306. MACHADO, Hugo de Brito. O princípio da capacidade contributiva. *In*: MARTINS, Ives Gandra da Silva. *Caderno de Pesquisas Tributárias*. São Paulo: 1989. v. 14. p. 124-126.

mecanismo de progressão do cálculo ele próprio, tributando mais gravemente a riqueza maior.

Desdobramento da capacidade contributiva, a progressividade também se justifica ou fundamenta por diversas teorias. Nesse sentido, Elizabeth Carrazza discrimina a *teoria socialista* da progressividade, a qual teria por propósito um aumento tal das alíquotas que uma distribuição da riqueza se realizaria ao longo do tempo, levando à concreção de uma sociedade de caráter socialista. Também há a *teoria compensatória*, que se erigiria a partir da constatação de que as heranças são raiz das desigualdades, de sorte que a compensação de tal situação se deveria fazer pela tributação progressiva dos tributos. *A teoria do benefício*, à qual nos referimos anteriormente, também acode alguns defensores da progressividade: o aumento desproporcional da tributação se justifica na medida em que os mais afortunados fruem desproporcionalmente dos benefícios do Estado organizado. Por fim, a *teoria da capacidade contributiva*, mais difundida, preconiza que os que possuem maior aptidão devem arcar com maior fardo para manutenção do Estado, justificando, assim, a progressão das alíquotas[307-].[308]

Os fundamentos da progressividade, entretanto, distam de se admitirem sem controvérsias, tendo todos eles sido objeto de críticas. Quanto às teorias de cunho socializante, as objeções – tal como as teorias – se sustentam também em questões de princípio: o atingimento de situações comunitárias dista de se tomar consensualmente como um dos propósitos dos Estados Democráticos e de Direito, muito embora se assuma sua função protetiva e redutora de desigualdades.[309] Quanto

307. CARRAZZA, Elizabeth Nazar. *IPTU e progressividade*: igualdade e capacidade contributiva. São Paulo: Quartier Latin, 2015. p. 115-117.

308. Outras teorias que se prestam a fundamentar a progressividade são exploradas por José Maurício Conti. CONTI, José Maurício. *Princípios tributários da capacidade contributiva e da progressividade.* São Paulo: Dialética, 1996. p. 80-90.

309. "Não é sequer comprovado que a receita decorrente da progressividade é eficaz na política social do Estado. Se não há registros científicos acerca da efetividade da progressividade como critério de tributação, o que dizer como princípio do

às teorias de benefícios, a exata medida destes e a atuação da progressividade como forma de contrabalanço tampouco parecem evidente como pretendem: seria necessária a prova de que os benefícios hauridos se alinhariam com o desproporcional aumento dos tributos instituídos pelo mecanismo progressivo. Essa linearidade, contudo, não está dada.

A própria noção de capacidade contributiva não suporta sem críticas a ideia da progressividade tal como sugere Schoueri, que, a título de exemplo, demonstra que o alongamento no tempo de situações distintas quanto ao auferimento de renda em relação a "tipos" diferentes de profissões pode gerar distorções significativas. Assim, em um horizonte temporal mais alongado em que todos tivessem manifestado a mesma capacidade contributiva, alguns se teriam penalizado mais gravemente com alíquotas progressivas pelo só fato de auferirem antecipada e concentradamente suas rendas. Outros, que tenham recebido valores menores, mas mais constantes, "escapam" à tributação gravosa, muito embora ao longo de um período maior estejam em igualdade de condições com aqueles primeiros. Não por outra razão, referido autor aponta que a progressividade se justifica também por questões de *justiça distributiva* e *estrutural*.[310]

Mesmo nesse sentido, é dizer, como medida de realização de justiça distributiva, a questão não parece indene de críticas. Uckmar, por exemplo, atenta para o fato de que não há relação linear entre o aumento da tributação e a realização de justiça distributiva: haveria que se garantir, por um critério de controle da destinação das despesas públicas, que o produto da arrecadação efetivamente se vertesse à supressão de

---

direito tributário [...] A progressividade se revela, como se procurará provar, pouco eficaz como instrumento de política fiscal distributiva da carga fiscal, o que a afasta do ideal de igualdade da tributação e, consequentemente, do princípio da capacidade contributiva." ZILVETTI, Fernando Aurelio. *Princípios de direito tributário e a capacidade contributiva*. São Paulo: Quartier Latin, 2004. p. 176-177.

310. SCHOUERI, Luís Eduardo. *Direito tributário*. 9. ed. São Paulo: Saraiva Educação, 2019. p. 407-411.

desigualdades, e não, precisamente, por exemplo, ao prestígio de estratos sociais mais elevados com maior grau de influência sobre certas políticas públicas.[311]

A nós parece, entretanto, que a progressividade se justifica, sim, tanto como mecanismo de atendimento e concreção ao princípio da capacidade contributiva – corolário da noção de igualdade, conforme nos referimos anteriormente – como, simultaneamente, instrumento de concreção a um Estado Social Distributivo,[312] notadamente para correção da regressividade do próprio sistema tributário.

Como instrumento para o atingimento da isonomia material, contudo, a progressividade é limitada não apenas à própria noção de capacidade contributiva, mas também, evidentemente, à confiscatoriedade (art. 150, IV, da CF);[313] mais que isso, na medida em que se presta igualmente como instrumento de justiça distributiva, sua avaliação pelo Judiciário deverá sempre estar sujeita ao exame da proporcionalidade.[314]

Sobre o exame da proporcionalidade no particular caso da aplicação das alíquotas progressivas, há sempre de se ter presente que uma tributação excessivamente gravosa sói incidir sobre

---

311. UCKMAR, Victor. *Princípios comuns de direito constitucional tributário*. Tradução de Marco Aurélio Greco. São Paulo: Revista dos Tribunais; EDUC, 1976. p. 85.

312. Não sendo demais rememorar que "construir uma sociedade livre, justa e solidária" é um dos "objetivos fundamentais da República Federativa do Brasil", como verbera o art. 3º, I, da Carta Magna.

313. Sobre o limite da confiscatoriedade no direito espanhol, aponta Fernando Perez Royo: "[...] tras unos principios de marcada orientación redistributiva se introduce esta 'coletilla', como una especie de concesión o garantía frente a posibles abusos en la progresividad del sistema". ROYO, Fernando Perez. *Derecho financiero y tributario*: parte general. 7. ed. Madrid: Civitas, 1997. p. 40.

314. Nesse particular, "o exame da proporcionalidade aplica-se sempre que houver uma *medida concreta* destinada a realizar uma *finalidade*. Nesse caso, devem ser analisadas as possibilidades de a medida levar à realização da finalidade (exame da adequação), de medida a ser menos restritiva aos direitos envolvidos dentre aquelas que poderiam ter sido utilizadas para atingir a finalidade (exame da necessidade), e de a finalidade pública ser tão valorosa que justifique tamanha restrição (exame da proporcionalidade em sentido estrito". ÁVILA, Humberto. Proporcionalidade e direito tributário. *In*: SCHOUERI, Luís Eduardo. *Direito tributário*. São Paulo: Quartier Latin, 2003. v. I. p. 332.

parcela da população que não apenas possui condições para melhor se planejar em termos tributários, mas, sobretudo, para dar a seus ativos grande mobilidade internacional, incluindo a possibilidade de mudança de domicílio. Enfim, os efeitos indutores negativos[315] da progressividade levada às últimas consequências podem não apenas deixar de cumprir o propósito a que se prestam, mas atuar como fator de desestímulo.

Por fim, deve-se registrar que a progressividade também se admite no sistema brasileiro para fins extrafiscais, tal como ocorre com o ITR (art. 153, VI, § 4º, I, da CF) e o IPTU (art. 156, I, § 1º, I e II, da CF).

6.5.2 A progressividade do ITCMD e a discriminação por graus de parentesco

Tendo discorrido em linhas gerais sobre a progressividade, sói que nos detenhamos em sua aplicação aos impostos sobre a transmissão *causa mortis* ou por doações.

De início, deve-se atentar à particularidade de que a só noção de aplicação da progressividade aos impostos ditos "reais" nos termos referidos foi rechaçada pela jurisprudência do STF.

Nesse sentido, quando do julgamento do RE 153.771,[316] a Corte Suprema considerou que seria impossível admitir a

---

315. HALAH, Lucas Issa. Os fundamentos da progressividade no ITR. *Revista Direito Tributário Atual – RDTA*, São Paulo: Dialética, v. 34, p. 265-266, 2015.

316. Permitimo-nos transcrever também a ementa de referido julgado, por esclarecedora que é ao tema sob exame: "IPTU. Progressividade. – No sistema tributário nacional é o IPTU inequivocamente um imposto real. – Sob o império da atual Constituição, não é admitida a progressividade fiscal do IPTU, quer com base exclusivamente no seu artigo 145, § 1º, porque esse imposto tem caráter real que é incompatível com a progressividade decorrente da capacidade econômica do contribuinte, quer com arrimo na conjugação desse dispositivo constitucional (genérico) com o artigo 156, § 1º (específico). – A interpretação sistemática da Constituição conduz inequivocamente à conclusão de que o IPTU com finalidade extrafiscal a que alude o inciso II do § 4º do artigo 182 é a explicitação especificada, inclusive com limitação temporal, do IPTU com finalidade extrafiscal aludido no artigo 156, I, § 1º. – Portanto, é inconstitucional qualquer progressividade, em se tratando de IPTU, que não atenda exclusivamente ao disposto no artigo 156, § 1º, aplicado com as limitações expressamente constantes dos §§ 2º e 4º do artigo 182, ambos da

progressividade de alíquotas do IPTU, o que fez ao sustento de que esta seria incompatível com a natureza do tributo. Colhe-se, assim, do voto do Ministro Moreira Alves a asserção de que a progressividade fundada no art. 145, § 1º, da CF seria impossível, "porque esse imposto tem caráter real que é incompatível com a progressividade decorrente da capacidade econômica do contribuinte".[317]

Com o advento da EC nº 29/2000, que alterou o art. 156 da Carta Magna para expressamente viabilizar a progressividade ao IPTU, o STF reiterou e reforçou seu posicionamento anterior, o que fez, inclusive, por meio da edição da Súmula 668,[318] que admitiu a progressividade em razão de excogitada emenda constitucional apenas depois de sua edição, mantendo-se o reconhecimento da inconstitucionalidade pretérita.

A Suprema Corte também seguiu essa linha em sua história orientação a respeito da avaliação do Imposto sobre a Transmissão onerosa de Bens Imóveis e dos direitos a eles relativos (ITBI). Assim se deu quando do julgamento do RE 234.105,[319] bem como da edição da Súmula 656.[320]

Constituição Federal. Recurso extraordinário conhecido e provido, declarando-se inconstitucional o subitem 2.2.3 do setor II da Tabela III da Lei 5.641, de 22.12.89, no município de Belo Horizonte". RE 153.771, rel. Carlos Velloso, rel. p/ acórdão Moreira Alves, Tribunal Pleno, julgado em 20/11/1996, *DJ* 05/09/1997, PP-41892, ement vol-01881-03, PP-00496 *RTJ* vol-00162-02, PP-00726.

317. RE 153.771, rel. Carlos Velloso, rel. p/ acórdão Moreira Alves, Tribunal Pleno, julgado em 20/11/1996, *DJ* 05/09/1997, PP-41892, ement vol-01881-03, PP-00496 *RTJ* vol-00162-02, PP-00726.

318. Súmula 668: "É inconstitucional a lei municipal que tenha estabelecido, antes da Emenda Constitucional 29/2000, alíquotas progressivas para o IPTU, salvo se destinada a assegurar o cumprimento da função social da propriedade urbana".

319. "Constitucional. Tributário. Imposto de Transmissão de Imóveis, *Inter Vivos* - ITBI. Alíquotas progressivas. C.F., art. 156, II, § 2º. Lei nº 11.154, de 30.12.91, do Município de São Paulo, SP. I. - Imposto de transmissão de imóveis, *inter vivos* - ITBI: alíquotas progressivas: a Constituição Federal não autoriza a progressividade das alíquotas, realizando-se o princípio da capacidade contributiva proporcionalmente ao preço da venda. II. - R.E. conhecido e provido." RE 234.105, rel. Carlos Velloso, Tribunal Pleno, julgado em 08/04/1999, *DJ* 31/03/2000, PP-00057, ement vol-01985-04, PP-PP-00823.

320. Súmula 656: "É inconstitucional a lei que estabelece alíquotas progressivas para o imposto de transmissão *inter vivos* de bens imóveis - ITBI com base no valor venal do imóvel".

A situação alterou-se, todavia, no julgamento do RE 562.045,[321] o qual discutia a progressividade de alíquotas do ITCMD (de 1% a 8% sobre o valor venal do imóvel) praticada pelo art. 18 da Lei Estadual nº 8.821/1989, do Estado do Rio Grande do Sul.

No julgamento do referido recurso, a maioria dos ministros seguiu a divergência aberta pelo Ministro Eros Grau, o que se fez a partir de uma nova interpretação sobre o mesmo art. 145, § 1º, da CF. Em linhas gerais, o fundamento é no sentido de relativizar a dicotomia entre impostos reais e pessoais, de maneira que aos primeiros também seria possível aplicar a técnica da progressividade a fim de melhor alinhar a exação à capacidade contributiva.

Deve-se destacar que a alteração de entendimento depois de dezessete anos de firme orientação da Suprema Corte quanto à possibilidade de aplicação da capacidade contributiva aos impostos reais – como o ITCMD – deu-se efetivamente a partir de singela reanálise do texto constitucional. Consideramos que o STF, poderia ter empreendido maior fundamentação para justificar a alteração de tal consagrada posição em prestígio aos princípios da segurança jurídica e certeza do direito, indicando justificativas a tal mudança de posição.[322]

Enfim, a partir da publicação do acórdão referente ao caso em exame no ano de 2013, há definição da Corte Suprema quanto à possibilidade de aplicação da progressividade de alíquotas aos impostos reais, em geral, e ao ITCMD, em

---

321. "Recurso extraordinário. Constitucional. Tributário. Lei estadual: progressividade de alíquota de Imposto sobre Transmissão *Causa Mortis* e Doação de Bens e Direitos. Constitucionalidade. Art. 145, § 1º, da Constituição da República. Princípio da igualdade material tributária. Observância da capacidade contributiva. Recurso extraordinário provido." RE 562.045/RS, rel. Min. Ricardo Lewandowski, *DJe* 233, divulg. 26/11/2013, public. 27/11/2013.

322. Uma avaliação detida da alteração do posicionamento do Supremo à míngua de justificativas admissíveis se encontra em artigo de André Silva Gomes. GOMES, André Silva. Segurança jurídica e mudança jurisprudencial: o caso da progressividade dos impostos reais no entendimento do STF. *Revista Direito Tributário Atual – RDTA*, São Paulo: Instituto Brasileiro de Direito Tributário – IBDT, v. 46, p. 95-117, 2020.

particular. Não por outra razão, grande parte das legislações estaduais assim o fazem.

Há outra particularidade a se cuidar acerca da progressividade de alíquotas do ITCMD: a questão da possibilidade de que a variação de alíquotas se relacione ao grau de parentesco entre as partes.

Em especial no que diz respeito ao imposto de transmissão *causa mortis*, é bastante comum o estabelecimento de tributação distinta para os parentes mais próximos, com um agravamento conforme se distanciam.

Tal distinção é imemorial. Aponta-se que em Roma, por exemplo, a *lex Julia*, conhecida como *Lex Vicesima hereditatum*, excluía o imposto sobre parentes próximos. Tal prática perdurou pelo tempo, com registros de sua adoção na França do século XVIII e na Inglaterra dos séculos XVIII e XIX.[323] Decerto que entre os romanos a repulsa à tributação da transmissão hereditária aos parentes próximos possuía sobretudo razões de fundo religioso, ligadas ao estreito vínculo entre a religião do culto aos lares e a ideia de propriedade. Trataremos disso no item seguinte, a explanar o direito fundamental à herança.

Certo é que a discriminação por parentesco vicejou historicamente em inúmeros ordenamentos – inclusive o brasileiro – por bastante tempo.[324]

Petronio de Araújo traz uma série de fundamentos vindos do direito financeiro que buscam explicar tal situação. Todas as teorias demonstram, presentemente, sinais do tempo.

---

323. FONROUGE, Carlos M. Giuliani. *Impuesto a la transmisión gratuita de bienes*. Buenos Aires: El Ateneo Libreria Científica y Literária, 1937. p. 329-330.

324. "A diferenciação das taxas do impôsto, como regra geral, variam de acordo com o valor dos bens transmitidos e o grau de parentesco entre os sucessores e o 'de cujus', aumentando à medida que se distancia o parentesco ou que se eleva o valor da herança. A diferenciação das taxas pelas relações de parentesco é bastante antiga e aceita pela legislação tributária universal. Como norma geral, as alíquotas são menores para os sucessores em linha reta – ascendentes e descendentes – e maiores para os colaterais e não parentes." NICÁCIO, Antônio. *Do impôsto de transmissão de propriedade "causa mortis"*. Rio de Janeiro: Alba, 1959. p. 37.

Vejamos algumas delas: (i) a teoria de Luigi Einaudi propunha que o imposto devia gravar a riqueza consumida e eximir aquela poupada; além disso, preconizava uma tributação maior aos solteiros, que – pelas pitorescas conclusões do proponente, teriam em vida se furtado dos tributos por viverem em hotéis e hospedarias, deixarem de ter filhos e dispensarem "casa, mobília e criadagem" – deveriam "pagar corretamente em artigo de morte aquilo que em vida conseguiram não pagar, mercê da astúcia de fazer os seus consumos de maneira invisível ao fisco". Já a riqueza passada aos filhos seria presumivelmente por eles conservada, de forma distinta do que se passaria com a transmissão aos colaterais;[325] (ii) outras teorias se fundam na capacidade contributiva dos herdeiros: supondo que os filhos já gozassem do patrimônio familiar em vida, sua percepção de capacidade contributiva em relação à herança seria distinta da dos colaterais, para quem a transmissão seria riqueza inesperada. Tal teoria se aproximaria da dos "hábitos consolidados do herdeiro", segundo a qual "cada pessoa se acostuma a um certo teor de vida, que não pode ser facilmente abaixado. Um imposto que obrigasse o contribuinte a mudar de hábitos lhe causaria um sacrifício desmedido";[326] (iii) ainda "tão original quanto extravagante, é aquela (teoria) divulgada em um panfleto anônimo de que dá notícia Schultz, segundo a qual, na linha reta a afeição obedece a lei da física; corre naturalmente de cima para baixo".[327]

Aliomar Baleeiro discrimina alguns dos critérios das legislações contemporâneas que se aplicam à personalização do imposto sucessório no que concerne às relações familiares. O texto merece transcrição, a se pensar sobre justificativas mais consentâneas a tais práticas:[328]

---

325. ARAÚJO, Petronio Baptista de. *O impôsto sobre a transmissão da propriedade*. Rio de Janeiro: Fundação Getulio Vargas, 1954. p. 252.

326. Ibidem, p. 254.

327. Ibidem, p. 255.

328. BALEEIRO, Aliomar. *Direito tributário brasileiro*. Atualizada por Misabel Abreu Machado Derzi. 13. ed. Rio de Janeiro: Forense, 2015. p. 348.

> As legislações contemporâneas acentuam diferentes características da personalização atual desse tributo, especialmente quanto:
>
> a) à discriminação pelo grau de parentesco (alíquotas menores entre descendentes, ascendentes e cônjuges; médias para colaterais e pesadas entre estranhos – cresce o índice numérico de progressão à medida que se distancia o parentesco);
>
> b) isenção para pequenos quinhões, sobretudo se os herdeiros são órfãos, assim como para instituições filantrópicas;
>
> c) às reduções para herdeiros de avançada idade ou que não são ricos;
>
> d) à escala progressiva, segundo o vulto dos quinhões;
>
> e) à agravação do tributo, se o herdeiro reside noutro Estado ou no estrangeiro;
>
> f) à possibilidade de encarar os encargos de família do defunto e do herdeiro para mitigação da tabela (lei francesa que estabelece deduções, quando o *de cujus* deixa vários filhos ou quando os tem numerosos o herdeiro).

Mas não é só. Misabel Derzi, nas notas de atualização à obra de Baleeiro, depois de indicar que outros países adotam semelhante prática (tais como os Estados Unidos da América, a Inglaterra, a Alemanha e a França), tece críticas ao que aponta como insensibilidade da tributação sucessória nacional às questões familiares, em especial diante do art. 226 da Carta Magna, que preconiza a especial proteção à família. Conclui da seguinte maneira:[329]

> Entre nós, entretanto, nas últimas décadas, o imposto sobre heranças e doações, embora já tenha sido pessoal e progressivo, tem se tornado cada vez mais objetivo e insensível às relações de parentesco e aos encargos familiares. O art. 226 da Constituição brasileira assegura uma proteção especial à família. [...]
>
> A proteção especial da família não se reduz à disciplina jurídica da lei civil, mas estende-se a todos os ramos jurídicos, em especial à compatibilização das normas constantes do Direito do

329. Nota de atualização à obra de Aliomar Baleeiro. *In*: BALEEIRO, Aliomar. *Direito tributário brasileiro*. Atualizada por Misabel Abreu Machado Derzi. 13. ed. Rio de Janeiro: Forense, 2015. p. 365.

> Trabalho, do Direito Tributário e do Direito Social – entendido este último no sentido amplo de direito da seguridade social, da habitação e da educação, enfim, do Título VIII da Constituição (Ordem Social).

A questão é instigante. Seria o preceito constitucional que dispõe sobre a proteção à família (art. 226) elemento capaz de tornar o grau de parentesco critério de discrímen a instituir situação de desequiparação tributária para fins do ITCMD? Haveria aqui a *correlação lógica* entre o fato de discrímen e a discriminação decidida em sua função, nos clássicos dizeres de Bandeira de Mello[330]?

Em dias atuais, a resposta é dada pela Corte Suprema em sentido negativo. Assim, *e.g.*, ao julgar o RE 602.256, o qual discutia a legislação pernambucana, o relator, Ministro Luiz Edson Fachin, ponderou que o critério do grau de parentesco não guarda nenhuma relação com a capacidade contributiva, razão pela qual não se pode elegê-lo como critério para a progressividade das alíquotas do ITCMD:[331]

> Na hipótese, o critério de grau de parentesco e respectivas presunções da proximidade afetiva, familiar, sanguínea, de dependência econômica com o *de cujus* ou com o doador, não guarda pertinência com o princípio da capacidade contributiva, porquanto não há relação direta entre a relação de parentesco e a manifestação de riqueza que demande do Estado Fiscal a distinção de contribuintes, à luz da equidade vertical.

Tal entendimento tem sido aplicado por ambas as turmas do STF,[332] desenhando, pois, um quadro da incompatibilidade entre a utilização do grau de parentesco como mecanismo de diferenciação de alíquotas para o ITCMD e a Constituição.

---

330. MELLO, Celso Antônio Bandeira de. *O conteúdo jurídico do princípio da igualdade*. 3. ed. São Paulo: Malheiros Editores, 2005. p. 39.

331. RE 602.256 AgR, rel. Edson Fachin, Primeira Turma, julgado em 16/02/2016, *DJe*-038, divulg. 29/02/2016, public. 01/03/2016.

332. RE 958.709 AgR, rel. Dias Toffoli, Segunda Turma, julgado em 02/12/2016, *DJe*-030, divulg. 14/02/2017, public. 15/02/2017.

A nosso ver, tal posicionamento é acertado. O argumento da proteção à família não justifica, no caso brasileiro, uma supressão da lógica tributária que se deve aplicar sobre o caso; de mais a mais: (i) a capacidade contributiva subjetiva sempre atuará como limite (pelas noções de mínimo existencial ou vedação ao confisco) e obstáculo aos excessos tributários, não nos parecendo haver nenhum outro mecanismo necessário – envolvendo relações de parentesco – a justificar eventuais fatores discriminatórios distintos; (ii) a tributação das heranças e doações no Brasil, como cediço, dista de estar próxima à dos países centrais, o que esvazia ainda mais, em certa medida, o argumento da necessidade de incentivos financeiros para proteção à família; (iii) sob a perspectiva do próprio *de cujus* ou donatário, vale destacar que a proteção à sua parte disponível ostenta exatamente o mesmo nível constitucional de jusfundamentalidade que a legítima: enquanto esta se alicerça na proteção à família, aquela se sustenta no direito de propriedade, ambas que com outros princípios conformam a noção de dignidade da pessoa humana. Enfim, a discriminação por parentesco nos parece uma discriminação que, se não chega a ser propriamente odiosa,[333] não guarda – em noções de proporcionalidade – nexo com eventual proteção à família, que se pode e deve proceder por outros meios.

6.6 O ITCMD, a não obstância dos direitos fundamentais pela tributação e o direito fundamental à herança

Vimos no item 2.4 que os princípios são normas que, entre outras características, costumam guarnecer direitos

333. "Quanto à vedação das discriminações fiscais, esta se encontra prevista no art. 150, II, da CF/88, porém nele não se encerra. [...] Afirmamos sem medo: em um Estado Democrático de Direito, ao exemplo do Brasil inexiste a possibilidade de uma discriminação fundamentada em quaisquer razões apontadas a não ser considerada odiosa. Independentemente de qual seja, são inúmeros os vetores que resguardam esta inexistência: o princípio da igualdade, os direitos humanos, os ideais democrático e republicano; enfim, todo e qualquer comando normativo, ético ou moral, está habilitado a atribuir caráter odioso a quaisquer das razões apontadas." GREGORIO, Argos. *A capacidade contributiva*. São Paulo: Quartier Latin, 2011. p. 140-141.

fundamentais, para além de ostentarem elevado grau de generalidade e carga axiológica, não raro traduzindo-se eles próprios em valores. E, assim como os valores, os princípios se interdeterminam ou coimplicam.

Decerto que, como posições de não indiferença ou preferência,[334] os valores se coimplicam: o justo é simultaneamente definido e se define por aquilo que é bom, correto, equânime, digno etc. Assim também quanto aos princípios: a noção de capacidade contributiva antes referida, por exemplo, é conceito simbiótico em relação ao de igualdade, vedação ao confisco, garantia à propriedade e, por se dizer, do princípio que guarnece a proteção ao direito fundamental de herança *vis-à-vis* a tributação que sobre ela se possa instituir.

Ruy Barbosa Nogueira aponta que os direitos e as garantias individuais são setor dos mais importantes do constitucionalismo. Assim, no direito moderno se reconhece o indivíduo como anterior ao Estado e este como estruturado para assegurar o bem-estar daquele; não por outra razão, ao lado do poder tributário do Erário, "é preciso garantir os habitantes do país não só contra a desmedida ânsia da exigência e cobrança de impostos, como também impedir nesse setor os excessos ou abusos de autoridade".[335] Precisamente por isso é que os direitos fundamentais atuam como normas negativas de competência[336] (imunidades) ou, ainda, condicionantes

334. Valores não são da ordem das verdades. "O que vale não é o que conhecemos, mas o que desejamos, queremos e amamos: assim a justiça é um valor não por ser verdadeira, mas porque amamos a justiça. Ela vale, portanto, já que é verdade que nós a amamos. Mas ela só vale para os justos, e por eles. Ela não é da ordem do ser ou da verdade, mas da ordem do valor, do desejo, do querer." COMTE-SPONVILLE, André. A verdade e nós. *In*: COMTE-SPONVILLE, André. *Valor e verdade*: estudos cínicos. Tradução de Eduardo Brandão. São Paulo: WMF Martins Fontes, 2008. p. 364.

335. NOGUEIRA, Ruy Barbosa. *Da interpretação e da aplicação das leis tributárias*. São Paulo: Revista dos Tribunais, 1965. p. 23.

336. Tal ponderação parte da ideia de que os direitos fundamentais seriam capacidades originárias, enquanto as competências seriam capacidades derivadas da ordem democrática. As normas de direitos fundamentais, nesse sentido, situariam seu titular em uma situação de não sujeição, ligada à noção dos direitos de segunda ordem. "O contraponto à competência do cidadão é a competência do Estado ou de

de seu válido exercício (princípios). Tratamos disso em linhas mais gerais no item 2.4.

Enfim, a paradoxal atividade da tributação, que se desenvolve no espaço da jusfundamentalidade e sobre ela exerce certas limitações, encontra sempre obstáculo no princípio da não obstância dos direitos fundamentais pela tributação, proposto e assim definido por Regina Helena Costa:[337]

> Esse princípio, que se encontra implícito no texto constitucional, é extraído das normas que afirmam que os diversos direitos e liberdades nele contemplados devem conviver harmonicamente com a atividade tributante do Estado.
>
> Em outras palavras, se a Lei Maior assegura o exercício de determinados direitos, que qualifica como fundamentais, não pode tolerar que a tributação também constitucionalmente disciplinada, seja desempenhada em desapreço a esses mesmos direitos.

Com efeito, todos os direitos fundamentais constitucionalmente guarnecidos – e tributários da noção de dignidade da pessoa humana – hão de ser considerados na atividade da tributação, de maneira que não possam ser obstaculizados[338] ou amesquinhados. Há aqui um delicado equilíbrio, que se

---

seus órgãos. Neste ponto, as normas de direitos fundamentais entram em jogo como normas negativas de competência. Uma norma negativa de competência é uma norma que restringe uma norma positiva de competência. É possível também dizer que normas negativas de competência introduzem cláusulas de exceção nas normas positivas de competência." ALEXY, Robert. *Teoria dos direitos fundamentais*. Tradução de Virgílio Afonso da Silva. 2. ed. São Paulo: Malheiros Editores, 2015. p. 247-248.

337. COSTA, Regina Helena. *Curso de direito tributário*: Constituição e Código Tributário Nacional. 5. ed. São Paulo: Saraiva, 2015. p. 94.

338. "Desse modo, o princípio em foco tem sua eficácia manifestada não somente mediante a instituição de situações de intributabilidade, mas também mediante a observância de outros princípios constitucionais, tais como o da vedação da utilização de tributo com efeito de confisco (art. 150, IV), o da função social de propriedade (art. 5º, XXIII, e 170 III) e o da liberdade de profissão (arts. 5º, XIII, e 170, parágrafo único). [...] Assim é que outros direitos fundamentais, além do direito de propriedade e do direito de liberdade, também devem ser considerados pela tributação, visto que por ela alcançados de forma indireta." COSTA, Regina Helena. *Imunidades tributárias*: teoria e análise da jurisprudência do STF. 3. ed. São Paulo: Malheiros Editores, 2015. p. 88.

desenvolverá nas dobras das teorias sobre limitações ou restrições dos direitos fundamentais e na árdua tarefa de lhes determinar um conteúdo essencial.[339]

Particularmente no caso sucessório, tal princípio encontra densificação no art. 5º, XXX, da CF, que estatui: "é garantido o direito de herança". Aqui há indiscutível posição de jusfundamentalidade, a nosso ver amalgamada às noções de propriedade (art. 5º, *caput* e XXII, da CF) e proteção à família (arts. 226, *caput*, §§ 3º e 4º, e 227, § 6º, da CF). Vê-se claramente a referida coimplicação dos conceitos.

O vínculo indissociável entre o direito fundamental à propriedade e a noção de herança, aliás, está na raiz mesma dessas instituições. Coulanges anota que nos primórdios da civilização greco-romana a religião doméstica do culto aos lares fixava no domicílio o centro religioso de cada família. Eis o que deu origem à noção então existente de propriedade, sobretudo imobiliária, bem assim à necessidade de sua perpetuação do domínio familiar depois da morte de um titular, como mecanismo de sobrevivência do culto doméstico.[340]

---

339. "Encarando-se as normas instituidoras de tributos enquanto normas de restrição a direitos fundamentais, editadas com esteio em cláusulas de reserva consistentes nas normas constitucionais delimitadoras das faixas de competência tributária, para que se possa encontrar o ponto de equilíbrio entre a tributação e os direitos fundamentais, é necessário identificar o conteúdo essencial desses direitos, discernindo, portanto, a parcela intocável pela tributação e, consequentemente, delimitando a margem de liberdade do legislador, em cujo âmbito está autorizado a limitar os direitos e posições *prima facie* que abstratamente seriam reconhecidos aos titulares, caso a competência tributária não fosse exercida." SILVA, Lázaro Reis Pinheiro. *ICMS seletivo e discricionariedade legislativa*. Rio de Janeiro: Lumen Juris, 2020. p. 50.

340. "Há três coisas que, desde os tempos mais antigos, se encontram fundadas e estabelecidas solidamente pelas sociedades gregas e itálicas: a religião doméstica, a família e o direito de propriedade; três coisas mostrando originariamente manifesta relação entre si e que parece terem mesmo andado inseparáveis. A ideia de propriedade provada estava na própria religião. Cada família tinha o seu lar e os seus antepassados. Esses deuses só podiam ser adorados pela família, só à família protegiam; eram propriedade sua. [...] Como o lar, a família ocupará sempre este lugar. O lugar pertence-lhe: é sua propriedade, propriedade não de um só homem, mas de uma família, cujos diferentes membros devem vir, um após outros, nascer e morrer ali." FUSTEL DE COULANGES, Numa Denis. *A cidade antiga*. Tradução de Fernando de Aguiar. 4. ed. São Paulo: Martins Fontes, 1998. p. 58-59.

Em termos modernos, se é certo que não há necessário nexo religioso entre as ideias de sucessão hereditária e o direito de propriedade ou família, trata-se de uma realidade jurídica e social inexorável de associação das relações jurídicas do sucedido à figura de seus sucessores. Venosa vai além, apontando que a própria organização do Estado ou quiçá a organização dos modos de produção tal como a concebemos veicula interesse na ideia de sucessão hereditária ou testamentária, visto que a abolição implicaria prejuízo à "capacidade produtiva de cada indivíduo, que não teria interesse em poupar e produzir, sabendo que sua família não seria alvo do esforço", lembrando ainda que "até mesmo a revolução russa teve que voltar atrás, uma vez que abolira o direito sucessório. A constituição soviética de 1936 acabou por restabelecer o direito de herança, sem restrições".[341]

Pode-se dizer, enfim, que a proteção e a disciplina constitucional da herança e da sucessão no caso brasileiro perpassam tanto os jusfundamentais direitos de propriedade quanto os de proteção à família. Há, assim, a proteção no sentido de guarnecer o direito dos herdeiros necessários para os quais haverá a sucessão legítima sem distinções entre filhos ou entre cônjuges e companheiros – o que traduz vínculo entre sucessão e direito de família –, bem como a proteção ao direito do sucedido em relação à disponibilidade testamentária, respeitada a legítima[342] – o que denota vínculo entre a ideia de sucessão e a de propriedade.

A ilustrar tal cenário, Gabriel Fernandes bem rememora que o STF, ao julgar o RE 646.721/RS, que estabeleceu a inconstitucionalidade do art. 1.790 do CC brasileiro por conter distinção entre cônjuges e companheiros, deixou bastante claro o vínculo entre as ideias de sucessão, proteção à família

---

341. VENOSA, Sílvio de Salvo. *Direito civil*: direito das sucessões. 18. ed. São Paulo: Atlas, 2017. v. 6. p. 11.

342. SILVA, José Afonso da. *Comentário contextual à Constituição*. 9. ed. São Paulo: Malheiros Editores, 2014. p. 128.

e propriedade.[343] Interessante, nesse ponto, a transcrição de excerto do voto do Ministro Luís Roberto Barroso:[344]

> O fundamento do Direito Sucessório no Brasil é a noção de continuidade patrimonial como fator de proteção, de coesão e de perpetuidade da família. O regime sucessório no País envolve a ideia de proteção em dois graus de intensidade. O grau fraco aplica-se à parte disponível da herança, em relação à qual o sucedido tem a liberdade para dispor, desde que respeitados os requisitos legais para sua manifestação de vontade. Quanto a essa parte, a lei tem caráter supletivo, conferindo direito de herança aos herdeiros vocacionados somente no caso de inexistir testamento.
>
> Já o grau forte refere-se à parte indisponível da herança (chamada legítima), que corresponde a metade dos bens da herança que a lei impõe seja transferida a determinadas pessoas da família (os herdeiros necessários), que só deixarão de recebê-la em casos excepcionais também previstos em lei. Sobre essa parcela, o sucedido não tem liberdade de decisão, pois se trata de norma cogente. [...].

Qual seria, então, a relevância de tais digressões ao corrente estudo? A resposta está em praticamente todas as discussões sobre política tributária envolvendo a tributação da sucessão *causa mortis*.

Como apontamos desde linhas introdutórias, a alíquota máxima a que pode chegar o ITCMD atualmente é de 8%, tal como dispõe a Resolução do Senado Federal nº 9, de 5 de maio de 1992, editada em obediência ao art. 155, I, § 1º, IV, da CF. Não se pode dizer, atualmente, que haja conflito entre a tributação das transmissões *causa mortis* e o direito de herança. Tal realidade, contudo, diverge de muitos países desenvolvidos, nos quais a tributação de heranças (para além de usualmente progressiva e relacionada a graus de parentesco) costuma atingir patamares muito mais elevados.

---

343. FERNANDES, Gabriel da Nóbrega. *Controle de validade do imposto sobre transmissão causa mortis*. 2018. 196 f. Dissertação (Mestrado em Direito) – Pontifícia Universidade Católica de São Paulo, São Paulo, 2018. f. 57.

344. RE 646.721, rel. Marco Aurélio, Tribunal Pleno, julgado em 10/05/2017, *DJe*-204, divulg. 08/09/2017, public. 11/09/2017.

Deve-se registrar que, em termos históricos, muitas foram as abordagens e percepções sobre como a tributação deveria dispor na sucessão hereditária. Afora a avaliação da capacidade contributiva, outras questões sempre permearam os debates. Fonrouge destaca que entre as teorias que denomina "não financeiras" sobre a tributação das heranças há aquelas que propugnam a abolição pura e simples do direito hereditário ou, ainda, a sua anulação pelo aumento dos tributos, bem assim as noções de Estado como coerdeiro e a utilização do tributo em apreço como meio para se realizar a difusão da riqueza.[345]

Petronio de Araújo[346] igualmente discorre sobre as teorias que, sob a perspectiva do herdeiro, dão foco a propósitos verdadeiramente extrafiscais passíveis de identificação da tributação das transmissões *causa mortis*. Algumas dessas teorias, que trazemos a título de exemplo, são as seguintes: (i) a teoria da compensação das igualdades tributárias, segundo a qual o imposto sucessório se destinaria a corrigir desigualdades na medida em que grava mais fortemente as grandes fortunas e isenta as sucessões dos menos favorecidos; (ii) a teoria da difusão da riqueza, próxima dessa última, que propugna que o imposto deve impedir a concentração de grandes fortunas, inicialmente como forma de combate à ociosidade e posteriormente inspirada por uma visão mais social de política fiscal; e (iii) a teoria da faculdade contributiva, que pretende tributar os sucessores *causa mortis* de maneira a aquilatá-los aos demais contribuintes, também em uma concepção de justiça distributiva.

Muitas dessas teorias, cujos desdobramentos não diferem, a nosso ver, das discussões ainda vigentes sobre a matéria, parecem inclinar-se para uma utilização do imposto sobre a transmissão *causa mortis* com uma clara feição extrafiscal. Fala-se em extrafiscalidade em um sentido amplo, de utilizar-se da tributação não propriamente para fins fiscais, mas

---

345. FONROUGE, Carlos M. Giuliani. *Impuesto a la transmisión gratuita de bienes*. Buenos Aires: El Ateneo Libreria Científica y Literária, 1937. p. 43.

346. ARAÚJO, Petronio Baptista de. *O impôsto sobre a transmissão da propriedade*. Rio de Janeiro: Fundação Getulio Vargas, 1954. p. 222-240.

para o atingimento de uma ação distributiva de riquezas, e não, obviamente, no sentido de induzir esta ou aquela condutas, o que seria, em verdade, impensável (afinal, como regra, o maior interessado em evitar a transmissão *causa mortis* é precisamente o sucedido; sobre a influência dos sucessores na abertura da sucessão, eventuais condutas são disciplinadas pelas legislações criminal e civil).

Em que medida, então, a elevação das alíquotas do tributo *causa mortis* poderia colocar em risco os fundamentais direitos à herança e, pois, de proteção à família e à propriedade? A resposta a tal digressão, decerto, desenvolver-se-ia no Judiciário diante de uma eventual alteração do quadro legislativo atual.

Uma eventual evolução do direito brasileiro a imprimir tal marca extrafiscal ao imposto sobre a transmissão *causa mortis* pela elevação exponencial de suas alíquotas decerto terá de se dar na busca de um espaço harmônico com a proteção aos fundamentais direitos de herança, de propriedade e de proteção à família, de maneira a não lhes obstaculizar. Os critérios da igualdade e capacidade contributiva, controle de eficácia, proporcionalidade, complementaridade, subsidiariedade e economicidade, para além da aferição do cumprimento da finalidade almejada, que devem ser utilizados no controle da extrafiscalidade[347] hão de ser, assim, analisados pelo Judiciário, em avaliação casuística.

O princípio da não obstância dos direitos fundamentais, enfim, torna imperioso o respeito da atividade de tributação ao fundamental direito de herança (interdeterminado que é pelas noções de propriedade, proteção à família, vedação ao confisco etc.), imprimindo-lhe validade.

347. Tais critérios sugeridos para o delicado tema do controle da extrafiscalidade foram sumarizados por Martha Toribio Leão em obra monográfica sobre o tema. LEÃO, Martha Toribio. *Controle da extrafiscalidade*. São Paulo: Quartier Latin, 2015. v. XVI. Série Doutrina Tributária. p. 135-155.

7

ANÁLISE DA REGRA-MATRIZ DO ITD À LUZ DA CONSTITUIÇÃO E DO CÓDIGO TRIBUTÁRIO NACIONAL

7.1 Critério material

A materialidade do ITD se depreende da própria Constituição, em seu art. 155, I, quando outorga aos Estados a competência para a tributação sobre a "transmissão *causa mortis* e doação, de quaisquer bens ou direitos"; ao assim proceder, valeu-se de institutos típicos do direito privado, i.e., as noções de transmissão e doação de bens e direitos.

Uma vez que o CTN não cuida do imposto sob exame em sua contemporânea estrutura constitucional, como apontamos no capítulo 5, seu critério material constitucionalmente possível (i.e., aquele que, em termos de conteúdo, parece adequado ao texto constitucional e, pois, pode ser validamente eleito pelos Estados em suas legislações) não está claramente dado no plano da lei complementar, o que, nos termos do art. 146 da CF, conferiria maior densidade semântica ao ITD. Portanto, conflitos resultantes das disputas daí decorrentes hão de ser pulverizados em um varejo junto ao Judiciário, em regime casuístico.

Pois bem. Decerto que a materialidade do ITD tem como essência uma conduta de *transmissão* por doação. O verbo *transmitir*, integrante do critério material possível da exação, diz com um *fato jurídico* modificativo de um *estado-de-fato-jurídico*: a propriedade (um *estado-de-fato*) sobre um bem ou direito sai do patrimônio de uma pessoa e entra no de outra (um *fato*).[348]

Há, pois, que distinguir entre o modo de transmissão dos bens móveis e o dos imóveis. No direito brasileiro, a transmissão dos direitos reais sobre imóveis somente se aperfeiçoa mediante o registro do título translativo no Registro de Imóveis, como se depreende dos arts. 1.227 e 1.245 a 1.247 do CC.

Os incisos do art. 35 do CTN, que consideramos aplicáveis também às doações[349] imobiliárias, regem a matéria alusivamente à legislação civil em questão.

No que diz respeito às coisas móveis, inexiste disposição no plano da lei complementar. Assim, estão livres os Estados e o Distrito Federal para dispor sobre o tema, de maneira – é claro – que não pervertam a legislação civil, para a qual "os direitos reais sobre coisas móveis, quando constituídos, ou transmitidos por atos entre vivos, só se adquirem com a tradição" (art. 1.226).

A transmissão, nos termos da Constituição, deve dar-se sobre bens ou direitos; nesse ponto, não parece haver significativa controvérsia: quando se fala em bens ou direitos,

348. "O direito *real* ou *pessoal* pode ser contemplado como *fato jurídico* ou como *estado de fato jurídico*. Tome-se, por exemplo, o direito real de propriedade: a) No *momento* em que o direito real de propriedade sai do patrimônio de uma pessoa e entra para o patrimônio de outra pessoa, neste instante o direito real de propriedade é *modificação* do mundo jurídico. Esta modificação é *fato jurídico* e este fato jurídico se denomina: *transmissão do direito* real da propriedade. A regra jurídica de tributação que tiver escolhido para base de cálculo este fato jurídico: o direito real de propriedade no momento da transmissão terá criado tributo com o gênero jurídico do imposto de *transmissão* do direito de propriedade." BECKER, Alfredo Augusto. *Teoria geral do direito tributário*. 6. ed. São Paulo: Noeses, 2013. p. 462.

349. Nesse sentido: FERNANDES, Regina Celi Pedrotti Vespero. *Impostos sobre Transmissão Causa Mortis e Doação – ITCMD*. 3. ed. São Paulo: Revista dos Tribunais, 2013. p. 102.

quer-se aludir em geral a tudo aquilo que possa ser objeto das relações jurídicas. A referência, pois, é ampla e se dirige às coisas, utilidades materiais ou imateriais, corpóreas ou incorpóreas, além de fatos ou abstenções humanas que, sendo de apreciação econômica, possam integrar o patrimônio[350] de uma pessoa natural ou jurídica.

Cabe, então, que se discorra sobre a noção de doação que qualifica as transmissões graváveis pelo ITD.

Nesse particular, conceitua-se a doação como o "contrato pelo qual uma das partes se obriga a transferir gratuitamente um bem de sua propriedade para o patrimônio da outra, que se enriquece na medida em que aquela empobrece".[351]

Maria Helena Diniz aponta para quatro elementos fundamentais das doações,[352] a saber: (i) a contratualidade; (ii) o ânimo do doador de realizar uma liberalidade (*animus donandi*); (iii) a transferência de bens ou direitos do patrimônio do doador para o donatário; e (iv) a aceitação do donatário.

---

350. "Juridicamente falando, bens são valores materiais ou imateriais que podem ser objeto de uma relação de direito. O vocábulo, que é amplo no seu significado, abrange coisas corpóreas e incorpóreas, coisas materiais ou imponderáveis, fatos e abstenções humanas [...] Coisas e bens econômicos constituem o patrimônio da pessoa, natural ou jurídica, mas, para que possam integrá-lo, preciso é sejam economicamente apreciáveis, idôneos à estimação pecuniária. Se não suscetíveis de aferição monetária, escapam ao raio de ação do direito. O dinheiro é, por assim dizer, seu denominador comum. Além desses bens, outros existem ainda, de ordem moral e economicamente inapreciáveis, como a vida, a honra, a liberdade, a defesa e o nome. Esses bens não econômicos constituem prolongamentos, emanações da personalidade natural e não entram, nem podem entrar, na formação do patrimônio, porque não comportam estimação pecuniária; quando violados, porém, comportam indenização monetária. A palavra bens, que serve de rubrica ao livro II da Parte geral do Código Civil, tem amplo significado, abrangendo coisas e direitos, sob os mais diversos aspectos. Na Parte especial, refere-se o Código ao direito das coisas, porque então se dedica, exclusivamente, à propriedade e aos seus vários desmembramentos." MONTEIRO, Washington de Barros; PINTO, Ana Cristina de Barros Monteiro F. *Curso de direito civil 1*: parte geral. 45. ed. São Paulo: Saraiva, 2016. p. 202-203.

351. GOMES, Orlando. *Contratos*. Atualizado por Edvaldo Brito e Reginalda Paranhos de Brito. 27. ed. Rio de Janeiro: Forense, 2019. p. 206.

352. DINIZ, Maria Helena. *Curso de direito civil brasileiro*: teoria das obrigações contratuais e extracontratuais. 36. ed. São Paulo: Saraiva Educação, 2020. v. 3. p. 253-260.

Vejamos em alguns detalhes tais elementos que conformam a materialidade da exação sob exame.

A *contratualidade* da doação é característica que expressamente lhe empresta o vigente CC (art. 538), em linha com a hodierna doutrina que afasta a antiga orientação proveniente das *Institutas*, que a classificava como um *sui generis* modo de transmissão da propriedade.[353] A presença de duas partes – doador e donatário – para conformação do contrato a um só tempo denota sua índole contratual, ao passo que pronuncia a distinção entre doação, que é ato *inter vivos*, e outros atos que são *causa mortis*. De fato, "nem excepcionalmente o atual CC admite a doação *causa mortis*, isto é, a doação *propter nuptias*, pelo art. 314, do Código Civil de 1916, que só se efetivaria com a morte do doador".[354] A inexistência de doações *causa mortis* afasta o risco de confusão entre o ITD e o ITCM.

É de se registrar que a existência de duas partes não transmuta a essência *unilateral* da doação, já que, a despeito de nela haver declarações de vontade de doador e de donatário,[355] apenas ao primeiro corresponde uma obrigação no sentido técnico do termo: apenas o doador está obrigado e assume a condição de devedor, mesmo nos casos de doação sujeita a encargo.

Trata-se, outrossim, de *contrato formal*, já que o art. 541 do CC estabelece que sua celebração demanda a existência de escritura pública ou instrumento particular, exceto na transmissão de bens móveis de pequeno valor (parágrafo único da mesma disposição), em que se admite contratação verbal.

A doação, sobretudo, é contrato *gratuito*: necessariamente, nesse contrato há um decréscimo no patrimônio do doador,

353. GOMES, Orlando. Op. cit., p. 214.

354. DINIZ, Maria Helena. Op. cit., p. 254.

355. GAGLIANO, Pablo Stolze. *O contrato de doação*: análise crítica do atual sistema jurídico e os seus efeitos no direito de família e das sucessões. 4. ed. São Paulo: Saraiva, 2014. p. 35-37.

correspondente a um acréscimo patrimonial em favor do donatário, o que se dá de forma desvinculada de qualquer contraprestação por parte desse último. Mesmo no caso da imposição de encargo, prevalece a marca da liberalidade.[356] "Se, porém, esse encargo constituir-se contraprestação, ainda que as partes o denominem impropriamente, o contrato não será de doação";[357] esse equilíbrio, nas doações sujeitas a encargo, há de se cotejar casuisticamente.

O *animus donandi* é a segunda característica das doações, e se liga, por evidente, à gratuidade do contrato. Assim, o doador deve proceder de maneira espontânea, por liberalidade. Não se terá presente a liberalidade quando a parte atuar no cumprimento de obrigação, no preenchimento de condição ou encargo bem como "no cumprimento de um dever moral ou social, ditado por imperativos de justiça, hipóteses em que se terá o cumprimento de uma obrigação natural, cujo regime jurídico se afasta do da doação (CC, art. 564, III)".[358]

Deve-se anotar, ademais, que as renúncias abdicativas ou certas ações outras tampouco coadunam com a noção de *animus donandi*, ainda que nelas se identifiquem liberalidades: é o caso, por exemplo, da inação do proprietário que conduz à consumação da usucapião em favor de terceiro, da prescrição quanto ao exercício de direitos etc.; isso, é claro, se inexistir expressa declaração de vontade do doador que possa evidenciar o ânimo de doar. Isso, contudo, vale apenas para as renúncias puramente abdicativas, já que aquelas reputadas translatícias podem consistir em doações indiretas.

Como terceira característica da doação, aponta-se a *transferência efetiva de bens e direitos do patrimônio do doador* para o donatário. Há de existir um empobrecimento do

---

356. DINIZ, Maria Helena. *Curso de direito civil brasileiro*: teoria das obrigações contratuais e extracontratuais. 36. ed. São Paulo: Saraiva Educação, 2020. v. 3. p. 255.

357. VENOSA, Sílvio de Salvo. *Direito civil*: contratos em espécie. 4. ed. São Paulo: Atlas, 2004. v. 3. p. 117.

358. DINIZ, Maria Helena. Op. cit., loc. cit.

doador em favor do donatário, ligado a uma transferência *definitiva* da coisa. Daí por que não se consideram doações o comodato – no qual inexiste transferência definitiva da coisa –, o mandato gratuito, a prestação de serviços não remunerados, mútuo sem juros e na prestação de garantias reais ou fidejussórias em proveito de terceiro, que não representam uma diminuição patrimonial senão de maneira meramente potencial.[359] Outro exemplo é a cessão não onerosa de direito de superfície, já que nesse caso – para além de se tratar de hipótese contratual particular – não ocorre transferência definitiva da propriedade em favor do superficiário.[360]

A última das quatro características da doação é a *aceitação do donatário*. Como se trata de um contrato em que estão presentes, pois, duas partes, a aceitação é indispensável à sua conformação, nos termos do art. 539 do CC.

Com tais ponderações, concluímos os elementos centrais do critério material da regra-matriz do ITD no âmbito das normas veiculadas pela Constituição e pela lei complementar. Evidentemente, algumas controvérsias inerentes a tal disposição existem e nos parecem passíveis de solução pela invocação das normas de direito privado (art. 110 do CTN). Vejamos algumas delas.

7.1.1 O aparente conflito entre o ITCMD[361] e o Imposto sobre a Renda

O art. 6º, XVI, da Lei nº 7.713/1988 dispõe que "ficam isentos do imposto de renda" o "valor dos bens adquiridos por doação ou herança". A disposição de lei federal em exame

---

359. DINIZ, Maria Helena. *Curso de direito civil brasileiro*: teoria das obrigações contratuais e extracontratuais. 36. ed. São Paulo: Saraiva Educação, 2020. v. 3. p. 257.

360. A propósito: SOUSA, Leandro Eloy. A não incidência de ITBI e ITCMD na cessão de direito de superfície para Fundos de Investimento Imobiliário (FII). *Revista Dialética de Direito Tributário – RDDT*, São Paulo: Dialética, n. 231, p. 52-53, 2014.

361. O aparente conflito aqui discutido aplica-se em relação tanto ao ITD quanto ao ITCM; portanto, a se evitarem repetições, o item será aqui esgotado no que se refere aos dois impostos; daí a utilização da sigla abrangente de ambos.

indica, a nosso juízo, aparente conflito de competências em matéria tributária.

A existência de isenção estabelecida para a tributação da renda tende a fazer despiciendo o debate em termos práticos; ao menos é o que se tinha até recentemente. Ocorre que a Solução de Consulta nº 309/2018 da Coordenação-Geral de Tributação (Cosit)[362] dispôs que "os valores remetidos a título de doação a residente ou domiciliado no exterior, pessoa física ou jurídica, sujeitam-se à incidência" do Imposto de Renda Retido na Fonte (IRRF). As remessas ao exterior em decorrência de doações ou heranças, portanto, desafiarão a tributação federal da renda, segundo a recente orientação do Fisco Federal.

A fundamentação da orientação fazendária exposta é assaz frágil. Parte da premissa de que a isenção prevista para as doações (art. 6º, XVI, da Lei nº 7.713/1988) aplica-se apenas aos residentes e domiciliados no Brasil (art. 1º da mesma lei). Prossegue o raciocínio apontando que o Decreto nº 3.000/1999 (Regulamento do Imposto de Renda – RIR/99) dispunha em seu art. 690, III, sobre a dispensa de retenção do Imposto de Renda em relação aos "valores dos bens havidos, por herança ou doação, por residente domiciliado no exterior". Como, contudo, o vigente regulamento instituído pelo Decreto nº 9.580/2018 não contém semelhante disposição, estaria restabelecida a possibilidade de incidência do imposto sobre a renda nas remessas ao exterior a título de doações e heranças.

No plano constitucional, já há elementos que apontam para a solução desse conflito, ou, melhor, aparente conflito.

---

362. Eis a ementa: "Assunto: Imposto sobre a Renda Retido na Fonte – IRRF. Remessas para o exterior. Doação. Incidência. Os valores remetidos a título de doação a residente ou domiciliado no exterior, pessoa física ou jurídica, sujeitam-se à incidência do IRRF, à alíquota de 15% (quinze por cento), ou de 25% (vinte e cinco por cento), na hipótese de o beneficiário ser residente ou domiciliado em país ou dependência com tributação favorecida. Dispositivos legais: Lei nº 5.172, de 25 de outubro de 1966 (Código Tributário Nacional), art. 43; Regulamento do Imposto de Renda, anexo ao Decreto nº 9.580, de 22 de novembro de 2018 (RIR/2018), art. 744, *caput* e § 1º". Solução de Consulta Cosit nº 309, de 26 de dezembro de 2018, *Diário Oficial da União*, 31/12/2018, seção 1, p. 79.

À União se reservou competência para instituir impostos sobre "renda e proventos de qualquer natureza" (art. 153, III, da CF), ao passo que aos Estados e ao Distrito Federal cabe a tributação sobre a "transmissão *causa mortis* e doação, de quaisquer bens ou direitos" (art. 155, I, da CF).

A repartição das competências no caso brasileiro (*vide* item 2.3) tem por propósito precisamente a clara definição das fronteiras das materialidades dos tributos, prevenindo, assim, a ocorrência de conflitos em prejuízo da segurança jurídica e dos direitos fundamentais dos contribuintes. O alerta de Roque Carrazza[363] é conclusivo a respeito:

> Num primeiro relance, observamos que *renda e proventos de qualquer natureza* no Brasil é algo que não se confunde com a materialidade dos demais impostos contemplados nos arts. 153, 154, I, 155 e 156 da CF. Portanto, de logo podemos afirmar que renda não é nem importação, nem exportação, nem operação financeira, nem propriedade territorial rural, nem patrimônio, nem propriedade predial e territorial urbana etc. Em suma, o legislador federal não tem liberdade para formular um conceito, seja de *renda*, seja de *proventos de qualquer natureza* [...] É que, quando o constituinte repartiu as competências impositivas, enumerou, precisa e rigidamente, as realidades fático-econômicas, justamente para que não houvesse cumulação de pretensões por parte das pessoas políticas tributantes. Assim, *auferir renda* é juridicamente diferente de *importar bens*, de *industrializar produtos*, de *transmitir gratuitamente direitos*, de *vender mercadorias* etc.

Com efeito, a doutrina majoritária aponta no sentido de que o conceito de renda e proventos de qualquer natureza tratado pela CF e reproduzido pelo art. 43 do CTN distingue-se do das *transferências patrimoniais*, de que são exemplos doações e heranças.[364]

---

363. CARRAZZA, Roque Antonio. *Imposto sobre a renda (perfil constitucional e temas específicos)*. 3. ed. São Paulo: Malheiros Editores, 2009. p. 39.

364. Cita-se, *e.g.*: OLIVEIRA, Ricardo Mariz de. *Fundamentos do imposto de renda*. São Paulo: Quartier Latin, 2008. p. 144; SOUZA, Rubens Gomes de. *Compêndio de legislação tributária*. 2. ed. Rio de Janeiro: Edições Financeiras S.A., 1954. p. 198.

É que por renda se entende o acréscimo originado do patrimônio preexistente da própria pessoa, obtido onerosamente por seu esforço ou aplicação em certa atividade; por provento de qualquer natureza tributável pelo referido imposto costumam-se admitir os ganhos de capital, correspondentes ao acréscimo decorrente da alienação de bens e direitos já pertencentes a um sujeito por valor superior ao de sua aquisição.[365] As transferências patrimoniais gratuitas[366] (tais como doações, heranças, constituições ou restituições de capital em sociedades) não se subsumem a tal classe.[367]

Enfim, há acréscimos nas transferências patrimoniais, graváveis pelo ITCMD,[368] mas também renda e proventos de qualquer natureza, tributáveis pelo Imposto sobre a Renda. Há materialidades distintas, inconfundíveis, eleitas pela Carta Magna como termo seguro para delinear fronteiras das fiscalidades estadual e federal.

---

365. GUTIERREZ, Miguel Delgado. Doações para não residentes e a sua tributação pelo imposto de renda. *Revista Direito Tributário Atual – RDTA*, São Paulo: Instituto Brasileiro de Direito Tributário – IBDT, ano 38, v. 45, p. 360-361, 2020.

366. Nesse sentido é o entendimento de Henry Tilbery, para quem o imposto sobre a renda vincula-se a um pressuposto de onerosidade, afastando assim a tributação por tal modalidade em relação às transferências patrimoniais gratuitas. TILBERY, Henry. *In*: MARTINS, Ives Gandra da Silva (coord.). *Comentários ao Código Tributário Nacional*. 6. ed. São Paulo: Saraiva, 2011. v. 1. p. 389-390.

367. Há de se registrar opinião distinta, pela possibilidade de incidência do imposto de renda também sobre doações e heranças. MOSQUERA, Roberto Quiroga. IR sobre doações ou heranças e a Lei n. 9.532/97. *In*: ROCHA, Valdir de Oliveira (coord.). *Imposto de renda*: alterações fundamentais. São Paulo: Dialética, 1998. v. 2. p. 210.

368. Especificamente quanto ao ITCM, a questão é também abordada por Cassone, em entendimento convergente com o aqui adotado: "Observa-se que a CF previu a possibilidade de a União instituir, em face da 'competência residual', impostos (art. 154) e contribuições sociais (art. 195, parágrafo 4º), aspecto que, de certa forma, além dos elementos históricos retro lembrados, reforça a interpretação que se dá ao princípio da competência tributária privativa. Diante do exposto, concluo que a 'herança' está sujeita à tributação privativa do ITCMD, aspecto que, em princípio, não exclui a tributação pelo IR sobre o excesso, isto é, sobre a valoração superior à base de cálculo utilizada para apuração do ITCMD, e obviamente desde que a lei do IR tenha eleito hipótese de incidência conforme a Constituição [...]". CASSONE, Vittorio. Tributação da herança: o art. 23 da Lei 9.532/97 em face das competências privativas da União (IR) e dos Estados (ITCMD). *Revista Dialética de Direito Tributário – RDDT*, São Paulo: Dialética, n. 184, p. 142, 2011.

Destarte, a interpretação sistemática do texto constitucional e do próprio art. 43 do CTN aponta não só para a inviabilidade de tributação pelo Imposto de Renda de remessas ao exterior a título de doações ou heranças (ITCMD), mas, também, para uma eventual pretensão de sua incidência aos residentes e domiciliados no Brasil em caso de revogação do referido art. 6º, XVI, da Lei nº 7.713/1988.

Ou seja, o art. 6º, XVI, da Lei nº 7.713/1988, ao instituir isenção do Imposto sobre a Renda para transferências patrimoniais, i.e., para recebimentos de heranças ou doações, é inócuo em termos constitucionais, já que não é dado à União isentar sobre aquilo que nem sequer poderia tributar, por manifesta incompetência (sobre as classes da imunidade e da isenção, *vide* item 2.4).

O tema, muito embora possa solucionar-se pelo cotejo constitucional, certamente estaria mais bem definido a partir de clara delimitação da materialidade do ITCMD em lei complementar, apontando para sua exclusividade em relação à noção de renda ou proventos de qualquer natureza. Afinal, é papel da lei complementar precisamente tornar mais evidentes os conteúdos constitucionais a fim de evitar que de sua má interpretação resultem prejuízos, como parece, indene de dúvida, ser o caso.

7.1.2 Renúncia de heranças como fato jurídico-tributário do ITD

Ao tratar do critério material do ITD, dispusemos que certas renúncias não se podem caracterizar claramente como doações, a exemplo da inércia do proprietário, que enseja a constituição contra si da usucapião em favor de terceiro.

Em outras situações, contudo, quando não se tratar de mera renúncia abdicativa, pode ser que se materializem os requisitos inerentes à doação, tal como anteriormente exposto, atraindo a incidência do ITD. É o caso das renúncias translativas de heranças em favor de terceiros.

Decerto que apenas quando do aceite da herança é que se torna "definitiva a sua transmissão ao herdeiro, desde a abertura da sucessão" (art. 1.804 do CC); por outro lado, "a transmissão tem-se por não verificada quando o herdeiro renuncia à herança" (parágrafo único do art. 1.804 do CC).[369] Destarte, com a renúncia, nada se transfere.

Diferentemente da aceitação, que se pode admitir de maneira expressa, tácita e até mesmo presumida, a renúncia é ato formal (art. 1.806 do CC). Sucede que em certas situações o que se dá não é unicamente a renúncia pura e simples (abdicativa), mas a estipulação por um herdeiro de que seu quinhão se transfira a terceiro. Nesse caso, o que se tem é a chamada "renúncia translativa", que, a bem da verdade, constitui a aceitação da herança para posterior alienação do acervo recebido ou, ainda, uma cessão de herança.[370] Na renúncia translativa, o que há são duas declarações de vontade, como aponta Caio Mário da Silva Pereira:[371]

> Deve ser pura e simples, não comportando condição ou termo (Código Civil de 2002, art. 1.808). E significa o afastamento total do renunciante, operando a transferência dos bens a quem por lei ou testamento deva caber. Ao propósito, costuma-se distinguir da renúncia abdicativa a chamada renúncia translativa, que implica a transmissão a determinada pessoa, designada pelo renunciante. A primeira (abdicativa) é verdadeira renúncia (v. nº 81, supra, vol. I), ao passo que a segunda (translativa ou translatícia) envolve duas declarações de vontade, importando em aceitação e alienação simultânea ao favorecido. Daí dizer-se que é renúncia de nome, mas em verdade é aceitação.

---

369. De se rememorar que a herança, sendo considerada indivisível, não é passível de renúncia parcial, como, aliás, aponta o art. 1.808 do CC.

370. Em termos conceituais mais apurados, a renúncia não pode ser translativa, o que equivale a uma cessão de direitos. "A renúncia não é *translativa*. Por outras palavras, não importa transmissão de bens ou direitos. Não se confunde, enfim, com a *cessão de herança*. É ato abdicativo." GOMES, Orlando. *Sucessões*. 17. ed. revisada e atualizada por Mario Roberto Carvalho de Faria. Rio de Janeiro: Forense, 2019. p. 23.

371. PEREIRA, Caio Mário da Silva. *Instituições de direito civil*: direito das sucessões. Atualizada por Carlos Roberto Barbosa Moreira. 27. ed. Rio de Janeiro: Forense, 2020. v. VI. p. 54.

A renúncia translativa, portanto, implica ingresso de patrimônio em favor do renunciante[372] com posterior declaração de vontade deste em favor de terceiro, o que, em verdade, exprime verdadeira doação indireta.[373]

Destarte, havendo renúncia translativa, o que sucede é uma possível primeira incidência do ITCM; posteriormente, em um segundo momento, existirá a declaração de vontade do herdeiro para atribuir sua cota a terceiro (renúncia translativa), situação que se afeita à noção de doação indireta, importando a possível incidência do ITD ora sob análise.

Com efeito, as renúncias translativas são consideradas por algumas legislações estaduais casos de incidência do ITD. Isso, por exemplo, é o que sucede na legislação dos Estados de Pernambuco (art. 1º, § 4º, I, "b", da Lei nº 13.974/2009) e do Rio de Janeiro (art. 4º, I, da Lei nº 7.174/2015).

A questão não está, a nosso ver, situada no conflito entre o ITCM e o ITD, como pode parecer: trata-se apenas de distintas incidências, sob materialidades igualmente distintas. A legislação complementar atual, ademais, parece-nos satisfatória para o caso, em especial diante do art. 110 do CTN.

7.1.3 Partilhas desiguais

Nos casos em que há partilhas desiguais, é dizer, quando uma das partes renuncia à parcela a que faria jus em favor de

---

372. Aponta Fonrouge que a legislação internacional considera que a renúncia pura e simples (abdicativa) não importa incidência da exação, mas que a renúncia a pessoa determinada, sim: "Si un heredero, en lugar de limitarse a renunciar pura y simplemente, manifiesta que lo hace a favor de una persona determinada, la doctrina considera, en general, que ello importa donación". FONROUGE, Carlos M. Giuliani. *Impuesto a la transmisión gratuita de bienes*. Buenos Aires: El Ateneo Libreria Científica y Literária, 1937. p. 311.

373. "Neste caso, sob a forma de uma renúncia translatícia (v. nº 81, supra, vol. I) há doação indireta, porque o bem, que já entrara no patrimônio do renunciante desde a abertura da sucessão (Código Civil, art. 1.784), se transfere para o herdeiro favorecido." PEREIRA, Caio Mário da Silva. Instituições de direito civil: contratos. 24. ed. rev., atual. e ampl. Atualizada por Caitlin Mulholland. Rio de Janeiro: Forense, 2020. v. III. p. 217.

outra, considera-se ocorrida a materialidade do ITD.[374] Isso pode ocorrer, por exemplo, nos clássicos casos de separações (art. 1.575 do CC), inventários ou arrolamentos (arts. 2.013 e seguintes do CC), mas também nas hipóteses de extinção de condomínio (art. 1.321 do CC) e dissolução ou liquidação (art. 1.103, IV, do CC) de sociedades.

Há de se pontuar, aqui, um aspecto importante. Quando se fala em partilha desigual, alude-se àquela em que uma das partes aquiesce que outra resulte com saldo maior do que lhe seria devido nos termos da lei. Isso, é claro, difere da chamada divisão cômoda, na qual – mantidos os quinhões legais – certos bens se distribuem em proporções distintas mediante compensações com outros bens e direitos (por exemplo, quando, em uma partilha entre duas partes sobre acervo integrado por um imóvel e o seu equivalente em dinheiro, as partes optem por atribuir aquele integralmente a uma delas e, à outra, apenas o dinheiro, evitando-se a constituição de condomínio).[375] Sobre a divisão cômoda, não havendo gratuidade, não nos parece restar dúvida da impossibilidade de incidência do ITD. Em tais casos, algumas municipalidades pretendem a incidência da exação sobre transferências imobiliárias onerosas (ITBI) em relação à parcela do imóvel que foi "trocada" pela compensação em dinheiro. Trata-se também de rotundo equívoco, já que inexiste caráter de onerosidade e tampouco

---

374. FERNANDES, Regina Celi Pedrotti Vespero. *Impostos sobre Transmissão Causa Mortis e Doação – ITCMD*. 3. ed. São Paulo: Revista dos Tribunais, 2013. p. 103.

375. Sobre esse tipo de operação, já se tratou, no passado, de considerar a situação compra e venda: "De fato a partilha é meramente declaratória da propriedade; a transmissão hereditária já se opera anteriormente, com a morte do autor da herança; mas é princípio constante que a partilha se faça com igualdade, no bom e no mau. Cada herdeiro tem sobre a herança indivisa uma parte ideal, equivalente à dos demais co-proprietários. Se um dêles aquiesce em atribuir-se quinhão mais valioso, mediante compensação de seu bolso, está inegavelmente efetuando uma compra. Trata-se de um ato exterior à partilha, que não mudaria de natureza se fosse realizado depois de partilhados os bens". ARAÚJO, Petronio Baptista de. *O impôsto sobre a transmissão da propriedade*. Rio de Janeiro: Fundação Getulio Vargas, 1954. p. 142.

transmissão de patrimônio;[376] esse particular aspecto, contudo, não é pertinente ao tema em análise.

Sobre a partilha desigual, em verdade, trata-se de entendimento relativamente consolidado, como faz supor a Súmula 116 do STF: "Em desquite, ou inventário, é legítima a cobrança do chamado Imposto de Reposição, quando houver desigualdade dos valores partilhados". Há de se alertar, contudo, que mencionada Súmula se enunciou à luz de distinto regime jurídico.

De qualquer forma, a incidência do ITD sobre a desigualdade de partilhas não se admite indene de críticas. Para Fernando Facury Scaff,[377] por exemplo, na hipótese de dissolução da sociedade conjugal com partilha desigual feita no âmbito judicial, não haveria que se cogitar na incidência do ITD, pois inexistiria ali uma doação. Referido autor aponta para os motivos do ato jurídico em apreço, e pondera, assim, a ausência de real *animus donandi* e liberalidade. No raciocínio que desenvolve, a partir de caso prático, conclui que se poderia cogitar, à hipótese, em uma *transação* ou *troca*, que fogem ao conteúdo típico do contrato de doação.[378]

Não obstante, é certo que legislações estaduais consideram tributável a partilha desigual pelo ITD, a exemplo das dos

---

376. "[...] a comunhão não se estabelece sobre cada bem, isoladamente considerado, mas, sim, sobre todo o patrimônio comum enquanto uma universalidade [...] Assim, segundo essa linha de entendimento, que é majoritária, ficando cada um dos cônjuges com um bem, não há que se falar em permuta ou em qualquer ato de transmissão de patrimônio e, consequentemente, em incidência do ITBI sobre eventuais trocas de frações de determinados bens, uma vez que ambos os cônjuges são proprietários do mesmo todo, que apenas foi individualizado por meio da partilha." BEZERRA, Andréia Cristina; CASQUET, Pedro Guilherme Modenese. Apontamentos sobre a incidência de ITBI e ITCMD na partilha desigual de bens decorrentes de herança ou da extinção do regime conjugal de bens. *Revista Dialética de Direito Tributário – RDDT*, São Paulo: Dialética, n. 205, p. 22-23, 2012.

377. SCAFF, Fernando Facury. Família e tributação – notas para uma análise transdisciplinar. *Revista Dialética de Direito Tributário – RDDT*, São Paulo: Dialética, n. 129, p. 50-63, 2007.

378. SCAFF, Fernando Facury. Família e tributação – notas para uma análise transdisciplinar. *Revista Dialética de Direito Tributário – RDDT*, São Paulo: Dialética, n. 129, p. 50-63, 2007.

Estados de São Paulo (§ 5º do art. 2º da Lei nº 10.705/2000),[379] de Pernambuco (art. 1º, § 4º, I, "c", da Lei nº 13.974/2009)[380] e do Rio de Janeiro (art. 4º, III, da Lei nº 7.174/2015).[381]

Malgrado a bem fundamentada crítica em sentido contrário, não vemos reparo nas legislações que dispõem a incidência do ITD sobre a partilha desigual. Nesses casos, tal como no da renúncia translativa de herança, há marcada nuança de liberalidade e presença do *animus donandi*, bem identificando o critério material possível do imposto, tal como cuidamos no item 7.1.

A ausência de específica disposição por parte do CTN não nos parece trazer problemas a esse particular aspecto, já que sua solução se depreende da regra geral do art. 110 desse mesmo diploma, sobre a qual dispusemos no item 5.3.2.

7.2 Critério temporal

O critério temporal identifica os elementos que limitam no tempo o fato objeto do critério material (*vide* item 1.5); cuidando-se de tributo incidente sobre a transmissão de bens e direitos por força de doação, o ITD terá critérios distintos para as transmissões de bens móveis e imóveis.

379. "§ 5º Estão compreendidos na incidência do imposto os bens que, na divisão de patrimônio comum, na partilha ou adjudicação, forem atribuídos a um dos cônjuges, a um dos conviventes, ou a qualquer herdeiro, acima da respectiva meação ou quinhão."

380. "§ 4º Para os efeitos desta Lei, consideram-se:
I – doações, qualquer ato ou fato não oneroso, 'inter vivos', que importe ou se resolva em transmissão de quaisquer bens ou direitos, inclusive:
[...]
c) a transmissão de bens e direitos que, na divisão de patrimônio comum, na partilha ou na adjudicação, forem atribuídos a um dos cônjuges, a um dos companheiros ou a qualquer herdeiro, acima do valor da meação ou do respectivo quinhão."

381. "Art. 4º [...].
III – excesso de meação ou quinhão quando, na divisão do patrimônio comum ou partilha, em sucessão *causa mortis*, dissolução de sociedade conjugal ou de união estável, alteração do regime de bens ou dissolução de condomínio, associação, sociedade empresarial ou civil, qualquer dos cônjuges, companheiros, herdeiros, condôminos, associados ou quotistas receber montante que exceda a meação, quinhão, quota ou fração ideal a que fazem jus;"

Decerto que a doação estabelece um vínculo contratual entre doador e donatário, instituindo àquele uma obrigação, um débito: o dever de transmitir ao donatário o objeto da doação; daí que a doação se presta apenas como título

> pois o domínio só se transmitirá pela tradição, se móvel o bem doado, e pelo registro, se imóvel (*RT*, 534:111). Deveras, antes da entrega da coisa doada, o donatário só terá direitos pessoais contra o doador, não podendo invocar nenhum direito contra terceiro em ação deste contra o mesmo doador [...].[382]

O verbo *transmitir*, objeto do critério material da exação, portanto, não se materializa com a contratação da doação. A doação não transfere bens ou direitos: isso se fará pela tradição ou, ainda, pelo registro imobiliário,[383] como se mencionou ao tratar do termo *transmissão* no item 7.1.

Eis por que, no caso das doações, o critério temporal de suas regras-matrizes, nos termos da Constituição e da legislação complementar, tem de ser relacionado a tais fatos: a tradição da coisa móvel ou o registro de escrituras junto aos Registros de Imóveis.

Aponta Regina Celi Fernandes,[384] em termos práticos, que, em relação aos imóveis, isso ocorre porque há a exigência do pagamento do imposto em apreço quando da lavratura de escrituras de doação. Isso porque tabeliães, escrivães e demais serventuários são responsáveis pelos tributos devidos sobre os atos que praticam ou que perante eles se pratiquem por seu ofício, nos termos do art. 134, VI, do CTN.

Temos que a exigência do tributo na lavratura de escrituras de doação não coaduna com o critério temporal da

---

382. DINIZ, Maria Helena. *Curso de direito civil brasileiro*: teoria das obrigações contratuais e extracontratuais. 36. ed. São Paulo: Saraiva Educação, 2020. v. 3. p. 254.

383. VENOSA, Sílvio de Salvo. *Direito civil*: contratos em espécie. 4. ed. São Paulo: Atlas, 2004. v. 3. p. 116.

384. FERNANDES, Regina Celi Pedrotti Vespero. *Impostos sobre Transmissão Causa Mortis e Doação – ITCMD*. 3. ed. São Paulo: Revista dos Tribunais, 2013. p. 104.

regra-matriz do ITD. Apenas quando do registro de tal escritura junto ao registro imobiliário é que se aperfeiçoa o fato jurídico tributário de transmissão, nos termos do já referido art. 1.245 do CC, a que estão jungidas as legislações estaduais e distrital, à luz do art. 110 do CTN (*vide* item 5.3.2).

Quanto a tal aspecto, pois, seria necessária expressa disciplina da legislação complementar, a bem definir tal critério da regra-matriz do tributo em análise.

7.2.1 Decadência do ITD

Questão relevante relacionada ao critério temporal dos tributos é a de sua decadência, cuja disciplina geral no plano da legislação complementar já foi analisada (*vide* item 5.3.1).

Quanto ao ITD, a disciplina reservada pela legislação complementar parece suficiente à solução das controvérsias existentes.

Dado o usual recolhimento da exação incidente sobre operações imobiliárias logo na lavratura das escrituras, tal como se apontou, a discussão sobre a decadência do tributo em apreço costumeiramente se desenvolve, às voltas da necessidade de comunicação aos Fiscos da celebração do contrato de doação de coisas móveis, como condição ao início do prazo decadencial.

Em correta interpretação das disposições já referidas sobre a matéria (*vide* item 5.3.1), a orientação do STJ tem sido no sentido de que a circunstância de não se dar conhecimento à Administração Tributária da consumação da doação não altera o termo inicial do cômputo do prazo decadencial, que será, no caso, aquele do art. 173, I, do CTN,[385] i.e., o primeiro dia do exercício seguinte à consumação do fato jurídico tributário.

385. Em linha com tal orientação: "O ordenamento jurídico provê as equipes de fiscalização dos poderes necessários ao exercício desse mister. A dilação do prazo decadencial, certamente, não é um desses poderes. [...] Levar ou não, ao conhecimento do Estado, a notícia sobre o fato imponível, não traz qualquer diferença na

Nesse sentido, por ocasião do julgamento do Tema nº 1.048,[386] que tem por objeto o REsp 1.841.798/MG, tal posição se reafirmou, como se pode depreender da ementa cujo esclarecedor conteúdo se transcreve:[387]

> Tributário. Recurso Especial Repetitivo. Tema 1048. Decadência tributária do Imposto de Transmissão *Causa Mortis* e Doação. Controvérsia sobre o marco inicial a ser considerado. Fato gerador. Transmissão de bens ou direitos mediante doação. Contagem da decadência na forma do art. 173, I, do CTN. Irrelevância da data do conhecimento do fisco do fato gerador. [...]
>
> 2. Discussão dos autos: No recurso especial discute-se se é juridicamente relevante, para fins da averiguação do transcurso do prazo decadencial tributário, a data em que o Fisco teve conhecimento da ocorrência do fato gerador do Imposto de Transmissão *Causa Mortis* e Doação (ITCMD) referente a doação não oportunamente declarada pelo contribuinte ao fisco estadual.
>
> 3. Delimitação da controvérsia – Tema 1048: Definir o início da contagem do prazo decadencial previsto no art. 173, I, do CTN para a constituição do Imposto de Transmissão *Causa Mortis* e Doação (ITCMD) referente a doação não oportunamente declarada pelo contribuinte ao fisco estadual.
>
> 4. Nos termos do art. 149, II, do CTN, quando a declaração não seja prestada, por quem de direito, no prazo e na forma da legislação tributária, surge para o Fisco a necessidade de proceder ao lançamento de ofício, no prazo de cinco anos contados do

---

contagem do prazo decadencial – até mesmo porque a existência de obrigações ou direitos perenes é repudiada pelo sistema constitucional que demanda, em nome da segurança jurídica, a estabilização das relações". SILVEIRA, Alexandre Coutinho da. O ITCMD incidente sobre doação em pecúnia: início do prazo decadencial. Conflito entre o Conselho de contribuintes do Estado do Rio de Janeiro e o Tribunal de impostos e taxas do Estado de São Paulo. *Revista Dialética de Direito Tributário – RDDT*, São Paulo: Dialética, n. 215, p. 17, 2013.

386. A controvérsia a ser resolvida está assim disposta pela Corte: "Definir o início da contagem do prazo decadencial previsto no art. 173, I, do CTN para a constituição do Imposto de Transmissão *Causa Mortis* e Doação (ITCMD) referente a doação não oportunamente declarada pelo contribuinte ao fisco estadual". Disponível em: https://processo.stj.jus.br/repetitivos/temas_ repetitivos/pesquisa.jsp?novaConsulta=true&tipo_pesquisa=T&cod_tema_inicial=1048&cod_tema_final=1048. Acesso em: 11 jul. 2021.

387. REsp 1.841.798/MG, rel. Min. Benedito Gonçalves, Primeira Seção, julgado em 28/04/2021, *DJe* 07/05/2021.

primeiro dia do exercício seguinte à data em que ocorrido o fato gerador do tributo (art. 173, I, do CTN).

5. Em se tratando do imposto sobre a transmissão de bens ou direitos, mediante doação, o fato gerador ocorrerá: (i) no tocante aos bens imóveis, pela efetiva transcrição realizada no registro de imóveis (art. 1.245 do CC/2020 [*sic*]); (i) em relação aos bens móveis, ou direitos, a transmissão da titularidade, que caracteriza a doação, se dará por tradição (art. 1.267 do CC/2020 [*sic*]), eventualmente objeto de registro administrativo.

6. Para o caso de omissão na declaração do contribuinte, a respeito da ocorrência do fato gerador do imposto incidente sobre a transmissão de bens ou direitos por doação, caberá ao Fisco diligenciar quanto aos fatos tributáveis e exercer a constituição do crédito tributário mediante lançamento de ofício, dentro do prazo decadencial.

7. O Superior Tribunal de Justiça tem entendimento pacificado no sentido de que, no caso do Imposto de Transmissão *Causa Mortis* e Doação – ITCDM, a contagem do prazo decadencial tem início no primeiro dia do exercício seguinte àquele em que o lançamento poderia ter sido efetuado, observado o fato gerador, em conformidade com os arts. 144 e 173, I, ambos do CTN, sendo irrelevante a data em que o fisco teve conhecimento da ocorrência do fato gerador (AgInt no REsp 1.690.263/MG, Rel. Ministro Francisco Falcão, Segunda Turma, julgado em 10/9/2019, *DJe* 16/9/2019). No mesmo sentido: AgInt no REsp 1.795.066/MG, Rel. Ministro Benedito Gonçalves, Primeira Turma, julgado em 16/9/2019, *DJe* 18/9/2019.

8. Tese fixada – Tema 1048: O Imposto de Transmissão *Causa Mortis* e Doação – ITCDM, referente a doação não oportunamente declarada pelo contribuinte ao fisco estadual, a contagem do prazo decadencial tem início no primeiro dia do exercício seguinte àquele em que o lançamento poderia ter sido efetuado, observado o fato gerador, em conformidade com os arts. 144 e 173, I, ambos do CTN.

9. Recurso especial provido.

Acórdão sujeito ao regime previsto no artigo 1.036 e seguintes do CPC/2015.

A solução nos parece compatível com as disposições já existentes no CTN.

7.3 Critério espacial

Quanto ao critério espacial da regra-matriz do ITD, há de se distinguir as situações dos bens móveis (aí incluídos, como já se demonstrou, os direitos, títulos e créditos) das dos bens imóveis. Iniciemos a consideração a partir desses últimos.

A CF estabeleceu, em seu art. 155, § 1º, I, que o tributo em exame "compete ao Estado da situação do bem, ou ao Distrito Federal". No plano da lei complementar, a questão se regula pelo art. 41 do CTN, quando dispõe: "o imposto compete ao Estado de situação do imóvel transmitido, ou sobre que versarem os direitos cedidos, mesmo que a mutação patrimonial decorra de sucessão aberta no estrangeiro".

Decerto que essa disposição do CTN cumpre o papel de prevenir os conflitos de competência[388] referidos pelo art. 146, I, da CF, deixando evidente, assim, o espaço em que se reputa ocorrida a transferência para fins de incidência do ITD.

Aliomar Baleeiro aponta a falta de regulamentação pela lei complementar para os casos em que o imóvel transmitido se situe em zonas limítrofes entre distintos Estados ou com países estrangeiros. Considera, assim, que,

> à falta de convenção fiscal com esses países, parece que o critério mais razoável é o da tributação proporcional à área e acessões no Brasil, seja ou não a sede da fazenda sita em nosso país. O mesmo critério atender-se-á quando parte do imóvel situar-se num Estado e parte noutro.[389]

Veja-se, pois, que em situações tais quais esta não haverá relevância no local de residência de doador ou donatário: o critério adotado é o *situs*. O que importa, assim, é o local de situação do imóvel.

---

388. MACHADO, Hugo de Brito. *Comentários ao Código Tributário Nacional*. 3. ed. São Paulo: Atlas, 2015. v. I. p. 403.

389. BALEEIRO, Aliomar. *Direito tributário brasileiro*. Atualizada por Misabel Abreu Machado Derzi. 13. ed. Rio de Janeiro: Forense, 2015. p. 385.

A situação é distinta, contudo, tratando-se de bens móveis, hipótese em que o próprio art. 155, § 1º, II, da Carta Política elege como critério espacial o lugar onde "tiver domicílio o doador".

Domicílio é instituto de direito privado; cumpre que discorramos sobre seus aspectos mais relevantes. Assim, "o domicílio da pessoa natural é o lugar onde ela estabelece a sua residência com ânimo definitivo" (art. 70 do CC), sendo certo que, se ela possuir diversas residências "onde, alternativamente, viva, considerar-se-á domicílio seu qualquer delas" (art. 71 do CC). Já em relações concernentes à profissão, considera-se separadamente ali um domicílio para o local onde exercida (distintos domicílios, aliás, para as relações que corresponderem a diversos dos locais em que exercida – art. 72 do CC).[390]

Quanto às pessoas jurídicas em geral, seu domicílio será "o lugar onde funcionarem as respectivas diretorias e administrações, ou onde elegerem domicílio especial no seu estatuto ou atos constitutivos" (art. 75, IV, do CC); ademais, "tendo a pessoa jurídica diversos estabelecimentos em lugares diferentes, cada um deles será considerado domicílio para os atos nele praticados" (art. 75, § 1º, do CC).

No plano da lei complementar, a matéria se disciplina pelo art. 127 do CTN, que assim dispõe:

> Art. 127. Na falta de eleição, pelo contribuinte ou responsável, de domicílio tributário, na forma da legislação aplicável, considera-se como tal:
>
> I – quanto às pessoas naturais, a sua residência habitual, ou, sendo esta incerta ou desconhecida, o centro habitual de sua atividade;

390. Vê-se, pois, que a legislação brasileira adota o princípio da pluralidade domiciliar: para relações pessoais pode-se ter por domicílio o local de sua residência com ânimo definitivo em que se concentram suas atividades e relações familiares, patrimoniais etc.; já para fins profissionais, há de se entender pelo domicílio o local em que a profissão é exercida. MONTEIRO, Washington de Barros; PINTO, Ana Cristina de Barros Monteiro França. *Curso de direito civil 1*: parte geral. 45. ed. São Paulo: Saraiva, 2016. p. 193.

> II – quanto às pessoas jurídicas de direito privado ou às firmas individuais, o lugar da sua sede, ou, em relação aos atos ou fatos que derem origem à obrigação, o de cada estabelecimento;
>
> III – quanto às pessoas jurídicas de direito público, qualquer de suas repartições no território da entidade tributante.
>
> § 1º Quando não couber a aplicação das regras fixadas em qualquer dos incisos deste artigo, considerar-se-á como domicílio tributário do contribuinte ou responsável o lugar da situação dos bens ou da ocorrência dos atos ou fatos que deram origem à obrigação.
>
> § 2º A autoridade administrativa pode recusar o domicílio eleito, quando impossibilite ou dificulte a arrecadação ou a fiscalização do tributo, aplicando-se então a regra do parágrafo anterior.

A disposição tem aplicação *supletiva*[391] em casos em que inexista eleição do domicílio pelo sujeito passivo; não obstante, é evidente que a liberdade de escolha do domicílio não afasta a necessária presença dos elementos que o constituem em termos materiais, sob pena de recusa de eleição pelo Fisco, nos termos do artigo em apreço.[392]

De se registrar que a controvérsia acerca da matéria comumente se desenvolve nos casos em que o doador possui multiplicidade de residências em distintos Estados, hipótese em que esses últimos possam simultaneamente clamar pela

---

391. COSTA, Regina Helena. *Código Tributário Nacional comentado em sua moldura constitucional*. Rio de Janeiro: Forense, 2021. p. 267.

392. A propósito: "Nos termos do art. 127, § 2º, do Código Tributário Nacional, a autoridade administrativa pode recusar o domicílio eleito, quando impossibilite ou dificulte a arrecadação ou a fiscalização do tributo, aplicando-se então a regra do § 1º, segundo a qual considerar-se-á como domicílio tributário do contribuinte ou responsável o lugar da situação dos bens ou da ocorrência dos atos ou fatos que deram origem à obrigação, vale dizer, o lugar da ocorrência do fato gerador do tributo respectivo. Essa norma afasta completamente a questão de saber se o domicílio de eleição está, ou não, conforme a realidade. É uma fórmula inteligente de resolver a questão da razoabilidade da eleição. Preserva a liberdade do contribuinte ou responsável tributário, e preserva igualmente os interesses da Fazenda Pública [...] assim, para recusar o domicílio de eleição do sujeito passivo da obrigação tributária, não basta dizer que o mesmo impede ou dificulta a arrecadação. A autoridade administrativa precisa demonstrar objetivamente essa alegação e, sendo o caso, comprovar os fatos nela envolvidos". MACHADO, Hugo de Brito. *Comentários ao Código Tributário Nacional*. 2. ed. São Paulo: Atlas, 2008. v. II. p. 499-500.

incidência do tributo. Em situações desse jaez, a disciplina de direito privado combinada com a lei complementar preconizam que há de prevalecer o domicílio eleito pelo contribuinte – desde que corresponda aos critérios materiais que ali indiquem a presença dos seus elementos caracterizadores.[393]

A questão do conflito de competência nas hipóteses de tributação de doação de coisas móveis, títulos e créditos, enfim, é tormentosa. Em que pese não considerarmos tratar-se de conflito tal que torne inviável o exercício da competência tributária dos entes federativos,[394] decerto que se está diante

---

393. Assim, por exemplo, considerou o TJSP diante de contribuinte que possuía diversas residências, optando por eleger domicílio no Estado de Minas Gerais: "Apelação. ITCMD – Doação. Imposto recolhido ao Estado de Minas Gerais. Declaração de lançamento do imposto em que se adotou o domicílio do doador em Passa Quatro, Minas Gerais. Auto de Infração do Estado de São Paulo aduzindo a existência de domicílio na capital deste estado. Multiplicidade de domicílios que permite a declaração de qualquer destes, salvo hipótese legal diversa. Recurso improvido". TJSP, Apelação Cível 1020106-11.2017.8.26.0053; rel. Des. Fernão Borba Franco, 7ª Câmara de Direito Público, julgado em 07/05/2018. No mesmo sentido foi decisão do Tribunal de Justiça do Rio Grande do Sul (TJRS), que considerou o tributo devido em São Paulo, onde o contribuinte mantinha domicílio de eleição: "Recurso inominado. Estado do Rio Grande do Sul. Pretensão declaratória de inexigibilidade de tributo. Imposto sobre Transmissão *Causa Mortis* e Doação – ITCMD. Competência tributária. Domicílio do doador. Sentença confirmada. 1) Nos termos do artigo 155, I, e § 1º, II, da CRFB, a instituição do Imposto de Transmissão *Causa Mortis* e Doação cabe, relativamente a bens móveis, títulos e créditos, ao Estado onde tiver domicílio o doador. 2) Caso concreto em que a parte autora comprovadamente possui dois domicílios, um no Estado do Rio Grande do Sul e outro no Estado de São Paulo, onde efetivamente realizou a doação e recolheu o respectivo tributo, tendo agido, portanto, dentro da permissão legal que se extrai da interpretação sistemática dos artigos 71 do Código Civil, 127 do Código Tributário Nacional e 155, I, e § 1º, II, da Constituição Federal. 3) Assim, na forma do artigo 46 da Lei nº 9.099/95 e em atenção aos critérios de celeridade, simplicidade, informalidade e economia processual elencados no artigo 2º da mesma lei, confirma-se a sentença em segunda instância, constando apenas da ata, com fundamentação sucinta e dispositivo, servindo de acórdão a súmula do julgamento. Recurso inominado desprovido. Unânime". TJRS, Segunda Turma Recursal da Fazenda Pública, rel. Des. Mauro Caum Gonçalves, 0053517-31.2017.8.21.9000, julgado em 24/10/2017.

394. "Diferentemente do sistema francês e seguindo a linha alemã, nosso legislador civil não adotou o sistema da unidade do domicílio, contemplando no artigo 71 do Código Civil a possibilidade de pluralidade de domicílios de pessoas físicas [...] Constatada a pluralidade de domicílios, exsurge o papel da lei complementar, desta vez não com fundamento no inciso III do § 1º do artigo 155, mas no inciso I do artigo 146 do texto constitucional, dado o claro conflito de competência em matéria tributária. A ausência complementar disciplinando este conflito é suficiente para a

de caso que reclama a edição de lei complementar para prevenir conflitos de competência. A insegurança a que se submetem os próprios entes federativos e os contribuintes quanto a essa questão é tal que reclama a existência de disciplina geral.

No caso das doações em que o doador seja residente ou domiciliado no exterior, como demonstramos alhures, não é possível a aplicação de previsão pelas legislações dos Estados ou do Distrito Federal a respeito da incidência da exação, já o art. 155, § 1º, III, "a", da Carta Política reclama, para tanto, lei complementar ainda inexistente, tal como definiu o STF no RE 851.108/SP.

A legislação complementar, remissiva aos institutos de direito civil anteriormente referidos, parece-nos conferir sólida disciplina à matéria. Não poderão as legislações ordinárias, pois, dispor distintamente, a preconizar a incidência do ITCMD em doações quando o doador não mantiver domicílio no território do ente tributante.

7.4 Critério quantitativo: base de cálculo e alíquotas

O critério quantitativo se define a partir da conjugação da base de cálculo e alíquota.

Quanto à alíquota do ITD, pouco há de discutir: são livres os entes tributantes para estabelecê-la, inclusive em caráter progressivo (*vide* itens 6.5.1 e 6.5.2, sobre a possibilidade e forma admissível da progressividade no ITCMD), desde que respeitada a alíquota máxima de 8% estabelecida pela Resolução nº 9, de 5 de maio de 1992, do Senado Federal, em conformidade com o art. 155, § 1º, IV, da CF e o art. 39 do CTN.

Os Estados e o Distrito Federal instituem, nessa gama de possibilidades, sistemas diversos: uns adotam a progressividade, outros não; entre estes, variam as alíquotas aplicadas.

---

invalidade de toda a tributação que ora se presencia nos diversos Estados quando, versando sobre a doação de bens móveis, títulos e créditos, adotam os legisladores estaduais o critério constitucional do domicílio do doador." SCHOUERI, Luís Eduardo. *Direito tributário*. 9. ed. São Paulo: Saraiva Educação, 2019. p. 282.

Quanto à base de cálculo, deve-se cuidar dos casos que envolvem bens móveis de forma distinta da dos referentes a bens imóveis.

No que concerne aos bens imóveis, há discriminação específica no art. 38 do CTN: "a base de cálculo do imposto é o valor venal dos bens ou direitos transmitidos".

Nota-se haver aparente identidade entre as bases de cálculo do ITD, do ITCM[395] e do ITBI nesse tocante, já que todos se regulam pelo mesmo art. 38 em razão da referida ausência de atualização da legislação complementar; mais que isso: também ao IPTU, nos termos do art. 33 do CTN,[396] adota-se a base de cálculo como o *valor venal* do bem.

Pois bem. Por *valor venal* deve-se entender "aquele que o imóvel alcançará para compra e venda à vista, segundo as condições usuais no mercado de imóveis".[397]

Em que pese essa grandeza se utilize para os diversos impostos referidos – tratando-se de imóveis –, é certo que suas formas de apuração podem ocorrer de maneiras distintas.[398]

---

395. Veremos adiante que o valor venal dos bens imóveis é em realidade utilizado como critério para sua avaliação no caso do ITCM, já que este tem por materialidade a transmissão *causa mortis*, que supõe na maioria dos casos a dedução de certas dívidas ou despesas.

396. "Art. 33. A base de cálculo do imposto é o valor venal do imóvel."

397. BALEEIRO, Aliomar. *Limitações constitucionais ao poder de tributar.* 7. ed. rev. e compl. à luz da Constituição de 1988 até a Emenda Constitucional nº 10/1996. Atualizada por Misabel Abreu Machado Derzi. Rio de Janeiro: Forense, 1997. p. 329.

398. Sobre a distinta forma de apuração e lançamento entre IPTU e ITBI: "Processo civil e tributário. Agravo Interno nos Embargos de Declaração no Agravo em Recurso Especial. ITBI e IPTU. Base de cálculo. Valor venal. Inexistência de vinculação. Análise de dispositivos constitucionais. Inviabilidade. Competência do STF. 1. 'Esta Corte firmou o entendimento de que a forma de apuração da base de cálculo e a modalidade de lançamento do IPTU e do ITBI são diversas, razão que justifica a não vinculação dos valores desses impostos' (REsp 1.202.007/SP, Rel. Ministra Eliana Calmon, Segunda Turma, *DJe* 15/5/2013). 2. Consoante a reiterada jurisprudência desta Corte, não compete ao Superior Tribunal de Justiça, na via do recurso especial, analisar eventual contrariedade a preceito contido na CF/88, tampouco uniformizar a interpretação de matéria constitucional. 3. Agravo interno a que se nega provimento". STJ. AgInt nos EDcl no AREsp 762.921/SP, rel. Min. Diva

Isso se faz dentro da margem de liberdade das legislações ordinárias, naquilo que não firam, por óbvio, a CF e a regência das normas gerais de direito tributário vazadas pelo CTN.

O tema, entretanto, suscita controvérsia. Como citamos a título de exemplo no item 6.2, o Estado de São Paulo estabelece em sua legislação (art. 13 da Lei nº 10.705/2000) que a base de cálculo do ITCMD não deve ser inferior ao valor venal fixado para o IPTU ou, no caso de imóveis rurais, para o ITR. Sucede que a regulamentação dada pelo Decreto nº 55.002/2009 vinculou a base de cálculo do ITCMD ao "valor venal de referência do Imposto sobre Transmissão de Bens Imóveis – ITBI divulgado ou utilizado pelo município" ou, no caso de imóveis rurais, ao "valor médio da terra-nua e das benfeitorias divulgado pela Secretaria de Agricultura e Abastecimento do Estado de São Paulo". Trata-se de violação ao princípio da legalidade, como reconhece o Tribunal de Justiça local, conforme já apontado alhures.

Mas não é só. Alguns Municípios determinam "valores venais" distintos em suas legislações: um aplicado ao IPTU, estabelecido em lei e que se utiliza para lançamento do referido tributo de ofício; outro aplicável ao ITBI – referido como "valor venal de referência" –, sendo esse último, em geral, mais elevado. Tal realidade é que justifica, no caso do decreto paulista referido, a intenção do Fisco em valer-se desse último "valor venal de referência" em detrimento do "valor venal" aplicado ao IPTU, em detrimento da primeira.

Sucede que, mesmo admitindo formas de apuração diferenciadas para o IPTU e o ITBI, já que nesse último a incidência se dá sobre uma materialidade de transmissão, a jurisprudência paulista consolidou-se no sentido da *inadmissibilidade de coexistência de dois "valores venais" distintos*, de tal sorte que há de

---

Malerbi (Desembargadora convocada TRF 3ª Região), Segunda Turma, julgado em 14/06/2016, *DJe* 22/06/2016. No que diz respeito ao ITCM, seu lançamento – e conseguinte definição da base de cálculo – se desenvolve no curso do processo de inventário ou arrolamento judicial ou extrajudicial, distintamente do que se sucede com o ITD. Todas as exações, contudo, incidem sobre o "valor venal" dos imóveis.

prevalecer aquele legalmente instituído para o IPTU.[399] E isso, é claro, sem prejuízo de que a incidência do imposto sobre a transmissão onerosa se possa realizar por valor maior, qual seja aquele declarado pelos contribuintes na operação tributada.

Eis a distinta forma de apuração entre as duas exações: há um piso, estabelecido pela legislação municipal, que corresponde ao valor utilizado como base para o IPTU; não obstante, para o ITBI, assume-se como base o valor efetivamente declarado pela operação, quando superior, já que se presume mais próximo das "condições usuais de mercado para venda à vista".

Fizemos tal digressão no sentido de afirmar que o raciocínio nos parece aplicável ao ITD. Destarte, no exemplo supramencionado, dispusesse a lei paulista (e não o decreto) sobre a aplicação do "valor venal de referência utilizado para o ITBI" como base de cálculo do ITD, ainda assim se estaria diante de situação de inconstitucionalidade: valor venal estabelecido em lei tem de ser um só, que seja aplicado ao IPTU (ou ITR) e ao ITBI; apenas na apuração é que se justifica a adoção de critério diverso, qual seja aquele declarado voluntariamente pelos contribuintes na operação de transmissão gratuita.

Havendo discordância, cabe aos Fiscos exercer seu poder fiscalizatório e, então, sendo o caso, constituir o crédito correspondente a partir de nova avaliação, nos termos do art. 148 do CTN.[400]

---

399. Cita-se, *e.g.*: "Apelação Cível/Reexame necessário – Mandado de segurança – ITBI – Município de São Paulo – Sentença concessiva da ordem – Preliminares, de inadequação da via eleita e de falta de interesse de agir, rechaçadas – Recolhimento do imposto que tem como fato gerador o registro imobiliário da transmissão da propriedade do bem negociado – Base de cálculo do tributo: valor venal do bem, utilizado para o cálculo do IPTU, ou o valor da transação, o que for maior – Defeso ao Município surpreender o contribuinte com outro valor que não reflita qualquer dessas realidades – Atualização monetária devida – Mera preservação do poder aquisitivo da moeda diante de sua desvalorização nominal provocada pela inflação – Concessão da ordem mantida – Recursos Oficial e voluntário da Municipalidade não providos, com observação". TJSP. Apelação/Remessa Necessária 1053103-42.2020.8.26.0053, rel. Des. Silvana Malandrino Mollo, 14ª Câmara de Direito Público, julgado em 30/03/2021.

400. "Art. 148. Quando o cálculo do tributo tenha por base, ou tome em consideração, o valor ou preço de bens, direitos, serviços ou atos jurídicos, a autoridade lançadora,

De todo modo, são diversas as formas de apuração da base de cálculo da exação nos diferentes Estados. A legislação pernambucana, por exemplo, estabelece a possibilidade de avaliação administrativa ou a declaração do contribuinte, respeitados como critérios mínimos os valores venais utilizados para o IPTU e o ITR (art. 5º, I, II e § 1º, da Lei nº 13.974/2009); no caso fluminense, a base de cálculo se delega à fixação por plantas de valores pelo Secretário de Estado da Fazenda (art. 15 da Lei nº 7.174/2015); já a legislação mineira estipula como pisos os valores do IPTU e do ITR, determinando a aplicação de coeficiente para sua correção em casos de valores inferiores aos de mercado por meio regulamentar (art. 4º, § 1º, da Lei nº 14.941/2003).

No que diz respeito à base de cálculo do ITD relacionado a bens móveis, direitos, títulos e créditos, inexiste disciplina no plano da lei complementar, de sorte que sobre tal aspecto soem legislar livremente os Estados e o Distrito Federal, desde que guardada coerência com a materialidade da exação; é dizer, não se pode admitir como válida qualquer disposição que imponha como base de cálculo montante superior àquele do bem ou direito transmitido pela doação, sob pena de violação aos princípios da capacidade contributiva e da vedação ao confisco (*vide* item 6.5).

Por fim, questão interessante que também suscita controvérsias é a da base de cálculo do ITD considerado em *doações sucessivas* para fins tanto de aplicação da progressividade nos Estados que assim disponham quanto de enquadramento em eventuais isenções, geralmente fixadas para transmissões de menor valor. Algumas legislações estabelecem que a base de cálculo se considerará pela soma das sucessivas doações – entre mesmo doador e donatário – no período de um ano (*v.g.*, São Paulo, Lei nº 10.705/2000, art. 9º, § 3º; Santa Catarina, art. 9º, parágrafo único, da Lei nº 13.136/2004). Há, no entanto, critérios

mediante processo regular, arbitrará aquele valor ou preço, sempre que sejam omissos ou não mereçam fé as declarações ou os esclarecimentos prestados, ou os documentos expedidos pelo sujeito passivo ou pelo terceiro legalmente obrigado, ressalvada, em caso de contestação, avaliação contraditória, administrativa ou judicial."

distintos, como o da legislação mineira, que reputa necessária a soma de todas as doações a um mesmo donatário (sem relacionar, pois, a identidade também com o doador) "no período de três anos civis" (Minas Gerais, art. 11 da Lei nº 14.941/2003).

Diante da ausência de legislação complementar a respeito do tema, existem posições no sentido da impossibilidade de somar os valores de sucessivas doações para composição da base de cálculo do ITD.[401]

A nós parece, entretanto, que se trata daquela classe de situações em que há liberdade legislativa dos entes federados, conquanto esta deva se exercer nos já referidos quadrantes constitucionais. Reputamos mais adequada a solução adotada pelos estados que possibilitam na soma de sucessivas doações apenas aquelas realizadas entre mesmos doadores e donatários (a manter pertinência subjetiva da operação) e que assim o considerem no período de um ano, em homenagem ao pressuposto da capacidade contributiva e da anualidade (*vide* itens 6.4, sobre a noção de anualidade, e 6.5, acerca da capacidade contributiva).

7.5 Critério pessoal: sujeitos ativo e passivo

Quanto ao sujeito ativo da regra-matriz do ITD, não há significativa controvérsia: tendo a competência tributária sido atribuída aos Estados e ao Distrito Federal, destes é em regra a titularidade para posicionar-se no polo ativo da relação jurídico-tributária. Isso não exclui, por evidente, a possibilidade de delegação da capacidade tributária.

401. A esse propósito: "Além disso, não há no CTN qualquer disposição a respeito do lapso temporal a ser considerado, para fins do cálculo do ITCMD, na hipótese de sucessivas doações. [...] Neste contexto, a nosso ver, exsurge um óbice intransponível, que consiste na própria definição do fato gerador e da base de cálculo do ITCMD, o que, como se sabe, é reservado ao legislador complementar (art. 146, III, 'a', da CF/88). Não tendo o mesmo se imiscuído nesta tarefa, é vedado ao ente tributante legislar a seu bel-prazer, eis que tal conduta ensejaria disparidades normativas entre os entes estaduais". MANEIRA, Eduardo; JORGE, Alexandre Teixeira. O ITCMD nas doações coletivas. *Revista Dialética de Direito Tributário – RDDT*, São Paulo: Dialética, n. 228, p. 40, 2014.

A simplicidade da disciplina da sujeição ativa, contudo, não se aplica à sua situação contraposta.

O art. 42 do CTN aponta que o contribuinte do já inexistente "imposto sobre transmissão" é "qualquer das partes na operação tributada, como dispuser a lei".

Em geral, admite-se sem problemas a disposição em apreço para regência do ITBI.[402] Para o ITCM, entende-se, de maneira geral, que na sucessão o contribuinte necessariamente será o herdeiro ou legatário, *ex vi* do art. 35 do CTN; quanto ao ITD, malgrado se reconheça que a tradição seja considerar contribuinte o donatário, costuma-se entender que a legislação estadual ou distrital é livre para dispor sobre a sujeição passiva.[403]

Para Regina Fernandes, a disposição do art. 42 do CTN se aplicaria apenas à disciplina dos bens imóveis, hipótese em que a legislação ordinária poderá eleger entre ambas as partes para tributação da transmissão gratuita. Já no caso dos bens móveis, seu entendimento é o de que os Estados e o Distrito Federal também são livres para legislar, mas por fundamento diverso, "posto serem detentores da competência impositiva tributária, aliado ao que dispõem os arts. 34, §§ 3º, 4º e 5º, do ADCT e 24 e parágrafos da CF, escolhendo a parte na operação tributada, podendo ser o doador, o donatário ou ambos".[404]

Decerto que as legislações da maior parte dos Estados elegem como contribuintes os donatários, muitas vezes imputando aos doadores responsabilidade em certos casos, como

---

402. Hugo de Brito Machado, por exemplo, ao comentar a disposição, nem sequer a relaciona ao ITCMD. Restringe-a ao atual ITBI. MACHADO, Hugo de Brito. *Comentários ao Código Tributário Nacional*. 3. ed. São Paulo: Atlas, 2015. v. I. p. 404. O mesmo autor, entretanto, pontua em outros textos que, "[e]m se tratando de herança, logicamente deve ser contribuinte o herdeiro ou legatário. Em se tratando de doação, o contribuinte pode ser, em princípio, tanto o doador como o donatário". MACHADO, Hugo de Brito. *Curso de direito tributário*. 30. ed. São Paulo: Malheiros Editores, 2009. p. 361.

403. Nesse sentido: RODRIGUES, Marilene Talarico Martins. *In*: MARTINS, Ives Gandra da Silva (coord.). *Comentários ao Código Tributário Nacional*. 6. ed. São Paulo: Saraiva, 2011. p. 351; NASCIMENTO, Carlos Valder do (coord.). *Comentários ao Código Tributário Nacional*: Lei 5.172, de 25.10.1966. Rio de Janeiro: Forense, 1998. p. 87.

404. FERNANDES, Regina Celi Pedrotti Vespero. *Impostos sobre Transmissão Causa Mortis e Doação – ITCMD*. 3. ed. São Paulo: Revista dos Tribunais, 2013. p. 107.

no da legislação carioca, que estabelece como contribuinte o donatário, atribuindo responsabilidade solidária ao doador (arts. 10 e 11, I, da Lei nº 7.174/2015); da legislação pernambucana (arts. 11, I, e 13, IX, da Lei nº 13.974/2009); e da baiana (arts. 5º, II, e 6º da Lei nº 4.826/1989).

Não se deve olvidar que na maior parte das legislações em apreço se atribui também a responsabilidade tributária ao "tabelião, escrivão e demais serventuários de ofício, pelos tributos devidos sobre os atos praticados por eles, ou perante eles, em razão de seu ofício" (art. 134, VI, do CTN), o que acaba surtindo efeitos em geral apenas quando se trate de doações feitas por escrituras públicas, comumente relacionadas a imóveis.

Ocorre que a suposta liberdade de escolha em relação à eleição dos contribuintes do ITD – seja pelo entendimento de aplicação indistinta do art. 42 do CTN, seja pela pura ausência de diretriz em norma geral – acaba conduzindo a desinteligências de natureza evidentemente conflitiva entre os entes da federação.

Sucede que muitos Estados elegem como contribuinte do ITCMD o donatário, quando residente em seu território, mas, alternativamente, também o doador, quando aquele residir em outro Estado. Há, pois, eleição de contribuintes distintos para a mesma operação apenas em função do critério de residência do donatário. Vejamos o que dispõe a Lei nº 10.705/2000, que rege o ITCMD paulista:

> Art. 7º São contribuintes do imposto:
>
> [...]
>
> III – na doação: o donatário;
>
> [...]
>
> Parágrafo único. No caso do inciso III, se o donatário não residir nem for domiciliado no Estado, o contribuinte será o doador.
>
> Art. 8º Nos casos de impossibilidade de exigência do cumprimento da obrigação principal pelo contribuinte, respondem solidariamente com este nos atos em que intervierem ou pelas omissões de que forem responsáveis:
>
> [...]

> III – o doador, o cedente de bem ou direito, e, no caso do parágrafo único do artigo anterior, o donatário;
>
> [...].

Interessa notar que não se trata de eleger como contribuinte o donatário instituindo responsabilidade ao doador quando aquele resida alhures: não. São duas hipóteses de sujeição passiva: (i) sendo domiciliado em São Paulo, o contribuinte será o donatário, com atribuição de responsabilidade solidária ao doador; (ii) não residindo o donatário em São Paulo, o contribuinte será o doador, com atribuição de responsabilidade solidária àquele primeiro.

Sob tais critérios, toda e qualquer doação envolvendo um residente em São Paulo e outra parte em qualquer outro Estado da federação estará sujeita a inadmissível bitributação.

A tática em questão, expediente típico de guerras fiscais (*vide* item 2.2) e sintomático da desinteligência federativa, não é praticada apenas pelo Estado de São Paulo; disposições semelhantes se encontram, por exemplo, nas legislações mineira,[405] goiana[406] e sul-mato-grossense.[407]

---

405. Lei nº 14.941/2003
"Art. 12. O contribuinte do imposto é:
[...]
II – o donatário, na aquisição por doação;
[...]
Parágrafo único. Em caso de doação de bem móvel, título ou crédito, bem como dos direitos a eles relativos, se o donatário não residir nem for domiciliado no Estado, o contribuinte é o doador."

406. Lei nº 11.651/1991
"Art. 81. Contribuinte do ITCD é:
[...]
II – na transmissão por doação: (Redação conferida pela Lei nº 18002 vigência: 03.08.13)
a) o donatário;
[...]
Parágrafo único. Em caso de doação de bem móvel, título, ação, quota ou crédito, bem como dos direitos a eles relativos, se o donatário não residir nem for domiciliado no Estado, o contribuinte é o doador."

407. Lei nº 7.850/2002
"Art. 7º São contribuintes do imposto:

Quid inde na hipotética situação em que um residente em São Paulo efetue a doação de participação societária a residente no Estado de Minas Gerais? Pela legislação paulista, sendo o donatário residente em Minas Gerais, o contribuinte será o doador, sendo o donatário mineiro responsável por solidariedade. Por outro lado, donatário residente em Minas Gerais sofrerá incidência do ITD também à luz da legislação mineira, já que é ali residente.

Eis exemplo da inadmissível situação de insegurança jurídica a que se sujeitam operações de doação no Brasil em razão da inexistência de lei complementar disciplinadora do tema, malgrado o decurso de mais de trinta anos desde a nova feição constitucional da matéria, dada pela Constituição de 1988.

Ora, vimos que a materialidade do ITD está ligada ao verbo *transmitir*, complementado pelos *bens e direitos*, em decorrência de contrato de doação (item 7.1). Evidentemente que o sujeito ativo do verbo é o doador. E, muito embora se possa admitir que também o donatário manifesta capacidade contributiva ao receber uma transferência patrimonial, é questão indene de disputa que maior capacidade contributiva demonstra aquele que, por liberalidade, procede à transmissão em apreço.

Por outro lado, como se demonstrou (*vide* item 7.3), a própria CF estipulou como critério espacial do ITD o *locus rei sitae* para transmissões imobiliárias, e o domicílio do doador para as doações de bens móveis, títulos e créditos (art. 155, § 1º, I e II, da Carta Política).

Dessa maneira, mais consentânea com a estrutura constitucional do tributo seria a eleição uniforme do *doador* como sujeito passivo do ITD,[408] relacionado aos bens móveis, títu-

---

[...]
III – na doação, o donatário;
[...]
Parágrafo único. Na hipótese do inciso III, se o donatário não residir nem for domiciliado no Estado, o contribuinte será o doador."

408. Nesse sentido: TORRES, Heleno Taveira. *Regime constitucional do ITCMD nas doações de bens, créditos e direitos*. Disponível em: https://www.ibet.com.br/

los e créditos, ainda que se atribua eventual responsabilidade solidária ao donatário. O critério parece decorrer da própria conformação constitucional do imposto.

De se registrar que o TJSP tem-se oposto à exigência pelo referido Estado das doações cujos doadores estão residentes em distintos Estados da federação.[409] A questão, entretanto, parece ainda não ter sido objeto de avaliação pelas Cortes superiores.

Há aqui, pois, evidente carência de legislação de caráter geral e nacional que discipline a matéria, míngua que resulta nas incertezas a que se assujeitam o Fisco (na incerteza sobre o sucesso arrecadatório) e sobretudo os contribuintes (relegados a um inadmissível *bis in idem* e à necessidade de discussão individualizada do tema junto ao Judiciário). A edição de lei complementar a disciplinar a questão em solução consentânea com a CF certamente militaria em prol de maior unidade sistêmica (*vide* item 1.3) à matéria.

---

regime-constitucional-do-itcmd-nas-doacoes-de-bens-creditos-e-direitos/. Acesso em: 31 mar. 2021.

409. Nesse particular: "Direito público – Tributário – Ação anulatória de débito fiscal – I.T.C.M.D. – Sentença de procedência – Apelação da ré – Desprovimento – Incidência sobre doação cujo doador era residente e domiciliado em outro Estado da Federação (Paraná) – Ausência de competência do Fisco do Estado de São Paulo para exigir o tributo incidente na espécie – Inteligência dos arts. 155, I, e § 1º, II, da Constituição Federal e art. 3º, § 2º, da Lei Estadual nº 10.705/2000 – Precedentes – Sentença de procedência mantida – Recurso desprovido". TJSP, Apelação Cível 1008261-78.2014.8.26.0152, rel. Antonio Tadeu Ottoni, 13ª Câmara de Direito Público, Foro de Cotia, 2ª Vara Cível, julgado em 13/02/2019, data de registro 14/02/2019. "Embargos à execução fiscal – ITCMD – Competência tributária e sujeito ativo – Contrato de doação de valores monetários – Competência do Estado do domicílio do doador – Prova nos autos suficiente a demonstrar que o embargante possui domicílio em Curitiba – Ilegitimidade do Estado de São Paulo – Honorários advocatícios – Execução ajuizada na vigência do CPC/1973 – Necessidade de redução do montante arbitrado – Recurso oficial parcialmente provido e recurso voluntário desprovido." TJSP, Apelação Cível 1000313-14.2014.8.26.0014, rel. Luciana Bresciani, 2ª Câmara de Direito Público, Foro das Execuções Fiscais Estaduais, Vara das Execuções Fiscais Estaduais, julgado em 07/11/2017, data de registro 08/11/2017.

8

ANÁLISE DA REGRA-MATRIZ DO IMPOSTO *CAUSA MORTIS* À LUZ DA CONSTITUIÇÃO E DO CÓDIGO TRIBUTÁRIO NACIONAL

8.1 Critério material

Tal como ocorre com a exação sobre a transmissão decorrente das doações, o imposto sobre a transmissão *causa mortis* de que trata o art. 155, I, da Carta Política tem sua materialidade ligada ao verbo *transmitir*, complementado por *bens e direitos*; tudo que se qualifica pela natureza *causa mortis* da transferência em apreço. A questão, evidentemente, está relacionada aos institutos de direito privado, havendo que guardar obediência às suas prescrições (*vide* item. 5.3.2).

Sobre o conteúdo das expressões *transmissão* e *bens e direitos*, remetemos às iniciais formulações do item 7.1, inteiramente aplicáveis ao ITCM.

Pois bem. Tratando-se de transmissão *causa mortis*, a materialidade da exação se identifica com a *sucessão* a causa de morte, sendo esta a transferência total ou parcial de herança ou legado a um ou mais herdeiros ou legatários. A sucessão, no

> conceito subjetivo, vem a ser o direito em virtude do qual a herança é devolvida a alguém, ou, por outras palavras, é o direito por força do qual alguém recolhe os bens da herança, e, no conceito objetivo, indica a universalidade dos bens do *de cujus* que ficaram, com seus encargos e direitos.[410]

Opera-se a transmissão a causa de morte *incontinenti* à abertura da sucessão, é dizer, "a massa hereditária não fica sem titular, pois, dada a morte, a transmissão é automática aos sucessores",[411] sendo essa a determinação do art. 1.784 do CC.

A sucessão hereditária pode-se classificar, quanto a seus efeitos, em sucessões a título *universal* ou *singular*. No primeiro caso, o que se tem é a transmissão da totalidade ou de quota-parte do patrimônio do *de cujus*, ao passo que, no segundo, há a transferência de bens determinados.[412] Aquele que sucede a título universal será *herdeiro*, que poderá ser *legítimo* (quando sua qualidade decorre de lei) ou *testamentário* (na hipótese de sua condição se ter estabelecido em testamento ou disposição de última vontade), enquanto o que sucede a título singular será *legatário*,[413] sempre por força de disposição testamentária.

---

410. DINIZ, Maria Helena. *Curso de direito civil brasileiro*: direito das sucessões. 33. ed. São Paulo: Saraiva Educação, 2019. v. 6. p. 26.

411. AZEVEDO, Álvaro Villaça. *Curso de direito civil*: direito das sucessões. São Paulo: Saraiva Educação, 2019. p. 18.

412. GOMES, Orlando. *Sucessões*. 17. ed. revisada e atualizada por Mario Roberto Carvalho de Faria. Rio de Janeiro: Forense, 2019. p. 5.

413. "*Herdeiro* ou *sucessor* é quem recebe ou adquire os bens. Conforme se trate de uma ou outra modalidade sucessória, qualifica-se na situação de herdeiro legítimo, ou de herdeiro testamentário. Tomam nome especial de *herdeiros necessários* ou *reservatários* aqueles a quem a lei assegura uma quota certa (metade) do acervo hereditário, limitando desta sorte a liberdade de dispor em testamento. São, em nosso direito, os descendentes, os ascendentes e o cônjuge (Código Civil de 2002, art. 1.845). [...] Legatário é aquele a quem o testador deixa uma coisa ou quantia, certa, determinada, individuada, a título de legado." PEREIRA, Caio Mário da Silva. *Instituições de direito civil*: direito das sucessões. Revista e atualizada por Carlos Roberto Barbosa Moreira. 27. ed. Rio de Janeiro: Forense, 2020. v. VI. p. 2.

Sobreleva notar que a sucessão a título singular, por possuir efeitos restritos a determinada coisa ou direito, não responde por dívidas ou encargos da herança.[414] A responsabilidade pelos passivos da herança recai naqueles sujeitos à sucessão universal, i.e., os herdeiros, e isso, evidentemente, até os limites do acervo transmitido, como preconizam os arts. 1.792 e 1.997 do CC.

Nem todos os direitos ou obrigações do *de cujus* transmitem-se na sucessão a causa de morte. Assim, por exemplo, não se transmitem usufruto, uso, habitação, renda vitalícia, mandato, empreitada de lavor, relação de emprego. Da mesma forma, os direitos personalíssimos, os direitos de família de cunho patrimonial não são transmissíveis.[415]

Eis, em linhas gerais, o elemento material do ITCM, cujos contornos, embora não dispostos de maneira analítica em legislação complementar, parecem ganhar formas claras a partir da conjugação do texto constitucional com a legislação civil.[416]

Cabe abrir neste parágrafo um parêntese a registrar que algumas questões polêmicas acerca da materialidade do ITCM coincidem ou estão relacionadas ao ITD, e delas já nos ocupamos no capítulo anterior. Assim se deu quanto: (i) ao aparente conflito entre o ITCMD e o Imposto de Renda (item 7.1.1); (ii) à incidência do ITD sobre as renúncias translativas ou cessões de herança (item 7.1.2); e (iii) à incidência do ITD sobre partilhas desiguais, inclusive nos casos que envolvem o

414. DINIZ, Maria Helena. *Curso de direito civil brasileiro*: direito das sucessões. 33. ed. São Paulo: Saraiva Educação, 2019. v. 6. p. 31.

415. GOMES, Orlando. Op. cit., p. 9.

416. Aponta Regina Fernandes que com o novo contorno do tributo sobre transmissões após a Constituição de 1988, de maneira a abranger também a transmissão de bens móveis, alguns Estados esmiuçaram em suas legislações as sortes de bens e direitos (além dos imóveis) abrangidos pela tributação, enquanto outros seguiram um critério de generalidade, reproduzindo o texto constitucional. FERNANDES, Regina Celi Pedrotti Vespero. *Impostos sobre Transmissão Causa Mortis e Doação – ITCMD*. 3. ed. São Paulo: Revista dos Tribunais, 2013. p. 83. A nós parece que uma ou outra forma é possível, já que parece suficiente a remissão à legislação civil, desde que respeitadas suas prescrições.

direito sucessório (item 7.1.3). Remetemos, quanto a tais questões, àqueles itens, a se evitar desnecessária repetição.

Ao cabo dessas considerações, antes de cuidar dos demais critérios da regra-matriz do imposto em voga, deter-nos-emos em outras situações controversas que envolvem a materialidade do ITCM.

8.1.1 Não incidência do ITCM na extinção do fideicomisso

Tema que ensejou polêmica é o da incidência do ITCM na hipótese de extinção do fideicomisso.

Nos termos do art. 1.951 do CC, é facultado ao testador

> instituir herdeiros ou legatários, estabelecendo que, por ocasião de sua morte, a herança ou o legado se transmita ao fiduciário, resolvendo-se o direito deste por sua morte, a certo tempo ou certa condição, em favor de outrem, que se qualifica de fideicomissário.

Distintamente do anterior regime de 1916, o atual CC restringe o cabimento do fideicomisso em favor dos não concebidos ao tempo da morte do testador (art. 1.952 do CC).

A regência expressa do instituto pelas disposições civis o situa no campo do direito sucessório, no subdomínio das substituições hereditárias; contudo, parcela da doutrina considera admissível sua prática também por atos *inter vivos*,[417] como no exemplo das doações.[418] Trataremos do tema em seus

417. "Cabimento não tem, evidentemente, trasladá-lo para o campo dos contratos. Contudo, uma vez que, nesse terreno, reina o princípio da liberdade de contratar, nada impede que, no contrato de doação as partes estipulem que o donatário fique obrigado a conservar os bens adquiridos para transmiti-los, por sua morte, a certo tempo, ou sob determinada condição, a pessoas nele designadas." GOMES, Orlando. *Sucessões*. 17. ed. revisada e atualizada por Mario Roberto Carvalho de Faria. Rio de Janeiro: Forense, 2019. p. 179. Também nesse sentido: DELGADO, Mário Luiz. Fideicomisso por ato inter-vivos. *ConJur*, 27 dez. 2020. Disponível em: https://www.conjur.com.br/2020-dez-27/processo-familiar-fideicomisso-ato-inter-vivos. Acesso em: 2 abr. 2021.

418. Por assim conceber, Gerd Foerster aponta para uma definição mais abrangente do instituto: "Neste sentido, de nossa parte, poderíamos acrescentar que o

traços expressos pela legislação civil e em conformidade com sua ampla aceitação no domínio sucessório; não obstante, as considerações a se desenvolverem sobre a incidência do ITCM não seriam substancialmente diferentes na hipótese de eventual admissão da instituição do fideicomisso pelas doações, como deixaremos claro ao final deste item.

Pois bem. Concorrem no instituto três figuras. O *fideicomitente*, na qualidade de instituidor do fideicomisso, que disporá por testamento que um *fiduciário* há de receber propriedade e posse da herança (fideicomisso universal) ou legado (fideicomisso particular) em caráter resolúvel, devendo transmiti-la ao *fideicomissário* por ocasião de sua morte, em razão do decurso de certo prazo ou implemento de determinada condição.[419]

Note-se que o fiduciário efetivamente assume, por substituição, a condição de herdeiro ou legatário, recebendo a propriedade. Muito embora se trate de propriedade resolúvel, terá o fiduciário a faculdade de alienar ou gravar o recebido no todo ou em parte; tal alienação, por óbvio, será também temporária: há de se restituir a coisa quando da extinção do fideicomisso. De mais a mais, "assiste ao fiduciário o direito de usar, fruir e administrar livremente os respectivos bens, fazendo seus, com a separação, os frutos, e introduzindo-lhes as modificações necessárias à sua melhor utilização".[420]

---

fideicomisso é uma disposição através da qual o doador ou o testador confia a uma pessoa, a qual ele pretende beneficiar em primeira instância, para usar, conservar e fruir, durante certo prazo ou sob condição, bens constantes de doação, herança ou legado, bem como de ulteriormente ('*ordo successivus*') entregá-los a outra pessoa, beneficiada em segunda instância, desde que esta esteja existente ainda que de forma projetada ou embrionária ao tempo da substituição". FOERSTER, Gerd. *O "trust" do direito anglo-americano e os negócios fiduciários no Brasil*: perspectiva de direito comparado (considerações sobre o acolhimento do "trust" pelo direito brasileiro). Porto Alegre: Sergio Antonio Fabris Editor, 2013. p. 369.

419. DINIZ, Maria Helena. *Curso de direito civil brasileiro*: direito das sucessões. 33. ed. São Paulo: Saraiva Educação, 2019. v. 6. p. 399.

420. GOMES, Orlando. *Sucessões*. 17. ed. revisada e atualizada por Mario Roberto Carvalho de Faria. Rio de Janeiro: Forense, 2019. p. 182.

O fideicomisso não se confunde com o usufruto. No fideicomisso, o fiduciário tem a efetiva propriedade sobre herança ou legado, mesmo que resolúvel, ao passo que o usufrutuário não possui propriedade, mas direito de uso e gozo. Ainda há outras distinções de relevo. No caso de morte do fiduciário antes de verificada a condição resolutória, a propriedade se transmitirá a seus herdeiros, que poderão assentir a manutenção do encargo, se de outro modo não houver disposto o fideicomitente; no caso de morte do usufrutuário, sucederá a extinção do usufruto. Bem assim no caso de premoriência do fideicomissário em relação ao fiduciário ou antes da implementação da condição resolutiva, a propriedade se consolidará em favor desse último. Já na usucapião, a morte do nu-proprietário apenas fará com que seus direitos sejam objeto de sucessão, sem afetar os direitos do usufrutuário.

Pois bem. Não nos parece haver dúvida de que, em legítima substituição hereditária, haja regular incidência na transmissão a causa de morte que se opera entre fideicomitente e fiduciário caso assim disponha expressamente a legislação instituidora do imposto (como é o caso, por exemplo, das legislações goiana[421] e paulista[422]) ou, ainda, no caso de referência genérica à transferência de propriedade a causa de morte. Não haverá, a nosso ver, mácula de constitucionalidade ou desalinho à legislação complementar.

Dúvidas exsurgem, contudo, em relação à possibilidade de incidência do ITCM quando da extinção do fideicomisso pela morte do fiduciário, com a conseguinte transmissão da herança ao fideicomissário: haveria aí uma segunda hipótese de sucessão a causa de morte a ensejar incidência do tributo?

Em termos pragmáticos, a jurisprudência do Superior Tribunal de Justiça (STJ) firmou-se em resposta negativa a essa questão. Nas duas hipóteses em que se deteve sobre o tema[423]

421. Art. 74, I, "a", da Lei nº 11.651/1991.

422. Art. 2º, II, § 2º, da Lei nº 10.705/2000.

423. Há apenas dois precedentes sobre a matéria julgados perante o STJ, para além de diversas decisões monocráticas que neles se embasaram. São eles: REsp 606.133/

(uma delas tendo admitido a constituição do fideicomisso *inter vivos*), considerou o tribunal que, uma vez já tributada a operação de instituição do fideicomisso (seja pelo ITCM, seja pelo ITD), com transferência efetiva de propriedade resolúvel ao fiduciário, seria indevida nova tributação no caso de extinção do fideicomisso, sob pena de *bis in idem*. Ao tribunal pareceu, ademais, que não se trataria de nova hipótese de transferência, mas sim de repercussão da primeira, que se operou quando da instituição do fideicomisso.[424]

O entendimento a que chegou o STJ nos parece acertado.[425] A instituição do fideicomisso importa já uma transferência a causa de morte, i.e., uma sucessão, por meio da qual a propriedade da herança ou do legado se transmite ao fiduciário em caráter resolúvel. Eis aí a operação tributável pelo ITCM ou, admitindo-se a instituição do fideicomisso por ato *inter vivos*, pelo ITD.

A extinção do fideicomisso – por qualquer causa –, embora implique transferência patrimonial, não será hipótese de sucessão *causa mortis*, tampouco de doação:[426] será apenas trans-

---

RJ, rel. Min. José Delgado, Primeira Turma, julgado em 08/03/2005, *DJ* 11/04/2005, p. 183 (no primeiro caso, discute-se a hipótese de instituição do fideicomisso por ato *inter vivos*); e REsp 1004707/RJ, rel. Min. José Delgado, Primeira Turma, julgado em 27/05/2008, *DJe* 23/06/2008.

424. O entendimento do STJ encontra eco nos tribunais locais, a exemplo do TJSP: "Agravo de Instrumento – Ação de extinção de fideicomisso – ITCMD – Inexistência de fato gerador do imposto na transmissão dos bens ao fideicomissário, por não haver transmissão da propriedade pelo fiduciário, mas pelo próprio fideicomitente – Recurso provido". TJSP, Agravo de Instrumento 2176431-54.2020.8.26.0000, rel. Alcides Leopoldo, 4ª Câmara de Direito Privado, julgado em 19/01/2021.

425. Assim também considera Gabriel Fernandes. FERNANDES, Gabriel da Nóbrega. *Controle de validade do imposto sobre transmissão causa mortis*. 2018. 196 f. Dissertação (Mestrado em Direito) – Pontifícia Universidade Católica de São Paulo, São Paulo, 2018. f. 89.

426. A histórica posição em sentido contrário expressa por Petronio Baptista de Araújo nos parece fazer sentido no contexto de um tributo sobre transmissões patrimoniais em geral, distintamente daquele em análise, que cuida apenas de transmissões a causa de morte e de doações. ARAÚJO, Petronio Baptista de. *O impôsto sobre a transmissão da propriedade*. Rio de Janeiro: Fundação Getulio Vargas, 1954. p. 359. De se registrar que a antiga legislação acerca do tema dava tratamento similar ao fideicomisso e ao usufruto, estipulando que ITCM se pagaria à razão de 50% pelo fiduciário ou

ferência de propriedade resolúvel a causa de implemento de seu termo ou condição. Releva apenas a transmissão inicial a título de sucessão a causa de morte, nos termos do art. 117 do CTN.[427] Por isso é que se trata, a nosso modo de ver, de operação intributável pelo ITCM e, com ainda mais razão, pelo ITD.

Chega-se à conclusão referida em alinhamento a instituições de direito civil e à materialidade do tributo; contudo, seria de se esperar que a legislação complementar expressamente estatuísse – a bem de se evitarem dúvidas e orientar a legislação dos entes federativos em consonância com a Carta Magna – a não incidência do ITCM nas hipóteses de transferência da propriedade resolúvel a causa de termo ou condição. A seguir, trataremos de mais dois exemplos dessa natureza, também objeto de controvérsia.

8.1.2 Não incidência do ITCM na extinção do usufruto

Situação semelhante à da extinção do fideicomisso ocorre na hipótese de extinção do usufruto. Abstrairemos detalhes em relação ao instituto em apreço, embora valha consignar que sua instituição se pode operar tanto por ato gratuito *inter vivos* (gravável, pois, pelo ITD) quanto por disposição testamentária materializada em transmissão a causa de morte (então passível de incidência do ITCM).[428]

Com a extinção do usufruto,

---

usufrutuário; posteriormente, a parcela dos restantes 50% se pagaria, respectivamente, pelo fideicomissário e o nu-proprietário. NICÁCIO, Antônio. *Do impôsto de transmissão de propriedade "causa mortis"*. Rio de Janeiro: Alba, 1959. p. 149.

427. A disposição cuida da tributação sobre fatos geradores condicionais. No caso, o que se tem é hipótese de condição resolutiva; "ainda que esta ocorra, as consequências tributárias serão deflagradas desde o momento da prática do ato ou da celebração do negócio". COSTA, Regina Helena. *Código Tributário Nacional comentado em sua moldura constitucional*. Rio de Janeiro: Forense, 2021. p. 253.

428. Sobre a constituição do usufruto: PEREIRA, Caio Mário da Silva. *Instituições de direito civil*: direitos reais. 27. ed. atualizada por Carlos Edison do Rêgo Monteiro Filho. Rio de Janeiro: Forense, 2019. v. IV. p. 248.

> cessam as prerrogativas da administração; devolve-se ao nu-proprietário o uso e fruição da coisa; restitui-se-lhe a posse do bem frugífero com a consequente atribuição de frutos pendentes; ao nu-proprietário cabe ação reivindicatória da coisa; e contas devem ser prestadas, a ver a quem compete o saldo apurado.[429]

Em outros dizeres, haverá a consolidação em favor do nu-proprietário.

As hipóteses de extinção do usufruto regem-se pelo art. 1.410 do CC em vigor, e entre elas se encontra a morte do usufrutuário; senão vejamos:

> Art. 1.410. O usufruto extingue-se, cancelando-se o registro no Cartório de Registro de Imóveis:
>
> I – pela renúncia ou morte do usufrutuário;
>
> II – pelo termo de sua duração;
>
> III – pela extinção da pessoa jurídica, em favor de quem o usufruto foi constituído, ou, se ela perdurar, pelo decurso de trinta anos da data em que se começou a exercer;
>
> IV – pela cessação do motivo de que se origina;
>
> V – pela destruição da coisa, guardadas as disposições dos arts. 1.407, 1.408, 2ª parte, e 1.409;
>
> VI – pela consolidação;
>
> VII – por culpa do usufrutuário, quando aliena, deteriora, ou deixa arruinar os bens, não lhes acudindo com os reparos de conservação, ou quando, no usufruto de títulos de crédito, não dá às importâncias recebidas a aplicação prevista no parágrafo único do art. 1.395;
>
> VIII – pelo não uso, ou não fruição, da coisa em que o usufruto recai (arts. 1.390 e 1.399).

Vê-se que a extinção do usufruto pelas razões listadas importa transferência patrimonial ao nu-proprietário, que passará a gozar em plenitude dos direitos reais sobre o bem então gravado. Tal transferência patrimonial, entretanto, parece-nos

429. Ibidem, p. 259.

em tudo semelhante às já mencionadas hipóteses de extinção do fideicomisso ou da premoriência do donatário.[430]

Enfim,[431] parece-nos que a morte do usufrutuário, com a consolidação da propriedade em favor do nu-proprietário, tal como nas demais hipóteses anteriormente referidas, não coincide com a hipótese de transferência por sucessão a causa de morte daquele primeiro. A transferência é de direito real resolúvel cuja instituição, a uma ou outra causas, já houvera sido objeto da devida incidência tributária (*v.g.*, ITD ou ITCM, a depender do caso).

A consolidação da propriedade em favor do nu-proprietário em razão da extinção do usufruto, pois, não se coaduna com o critério material possível do ITCMD, sendo inconstitucionais as legislações dos entes federativos que de outra forma disponham.[432]

---

430. Registramos que a transferência por renúncia do usufrutuário em favor do nu-proprietário se nos afigura como hipótese de renúncia puramente abdicativa, insusceptível de materialidade do ITD (*vide* item 7.1). O tema, enfim, embora susceptível a ambas as exações, é tratado no capítulo do ITCM por ser a morte do usufrutuário situação a hipótese natural de extinção do usufruto.

431. Anota Petronio Baptista de Araújo que, "do ponto de vista do direito civil, a extinção do usufruto não acarreta mutação de domínio: o que se verifica é a eliminação do encargo que pesava sobre o nu-proprietário; levantada a restrição, o usufruto lhe advém por força de lei, independentemente de qualquer ato translativo". Ao citar Fonrouge, contudo, considera que a exação deveria abranger "todas aquelas situações em que há um enriquecimento a título gratuito. No caso da extinção do usufruto, não há verdadeira transmissão de bens, porém um aumento da capacidade tributária do nu-proprietário, sem que intervenha a sua ação pessoal ou um equivalente em dinheiro". ARAÚJO, Petronio Baptista de. *O impôsto sobre a transmissão da propriedade*. Rio de Janeiro: Fundação Getulio Vargas, 1954. p. 357-358. Discordamos de tal posição, em especial porque nos atuais contornos constitucionais o ITCMD necessariamente deve ter sua materialidade ligada a transmissão a título de doação ou em virtude de sucessão a causa de morte, situação que não se nos assemelha à hipótese em voga.

432. Uma vez que nos importa a dimensão pragmática da linguagem jurídica, vale-nos, *e.g.*, referência a julgado nesse sentido que expressa a orientação firme do TJSP: "Apelação. Ação anulatória. ITCMD. Doação de imóvel com reserva de usufruto. Posterior extinção do usufruto. Autuação lavrada pelo Fisco sob o argumento de que a extinção do usufruto configura hipótese de incidência do ITCMD. Pretensão da autora à anulação da autuação. Cabimento da pretensão. Extinção ou cancelamento do usufruto que não é prevista como hipótese de incidência do ICTMD,

De todo modo, como afirmamos no item precedente, parece-nos conveniente a discriminação de tais transmissões em lei complementar, estipulando a não incidência da exação sobre transmissões decorrentes da implementação de termo, condição ou, ainda, em decorrência da extinção do fideicomisso ou usufruto.

8.1.3 Não incidência do ITCM na reversão de doação por premoriência do donatário

Tratamos em item precedente (7.1) sobre os contornos do contrato de doação, de modo a delimitar a materialidade do ITD.

Sucede que uma das possibilidades inerentes ao contrato de doação é a estipulação pelo doador da reversão da doação em caso de premoriência do donatário. A questão encontra regência no art. 547 do CC, que assim dispõe: "o doador pode estipular que os bens doados voltem ao seu patrimônio, se sobreviver ao donatário".

A instituição de cláusula de reversão às doações estabelece hipótese resolutória do negócio: a propriedade de que goza o donatário em contrato assim clausulado é de natureza resolúvel. O implemento da condição importará desfazimento do negócio com efeitos retroativos, inclusive com anulação de eventuais alienações feitas ou gravames assumidos pelo outorgado.[433]

---

mas sim como causa de isenção ao recolhimento do tributo. Inteligência do art. 6º, I, 'f', da Lei Estadual nº 10.705/2000. Extinção ou cancelamento do usufruto que não se equipara à transmissão de bem 'causa mortis' ou de doação, tratando-se, em verdade, de consolidação da propriedade plena na pessoa do nu-proprietário. Imposto já recolhido no momento da doação do bem. De rigor a extinção do crédito tributário fazendário, com a consequente anulação da autuação. Precedentes desta. C. Corte. R. sentença de procedência integralmente mantida. Honorários advocatícios. Majoração, em grau recursal, nos termos do art. 85, §§ 1º e 11, do CPC/2015. Recurso de Apelação da FESP desprovido". TJSP, Apelação Cível 1046966-50.2019.8.26.0224, rel. Des. Flora Maria Nesi Tossi Silva, 13ª Câmara de Direito Público, julgado em 12/11/2020.

433. "Essa cláusula opera como resolutória do negócio, com efeito retroativo, anulando eventuais alienações feitas pelo outorgado, recebendo-os o doador livres e desembaraçados de quaisquer ônus (Wald, 1992:287). A hipótese é de propriedade

Justamente por essa razão é que a eventual transferência daquilo que foi doado do acervo do donatário premorto ao doador supérstite não se confunde com a hipótese de sucessão a causa de morte, mas sim de mera transmissão e propriedade resolúvel a causa de implemento de condição. Trata-se, enfim, de situação incompatível com a incidência do ITCM,[434] pelos mesmos motivos já escandidos em relação à hipótese de extinção do fideicomisso e do usufruto.[435]

8.1.4 Seguros de vida e planos de previdência privada

Dispõe o art. 794 do CC que, "no seguro de vida ou de acidentes pessoais para o caso de morte, o capital estipulado

---

resolúvel [...]." VENOSA, Sílvio de Salvo. *Direito civil*: contratos em espécie. 4. ed. São Paulo: Atlas, 2004. v. 3. p. 129.

434. Nem se cogita, *in casu*, a incidência do ITD, pois a transferência decorrente da consolidação da propriedade resolúvel em favor do doador dista de ter por causa ato de liberalidade do donatário, senão seu perecimento, que, nesse caso, importa apenas como condição contratual.

435. Cita-se, a título de exemplo, ementa de julgado oriundo do Tribunal de Justiça do Estado do Rio de Janeiro (TJRJ) que aplica o entendimento aqui perfilhado: "Apelação cível. Mandado de segurança. Imposto de Transmissão por Doação. ITD. Doação com reserva de usufruto vitalício e cláusula de reversão. Falecimento do donatário. Consolidação da propriedade e retorno do imóvel ao doador. Exigência de novo recolhimento de ITD pela Fazenda Estadual. Mandado de segurança impetrado com o escopo de afastar a incidência do tributo. Sentença de improcedência. Apelo do impetrante. Provimento do recurso. Concessão da ordem. 1. Cuida-se de mandado de segurança impetrado com o objetivo de afastar a incidência de ITD na operação de reversão de imóvel doado. 2. Insurge-se o recorrente contra sentença de improcedência do pedido. 3. O imposto em exame, Imposto sobre Transmissão *Causa Mortis* e por Doação (ITCMD), é de competência do Estado, encontrando-se balizado no art. 155, I, da CF. [...] 5. Nos termos do art. 110 do CTN, a legislação tributária não pode alterar o conceito instituído pela Lei Civil, com o escopo de ampliar a incidência do imposto. 6. Dessa forma, prevalece o conceito de doação fixado no Código Civil, não sendo viável a incidência do ITD na ocorrência de reversão do bem doado. 7. Isto porque, nos termos do art. 547, do Código Civil, a reversão não desnatura o negócio, mantendo-se íntegra a sua essência, enquanto contrato uno, com inserção de elemento acidental, ou seja, condição resolutiva. 8. Na forma dos artigos 116 e 117, ambos do CTN, em se tratando de negócio jurídico sob condição resolutória, o tributo é devido desde a prática do ato ou celebração do negócio. [...]. 10. Provimento do recurso para reformar a sentença". TJRJ, Apelação 047174805.2012.8.19.0001, 13ª Câmara Cível, rel. Mauto Pereira Martins, julgado em 21/06/2017.

não está sujeito às dívidas do segurado, nem se considera herança, para todos os efeitos de direito".

Da disposição em apreço decorre, *ex vi* do já referido art. 110 do CTN (*vide* item 5.3.2), que os valores relativos aos seguros de vida não são susceptíveis de incidência do ITCMD: a contratação de seguro pelo falecido consiste em hipótese de estipulação em favor de terceiro, de sorte que a indenização securitária não se transmite de seu patrimônio em favor dos beneficiários; daí a ausência de subsunção do fato à hipótese (materialidade) da exação. Deveras, os valores segurados não integram a sucessão a causa de morte, não se podendo considerá-los nem sequer para fins de definição da legítima.[436]

Questão que exsurge, entretanto, é a da incidência da exação sobre as figuras do "Vida Gerador de Benefício Livre (VGBL)" e do "Plano Gerador de Benefício Livre (PGBL)". O cerne da controvérsia reside na identificação de tais institutos como seguros insusceptíveis, conforme se viu, de incidência do ITCM, ou como planos de previdência privada, que, segundo certa orientação, estariam sujeitos à exação.

Pois bem. A CF, em seu art. 202, estabelece que a previdência privada tem natureza complementar ao regime geral, e deve reger-se por lei complementar. Tal regulamentação se faz pela Lei Complementar nº 109/2001, que classifica as entidades de previdência particular em fechadas e abertas (art. 4º). Em relação a essas últimas, sua disciplina, conforme dispõe o art. 73 da referida lei complementar, dar-se-á, no que couber, pela legislação aplicável às sociedades seguradoras; mais que isso, nos termos do art. 74 da mesma lei, sua regulação e fiscalização se dá pelo Conselho Nacional de Seguros

436. "O seguro instituído em favor de um herdeiro necessário não está sujeito à colação. Constitui estipulação em favor de terceiro (v. nº 264, supra, vol. III), contratada com o segurador. Deve entender-se que o valor do seguro não constitui um bem que haja saído do patrimônio do defunto e, conseguintemente, não se deve considerar rompida a paridade das legítimas." PEREIRA, Caio Mário da Silva. *Instituições de direito civil*: direito das sucessões. Atualizada por Carlos Roberto Barbosa Moreira. 27. ed. Rio de Janeiro: Forense, 2020. v. VI. p. 380.

Privados (CNSP) e pela Superintendência de Seguros Privados (Susep). Atualmente, as principais diretrizes acerca do tema encontram-se nas Resoluções nº 117/2004, 139/2005 e 140/2005 do CNSP.

A natureza do VGBL é admitida sem questionamentos como essencialmente de seguro, ao passo que o PGBL assume feição também de previdência complementar,[437] muito embora se considere que tal característica não seja suficiente a lhe afastar a dimensão securitária, como aponta Mairan Maia Jr.:[438]

> A Lei Complementar n.º 109/01, em diversos de seus dispositivos, reforça a natureza securitária dos referidos fundos. Assim, exemplificativamente, prevê: i) a possibilidade das entidades de previdência complementar contratarem operações de resseguro – art. 11; ii) a aplicação da legislação e regulamentação da profissão de corretor de seguros aos corretores de planos de benefício – art. 30, parágrafo único; iii) a possibilidade de as seguradoras autorizadas a operar exclusivamente no ramo vida a operar os planos de benefícios – art. 36, parágrafo único; iv) a aplicação da legislação das sociedades seguradoras às entidades abertas de previdência privada – art. 73. [...] Como as reservas constituídas nos planos VGBL e PGBL possuem natureza e finalidade securitárias, não são transmissíveis, por sucessão *mortis causa*, aos herdeiros legítimos ou testamentários do falecido, quando indicados beneficiários no plano de previdência privada.

Muito embora a jurisprudência do STJ reconheça a distintiva característica do PGBL como regime de previdência complementar,[439] isso não parece suficiente a afastar dele, segundo o tribunal, uma característica mista de índole securitá-

---

437. "Em linhas gerais, ambos são o que se convencionou chamar de planos por sobrevivência, mas o VGBL está adstrito às regras de seguro de vida pessoal e o PGBL se refere a previdência complementar aberta, que, após um certo tempo de capitalização, proporcionam rendas mensais (vitalícia ou por certo tempo) ou até um pagamento único, a depender da contratação do plano." FERNANDES, Gabriel da Nóbrega. *Controle de validade do imposto sobre transmissão causa mortis*. 2018. 196 f. Dissertação (Mestrado em Direito) – Pontifícia Universidade Católica de São Paulo, São Paulo, 2018. f. 90.

438. MAIA JR., Mairan Gonçalves. A previdência privada como instrumento de planejamento sucessório. *Pensar – Revista de Ciências Jurídicas*, Fortaleza, v. 25, n. 1, p. 4, 2020.

439. *E.g.*, REsp 1.121.719/SP, rel. Min. Raul Araújo, Quarta Turma, julgado em 15/03/2011, *DJe* 27/04/2011.

ria.[440] A questão em relação ao PGBL, entretanto, está longe de uma definição.

Consideramos que tanto no VGBL quanto no PGBL, em caso de morte do participante ou segurado, haverá efetiva transmissão direta[441] da indenização securitária ou do benefício de caráter continuado aos beneficiários por aquele último indicados, o que reforça a ideia de que se cuida de estipulação em favor de terceiros, a afastar da situação a materialidade do ITCM. Não há, nessa hipótese, sucessão a causa de morte.[442]

A questão, contudo, é controvertida[443] e não conta, ainda, com diretriz clara fixada pela jurisprudência.

---

440. "Embora, de acordo com a Susep, o PGBL seja um plano de previdência complementar aberta com cobertura por sobrevivência e o VGBL seja um plano de seguro de pessoa com cobertura por e sobrevivência, a natureza securitária e previdenciária complementar desses contratos é marcante no momento em que o investidor passa a receber, a partir de determinada data futura e em prestações periódicas, os valores que acumulou ao longo da vida, como forma de complementação do valor recebido da previdência pública e com o propósito de manter um determinado padrão de vida." REsp 1.880.056/SE, rel. Min. Nancy Andrighi, Terceira Turma, julgado em 16/03/2021, *DJe* 22/03/2021.

441. A reforçar tal entendimento é o teor do art. 79 da Lei nº 11.196/2005: "No caso de morte do participante ou segurado dos planos e seguros de que trata o art. 76 desta Lei, os seus beneficiários poderão optar pelo resgate das quotas ou pelo recebimento de benefício de caráter continuado previsto em contrato, independentemente da abertura de inventário ou procedimento semelhante".

442. Também nesse sentido: "O pecúlio é um seguro de vida especial, em que os servidores públicos são obrigatoriamente segurados nos institutos de previdência mantidos pelo poder público. Não se incluindo entre os bens do acervo hereditário, não podem dessarte, ser tributados com o imposto 'causa mortis'. [...] Apesar de se tratar de caso de não incidência, julgamos que o dispositivo [art. 32 da Lei nº 1.297, de 16 de novembro de 1951] não é de todo inútil, pois evita controvérsias sobre o assunto, ainda mais que algumas legislações atinentes ao imposto, como a mineira, tributam (se bem que indevidamente) o seguro de vida, quando não haja designação de beneficiário". NICÁCIO, Antônio. *Do impôsto de transmissão de propriedade "causa mortis"*. Rio de Janeiro: Alba, 1959. p. 110-111.

443. Para Gabriel Fernandes, por exemplo, há hipótese de não incidência do ITCM em relação ao VGBL, ao passo que, quanto ao PGBL, considerando que seu beneficiário é o próprio *de cujus*, de sorte que a transmissão só ocorre com sua morte, razão pela qual, inexistindo regra isentiva, haveria materialidade tributável. FERNANDES, Gabriel da Nóbrega. *Controle de validade do imposto sobre transmissão causa mortis*. 2018. 196 f. Dissertação (Mestrado em Direito) – Pontifícia Universidade Católica de São Paulo, São Paulo, 2018. f. 93-95.

As legislações dos entes federativos tampouco possuem orientação uniforme. A legislação fluminense, por exemplo, preconiza incidência do ITCM sobre VGBL e PGBL,[444] no que é desafiada pela jurisprudência local em relação ao primeiro.[445] No caso paranaense, há expressa previsão de incidência do ITCM sobre valores oriundos de quaisquer "modalidades de plano previdenciário, sejam quais forem o prazo e a forma de garantia".[446] No caso da legislação paulista, há específica previsão de isenção dos valores pagos "por institutos de Seguro Social e Previdência, oficiais ou privados",[447] o que decerto abrange o PGBL. Quanto ao VGBL, o Fisco paulista considera sua natureza securitária.[448]

Ao cabo de tais ponderações, vê-se que a matéria é de controversa solução, muito embora nos pareça cuidar-se de hipótese de não incidência da exação. Trata-se, de todo modo, de questão de relevo: o ordenamento há de oferecer segurança e clareza sobretudo aos institutos relacionados ao planejamento sucessório, que supõe negócios de longo prazo

444. Art. 23 da Lei nº 7.174/2015.

445. Nesse sentido: "Agravo de Instrumento. Anulatória de lançamento fiscal. Inventário extrajudicial. Recolhimento do ITCMD sobre o saldo da previdência privada na modalidade VGBL. Decisão antecipando os efeitos da tutela pleiteada, suspendendo a exigibilidade do crédito tributário. Inconformismo ventilado pela fazenda estadual. – Entendimento de que o saldo de plano de previdência privada na modalidade VGBL é um produto securitário, e, por tal razão, não é considerado herança consoante dispõe a regra prevista no art. 794 do Código Civil (LGL/2002/400). Recurso desprovido". TJRJ, AI 003797617-2015.8.19.0000, Rio de Janeiro Capital, 11ª Vara da Fazenda Pública, rel. Des. Flávia Romano de Rezende, 17ª Câmara Cível, julgado em 02/12/2015, *DJ* 03/12/2015.

446. Art. 8º, II, da Lei nº 18.573/2015.

447. Art. 6º, I, "e", da Lei nº 10.705/2000.

448. Nesse sentido é o entendimento expresso na Solução de Consulta nº 1.625, de 12 de junho de 2013: "ITCMD – Regime de previdência complementar tem a mesma natureza dos seguros de vida (Lei Complementar nº 109/2001, artigos 1º, 2º e 73) – Plano Vida Gerador de Benefício Livre (VGBL). I. Ou por não se caracterizarem como hipótese de incidência ou por estarem albergados pela isenção, os valores recebidos em decorrência de plano de previdência privada, não recebidos em vida pelo respectivo titular, não devem ser tributados pelo imposto estadual (artigo 794 do Código Civil e Lei nº 10.705/2000, artigo 6º, inciso I, alínea 'e')".

envolvendo aspectos da proteção familiar. Eis exemplo do déficit legislativo em nível geral sobre o tema.

8.2 Critério temporal

Ao tratar da maneira como se opera a transmissão da propriedade a causa de morte (item 8.1), antecipou-se que esta se dá imediatamente com a abertura da sucessão, i.e., com o falecimento do *de cujus*.

Decerto que o direito brasileiro adota o princípio da *saisine* (arts. 1.784 e 1.923 do CC), de maneira que "os herdeiros, no mesmo instante do óbito do *de cujus*, adquirem a posse e a propriedade dos bens que constituem o acervo hereditário, sem necessidade de praticar qualquer ato ou de requerer ao magistrado a imissão na posse".[449] A transmissão em apreço envolve também a propriedade imobiliária: "Ainda que não formalizado o inventário, não concluída ou não registrada a partilha no cartório imobiliário, os herdeiros são proprietários. O fato da morte é que os tornou tal. O registro do formal de partilha serve apenas para manter sua continuidade [...]".[450]

Vale rememorar que a aceitação da herança, que pode ser tácita, não influi na questão temporal em apreço. A transmissão ocorre imediatamente, sendo a aceitação da herança apenas elemento a torná-la definitiva, reportando-se à data de abertura da sucessão. Igualmente a renúncia, acaso formalizada, reporta-se à abertura da sucessão, de maneira a se considerar não realizada a transmissão a causa de morte (art. 1.804 do CC).

---

449. DINIZ, Maria Helena. *Curso de direito civil brasileiro*: direito das sucessões. 33. ed. São Paulo: Saraiva Educação, 2019. v. 6. p. 39.

450. VENOSA, Sílvio de Salvo. *Direito civil*: direitos reais. 5. ed. São Paulo: Atlas, 2005. v. 5. p. 240.

Eis por que a clássica doutrina aponta como abertura da sucessão o átimo em que se considera ocorrido o fato jurídico tributário do ITCM:[451-452-453]

> O fato gerador do imposto de transmissão de propriedade "causa mortis" é a própria transmissão da herança, que se opera com a morte de determinada pessoa. Contudo, para melhor caracterização, tem-se considerado o falecimento do autor da herança, como fato gerador. [...] Podemos, assim, dizer que o óbito, ou a abertura da sucessão, é o fato gerador do imposto de transmissão "causa mortis".

Tal posição aplica-se também às hipóteses de morte presumida, que autorizam a sucessão provisória passível de atração da incidência do ITCMD, conforme entendimento havia muito firmado pelo STF e cristalizado na Súmula 331, cujo enunciado dispõe ser "legítima a incidência do imposto de transmissão *causa mortis* no inventário por morte presumida".

Não por outra razão, a Súmula 112 do STF dispõe que "o imposto de transmissão 'causa mortis' é devido pela alíquota vigente ao tempo da abertura da sucessão". Ora, tratando-se de exação relacionada à transmissão *causa mortis* e tendo esta ocorrido com a abertura da sucessão, todas as questões inerentes à regra-matriz devem aplicar-se conforme o regime jurídico de tal época; isso, é claro, não abrange procedimentos que envolvem o lançamento ou a eventual incidência retroativa da *lex mitior* (art. 106 do CTN).

---

451. "A abertura da sucessão decorre justamente do evento falecimento, sendo fácil concluir ser esse o marco temporal da hipótese tributária do imposto *causa mortis*." PRADO, Clayton Eduardo. *Imposto sobre herança*. São Paulo: Verbatim, 2009. p. 63.

452. "Podemos concluir, então, ser o evento morte o marco temporal para a incidência do imposto sobre a transmissão *causa mortis*, de quaisquer bens ou direitos, inclusive a morte presumida, em que se abre a sucessão provisória." FERNANDES, Regina Celi Pedrotti Vespero. *Impostos sobre Transmissão Causa Mortis e Doação – ITCMD*. 3. ed. São Paulo: Revista dos Tribunais, 2013. p. 85.

453. NICÁCIO, Antônio. *Do impôsto de transmissão de propriedade "causa mortis"*. Rio de Janeiro: Alba, 1959. p. 43.

O tema, entretanto, aponta para mais profundas dificuldades.

Sucede que a herança, nos termos do art. 91 do CC, constitui uma universalidade de bens. Trata-se de uma "universalidade juris indivisível até a partilha, de modo que, se houver mais de um herdeiro, o direito de cada um, relativo à posse e ao domínio do acervo hereditário, permanecerá indivisível até que se ultime a partilha".[454] Com a só abertura da sucessão, estabelece-se condomínio entre os herdeiros e legatários, o qual se desfaz somente com a partilha. Até tal ato, há um acervo indiviso pertencente a todos estes de maneira indivisa.

Eis que, com a partilha, cessa a comunhão sobre a universalidade. Trata-se, enfim, do "ponto culminante da liquidação da herança. Põe termo ao estado de indivisão. Discrimina e especifica os quinhões hereditários. Fixa o momento em que o acervo deixa de ser uma *res communis* dos herdeiros, operando a mutação em coisas particulares de cada um".[455]

Mais que isso, em certos casos, a própria determinação dos herdeiros ou legatários é controvertida, carecendo de definição em processo judicial de inventário.

Enfim, do caminho entre a transmissão da herança como universalidade e a distribuição dos quinhões à individualização das regras-matrizes a cada um dos herdeiros ou legatários, tal como sugere o art. 35, parágrafo único,[456] do CTN, há uma série de procedimentos pelos quais – necessariamente – se precisa passar, e que envolvem uma conexão inexorável entre regras de direito tributário e normas de processo civil.

---

454. DINIZ, Maria Helena. *Curso de direito civil brasileiro*: direito das sucessões. 33. ed. São Paulo: Saraiva Educação, 2019. v. 6. p. 39.

455. PEREIRA, Caio Mário da Silva. *Instituições de direito civil*: direito das sucessões. Atualizada por Carlos Roberto Barbosa Moreira. 27. ed. Rio de Janeiro: Forense, 2020. v. VI. p. 372.

456. "Art. 35. [...].
Parágrafo único. Nas transmissões *causa mortis*, ocorrem tantos fatos geradores distintos quantos sejam os herdeiros ou legatários."

Neste trabalho, não cuidaremos de abordar detalhes sobre os procedimentos judiciais ou extrajudiciais pelos quais a legislação ordinária federal possibilita o caminho entre a abertura da sucessão e a partilha. Basta apontarmos que os procedimentos judiciais são: (i) o inventário em sentido estrito (do qual se ocupam os arts. 610 a 658 do CPC); (ii) o arrolamento comum; e (iii) o arrolamento sumário (ambos tratados pelos arts. 659 a 667 do CPC), sendo nesse último dispensada a participação fazendária, cuja fiscalização do lançamento se dará administrativamente depois da partilha.[457] Já como procedimento extrajudicial se tem (iv) a possibilidade de proceder à partilha por escritura pública (art. 610, §§ 1º e 2º, do CPC), nas hipóteses de sucessão não testamentária em que não haja litígio, por comum acordo entre as partes, que devem ser todas capazes.

Eis por que, para autores como Gabriel Fernandes[458] e Florence Haret, o princípio da *saisine* não obsta que o legislador eleja como critério temporal da regra-matriz do ITCM "qualquer instante que se encontra no ínterim, que vai da morte à partilha dos bens", isso porque a noção de "momento de transmissão" poderia coincidir com "o instante (i) da própria morte; (ii) de seu registro; (iii) da declaração de ausência produzida pelo juiz; (iv) da abertura da sucessão legítima ou

457. A questão foi abordada pelo STJ em regime repetitivo, por ocasião do julgamento do REsp 1.150.356/SP (rel. Min. Luiz Fux, Primeira Seção, julgado em 09/08/2010, *DJe* 25/08/2010, Tema repetitivo 391), cuja tese assim se expressou: "O juízo do inventário, na modalidade de arrolamento sumário, não detém competência para apreciar pedido de reconhecimento da isenção do ITCMD [Imposto sobre Transmissão *Causa Mortis* e Doação de quaisquer Bens ou Direitos], à luz do disposto no *caput* do artigo 179, do CTN)".

458. "Nesta linha, a pendência da exigibilidade inerente ao curso do processo sucessório, para fins de definição da exata grandeza da materialidade tributável, promove, na verdade, o obstáculo à constituição do crédito tributário e da obrigação tributária, tendo em vista que ambos são institutos indissociáveis, o que precisa ser alertado pelo menos para fins de retidão discursiva e depuração analítica do presente trabalho. Diante dessas elucidações, o condicionante temporal do Imposto sobre transmissão *causa mortis* termina ficando entre a morte até consecução do processo sucessório." FERNANDES, Gabriel da Nóbrega. *Controle de validade do imposto sobre transmissão causa mortis*. 2018. 196 f. Dissertação (Mestrado em Direito) – Pontifícia Universidade Católica de São Paulo, São Paulo, 2018. f. 110.

testamentária; (v) do inventário; (vi) da avaliação dos bens incluídos na herança, etc.”.[459]

A dependência, a se dizer quase absoluta, dos procedimentos judiciais e extrajudiciais de partilha como condição à determinação da base tributável e dos contribuintes do ITCM está em linha com as Súmulas 113, 114 e 115 do STF. A Súmula 113 estabelece que, embora se deva aplicar alíquotas e regimes jurídicos da data de abertura da sucessão (como se demonstrou ao referirmo-nos à Súmula 112), “o imposto de transmissão ‘causa mortis’ é calculado sobre o valor dos bens na data da avaliação”, procedimento que se desenvolve, em regra, durante a liquidação. Já a Súmula 114 determina que “o imposto de transmissão ‘causa mortis’ não é exigível antes da homologação do cálculo”, o que se dá também, como regra, nos casos judiciais, com a sentença homologatória de partilha. Já a Súmula 115 dispõe que “sobre os honorários do advogado contratado pelo inventariante, com a homologação do juiz, não incide o imposto de transmissão *causa mortis*”. Há uma referência, assim, à apuração do tributo que, em certos casos, depende de apuração judicial.

Tais súmulas, embora vetustas, exprimem orientação consentânea com a do STJ, para o qual, apesar de se dar relevo ao princípio da *saisine*, a sentença de partilha possui caráter declaratório.[460] Assim, ainda que não seja a sentença constitutiva do fato jurídico tributário em si, não se pode conceber seus contornos efetivos até sua prolação. Nos casos extrajudiciais em que se dispensa a sentença, tal marco “declaratório”

---

459. HARET, Florence. *Teoria e prática das presunções no direito tributário*. São Paulo: Noeses, 2019. p. 655 e 657.

460. “Tributário – ITCD – Fato gerador – Princípio da saisine – Súmula 112/STF. 1. Cinge-se a controvérsia em saber o fato gerador do ITCD – Imposto de Transmissão *Causa Mortis*. 2. Pelo princípio da saisine, a lei considera que no momento da morte o autor da herança transmite seu patrimônio, de forma íntegra, a seus herdeiros. Esse princípio confere à sentença de partilha no inventário caráter meramente declaratório, haja vista que a transmissão dos bens aos herdeiros e legatários ocorre no momento do óbito do autor da herança. 3. Forçoso concluir que as regras a serem observadas no cálculo do ITCD serão aquelas em vigor ao tempo do óbito do *de cujus*. 4. Incidência da Súmula 112/STF. Recurso especial provido.” REsp 1.142.872/RS, rel. Min. Humberto Martins, Segunda Turma, julgado em 20/10/2009, *DJe* 29/10/2009.

poder-se-ia tomar como a partilha regularmente discriminada e declarada pelos contribuintes sucessores aos Fiscos. Sem liquidação e partilha, enfim, parece-nos praticamente inviável determinar os elementos da regra-matriz do ITCM, razão pela qual é consenso da jurisprudência que, antes disso, a exação não se considera exigível, como se demonstrou.

A adoção pelas legislações ordinárias de outros momentos que não a abertura de sucessão não nos parece perverter as instituições de direito privado (*vide* item 5.3.2), pela só razão de que a transmissão dos quinhões hereditários, sim, consolida-se apenas e tão somente aos herdeiros e legatários individualizados (como dispõe o art. 35, parágrafo único, do CTN) no momento da partilha. Há, a nosso ver, justificativa para tal asserção, que se alinha a respeitável entendimento doutrinário, já exposto, e à consagrada jurisprudência acerca do tema. Assim também consideramos.

Com tais ponderações, concluímos que sim, desde a abertura da sucessão até a partilha, há espaço para que o legislador ordinário eleja o momento em que se considera havida a transmissão dos quinhões aos herdeiros ou legatários, tornando possível sua determinação bem como da perspectiva dimensível da exação.

De toda sorte, as considerações acerca do critério temporal do ITCM demonstram a induvidosa carência legislativa do tema, que, embora comezinho, não repousa em sólida normativa geral.

8.2.1 Decadência do ITCM

A problemática da decadência do ITCM é desdobramento da também conflitiva questão da definição de seu critério temporal, de que cuidamos linhas antes.

O tema suscita debates. Aponta Carlos Victor Muzzi Filho que, nos casos de inventário e arrolamento comum,[461] o ITCM

461. Nas partilhas extrajudiciais, à vista da responsabilidade de que trata o art. 134, VI, pouca discussão prática exsurge, dado que Cartórios de Registros soem impor

é hipótese de verdadeiro lançamento judicial, nos termos das normas do CPC às quais já nos referimos. Não obstante isso, nada justificaria que se deslocasse o termo inicial do prazo decadencial preconizado pelo art. 173, I, do CTN (*vide* item 5.3.1) para momento diverso do da abertura da sucessão. E isso, essencialmente, porque: (i) a ciência do Fisco quanto ao fato gerador não é critério legal para início do prazo decadencial; (ii) à Administração se conferem poderes para apuração da matéria tributável, notadamente a própria propositura do inventário. Eis o raciocínio urdido nas palavras do próprio autor:[462]

> Nos Estados em que o lançamento adote a forma judicial, também não há razão para se afastar a aplicação do art. 173, I, do CTN. Poder-se-ia, talvez, argumentar que, sendo o imposto apurado no processo de inventário, enquanto os herdeiros não propusessem a respectiva ação judicial, não se poderia cogitar a fluência do prazo decadencial. O argumento, contudo, não convence, em primeiro lugar porque o CTN não adota como termo inicial do prazo de decadência o momento em que o Fisco tem ciência do fato gerador. Como já anotado, o prazo decadencial é

---

apresentação de pagamento dos tributos nos termos das legislações locais para proceder à divisão por escritura. No caso dos arrolamentos sumários, entretanto, há controvérsia sobre a posição a adotar pelos magistrados em hipótese de dissonância entre o valor recolhido pelos contribuintes e as avaliações fazendárias (*vide* comentários no item anterior, em rodapé, acerca do repetitivo REsp 1.150.356/SP e Tema repetitivo 391 do STJ). Sobre isso: "Observa-se, portanto, que a modalidade de lançamento atribuída ao ITCMD na hipótese de utilização do arrolamento sumário como procedimento sucessório não permite outra conclusão que não seja pelo condicionamento direto entre o processo judicial e o administrativo. Ao magistrado condutor do arrolamento, falece competência para conhecer das questões relativas ao tributo, que devem ser resolvidas exclusivamente no âmbito administrativo. Por esta razão, não se admite o recolhimento do imposto a menor ou em valor dissonante com aquele fixado pela Administração Fazendária, pois o lançamento só ocorre após a concordância do Fisco diante das informações e declaração prestada pelo contribuinte. Havendo discussão administrativa ou judicial (em sede cognitiva alheia ao arrolamento sumário) quanto ao pagamento, a suspensão do procedimento se impõe como única medida cabível". FERREIRA FILHO, Marcílio da Silva. A cobrança de ITCMD no arrolamento sumário: perspectivas da norma de competência na jurisprudência do STJ. *Revista Dialética de Direito Tributário – RDDT*, São Paulo: Dialética, n. 234, p. 83, 2015.

462. MUZZI FILHO, Carlos Victor. Imposto sobre Transmissões *Causa Mortis*: lançamento de decadência. *Revista Dialética de Direito Tributário – RDDT*, São Paulo: Dialética, n. 212, p. 34-35, 2013.

> para que o Fisco verifique a ocorrência do fato gerador, apurando, então, o tributo devido. Em segundo lugar, observe-se que o CPC fixa prazo de 60 dias, contados do falecimento, para que se inicie o processo de inventário e partilha (art. 983), atribuindo legitimidade, dentre outros, à própria Fazenda Pública para requerer a abertura do inventário (art. 988, inciso IX) [...] Portanto, ocorrida a abertura da sucessão, com a morte do autor da herança, no exercício seguinte se inicia o prazo, inclusive nos casos em que adotado o lançamento jurisdicional, pouco importando a eventual inércia dos herdeiros, que pode ser suprida pelo Fisco ou pelo próprio juiz.

Alexandre Coutinho da Silveira pondera que, malgrado a assente jurisprudência do STJ se tenha firmado no sentido de que o prazo decadencial tem por início a prolação da sentença de homologação da partilha, tal entendimento dissente do real critério temporal possível da exação, que, segundo o *droit de saisine*, tem que ver com a abertura da sucessão:

> Portanto, muitos sustentam que vai mal o STJ quando afirma que o prazo decadencial só tem início com a homologação da partilha – ainda que se alegue a dificuldade na identificação dos aspectos da hipótese de incidência, o que nos aparenta despiciendo [...].[463]

O fato, contudo, é que, na linha das já referidas Súmulas 113 a 115 do STF, a jurisprudência do STJ vem de histórica posição firmada no sentido de que, nas hipóteses em que o ITCMD se apura em processo judicial, a decadência, nos termos do art. 173, I, do CTN, perfaz-se apenas "no primeiro dia do exercício seguinte àquele em que ocorreu o trânsito em julgado da sentença homologatória da partilha, que seria a data em que o lançamento poderia ter ocorrido".[464]

---

463. SILVEIRA, Alexandre Coutinho da. O ITCMD incidente sobre doação em pecúnia: início do prazo decadencial. Conflito entre o Conselho de contribuintes do Estado do Rio de Janeiro e o Tribunal de impostos e taxas do Estado de São Paulo. *Revista Dialética de Direito Tributário – RDDT*, São Paulo: Dialética, n. 215, p. 17-18, 2013.

464. AgInt no AREsp 1.473.610/PR, rel. Min. Og Fernandes, Segunda Turma, julgado em 08/06/2020, *DJe* 15/06/2020. No mesmo sentido podem-se citar diversos outros precedentes, *e.g.*: AgInt no AREsp 1.625.877/RS, rel. Min. Mauro Campbell

O raciocínio desenvolvido nos arestos que firmam esse entendimento é consentâneo com as ponderações que tecemos no item precedente, em especial diante do fato de que, malgrado o *droit de saisine* implementar pronta transmissão da indivisa universalidade da herança, os quinhões (parágrafo único do art. 35 do CTN) apenas se transferem a herdeiros e legatários quando da partilha.

Não se trata, pois, de questão relacionada à ciência da Administração Tributária quanto ao momento do fato jurídico tributário, mas sim de sua exata definição *vis-à-vis* a inteligência do já referido parágrafo único do art. 35 do CTN, bem assim a legislação do ente federativo que, a nosso modo de ver, pode bem estabelecer como momento em que se considera a transmissão – dos quinhões hereditários ou legados – o da partilha, ainda que se reporte à abertura da sucessão para fins de determinação do regime jurídico aplicável (tal como ocorre com a própria aceitação ou renúncia de herança ou legado); tudo sem malferimento aos institutos de direito privado.

Disso concluímos no sentido de não repreender a jurisprudência atualmente em vigor acerca do tema, repreensão que se deve apontar à já mencionada falta de disciplina clara e segura da matéria no plano da lei complementar, a unificar critérios que possibilitem segura disposição da questão pelas legislações dos entes federativos.

8.3 Critério espacial

O local em que se reputa havida a transmissão gravável pelo ITCM decorre da própria norma constitucional. Nesse sentido, dispõe o art. 155:

> Art. 155. Compete aos Estados e ao Distrito Federal instituir impostos sobre:

Marques, Segunda Turma, julgado em 16/12/2020, *DJe* 18/12/2020; AgInt no AREsp 1.660.697/RS, rel. Min. Napoleão Nunes Maia Filho, Primeira Turma, julgado em 31/08/2020, *DJe* 08/09/2020.

> I – transmissão *causa mortis* e doação, de quaisquer bens ou direitos;
>
> [...]
>
> § 1º O imposto previsto no inciso I:
>
> I – relativamente a bens imóveis e respectivos direitos, compete ao Estado da situação do bem, ou ao Distrito Federal;
>
> II – relativamente a bens móveis, títulos e créditos, compete ao Estado onde se processar o inventário ou arrolamento, ou tiver domicílio o doador, ou ao Distrito Federal;
>
> III – terá competência para sua instituição regulada por lei complementar:
>
> [...]
>
> b) se o *de cujus* possuía bens, era residente ou domiciliado ou teve o seu inventário processado no exterior;

De início, afasta-se a possibilidade de exigência da exação em território nacional na hipótese da alínea "b" do inciso III do § 1º da disposição em voga. Até que sobrevenha lei complementar acerca da matéria, o exercício da competência tributária pelos Estados e pelo Distrito Federal nessa hipótese se dará de maneira inconstitucional, tal como já se demonstrou alhures.

No que diz respeito às demais disposições, há de distinguir na sucessão a causa de morte de bens móveis, títulos e créditos dos bens imóveis.

Quanto aos imóveis, a atribuição de competência pelo art. 155, § 1º, I, revela a pressuposição de que a transferência do imóvel se dá no próprio local de sua situação. Prevalece a regra do *locus rei sitae*. A questão é regida pelo art. 41 do CTN, que dispõe: "o imposto compete ao Estado da situação do imóvel transmitido, ou sobre que versarem os direitos cedidos, mesmo que a mutação patrimonial decorra de sucessão aberta no estrangeiro".

A disposição é bastante clara e não parece trazer celeuma. Tal como se apontou no item 7.3, na eventualidade de imóvel indiviso abrangente de limítrofes pessoas políticas, há de se considerar a viabilidade de sua tributação proporcionalmente às áreas ocupadas.

No que concerne aos bens imóveis e aos direitos a eles pertinentes, enfim, o critério espacial é relativamente simples.

No que diz respeito à sucessão a causa de morte de bens móveis, títulos e créditos, a Constituição indiretamente adota o critério de domicílio do sucedido ou do *de cujus*.

Decerto que, nos termos do art. 48 do CPC em vigor, a regra geral

> é a de que o foro do domicílio do autor da herança, no Brasil, é o competente para inventário, partilha, arrecadação, cumprimento de disposições de última vontade, impugnação ou anulação de partilha extrajudicial e para todas as demais ações, em que o espólio for o réu, mesmo que o óbito tenha ocorrido no estrangeiro.[465]

Apenas se o autor da herança não tiver domicílio certo é que se remetem às subsidiárias hipóteses de abertura do inventário no foro de situação de bens imóveis ou, ainda, à sua ausência, no local de quaisquer bens do espólio, à escolha do proponente.

De se registrar que a disposição processual, de ordem adjetiva, está relacionada à norma substantiva, a qual estatui que "a sucessão abre-se no lugar do último domicílio do falecido" (art. 1.785 do CC).

Havendo pluralidade de residências do *de cujus* as quais atendam materialmente aos critérios para configuração da figura do domicílio, poderá o procedimento de inventário ou partilha desenvolver-se no local de qualquer delas (art. 71 do mesmo diploma).

Aqui exsurge interessante aspecto. Sucede que na hipótese de se proceder ao inventário extrajudicial (art. 610, §§ 1º e 2º, do CPC), não havendo que se cogitar competência de juízo, é facultada às partes interessadas, nos termos do art. 1º

465. TUCCI, José Rogério Cruz e *et al*. *Código de Processo Civil anotado*. Rio de Janeiro: LMJ Mundo Jurídico, 2016. p. 67.

da Resolução nº 35 do Conselho Nacional de Justiça (CNJ) e art. 8º da Lei nº 8.935/1994, a escolha do tabelião que lhes seja mais conveniente.

Seria possível, nesse caso, que os contribuintes buscassem processar o inventário extrajudicial em Estado com tributação menos gravosa em detrimento daquele de domicílio do *de cujus* em que se reputasse ocorrido o fato jurídico tributário? A nós parece que não.

A dicção do inciso II do § 1º do art. 155 da CF refere-se claramente ao local "onde se processar o inventário ou arrolamento". A referência ao processamento nos parece aludir ao processo judicial,[466] cuja disciplina de competência (adjetiva) reporta-se ao domicílio civil (substantiva), como se demonstrou em linhas anteriores. De mais a mais, à época da Constituinte não se previa no Brasil hipótese de processamento extrajudicial de inventários, contexto que consideramos relevante e determinante para a compreensão da disposição em apreço.

Não há, pois, livre escolha do contribuinte quanto à materialidade da transmissão: havendo inventário extrajudicial, há de se reputar ocorrida a transmissão para fins de incidência do ITCM no local de último domicílio do *de cujus*.[467]

8.4 Critério quantitativo: base de cálculo e alíquotas

Tal como sucede com o ITD, as alíquotas do ITCM são estabelecidas com certa liberdade pelos Estados e pelo Distrito Federal, e podem, inclusive, ser progressivas (itens 6.5.1 e 6.5.2 sobre a possibilidade e forma admissível da progressividade

466. Em geral, admite-se a referência a "processo" como sinônimo da atuação jurisdicional. Os procedimentos administrativos comumente se referem como processos apenas quando haja conflito ou resistência administrativa submetida a julgamento. FALLET, Allan. *A natureza jurídica do processo administrativo fiscal*. São Paulo: Noeses, 2019. p. 25-27.

467. Nessa mesma linha: WEISS, Fernando Lemme. O imposto de transmissão *causa mortis* e a partilha extrajudicial. *Revista Dialética de Direito Tributário – RDDT*, São Paulo: Dialética, n. 146, p. 29, 2007.

no ITCMD), desde que respeitada a alíquota máxima de 8% estabelecida pela Resolução nº 9, de 5 de maio de 1992, do Senado Federal, em conformidade com o art. 155, § 1º, IV, da CF e o art. 39 do CTN.

Como se demonstrou anteriormente ao comentar a perspectiva dimensível do ITD (item 7.4), o art. 38 estabelece que "a base de cálculo é o valor venal dos bens ou direitos transmitidos".

Valor venal deve ser entendido como aquele que o bem ou direito atinge em condições normais de mercado para venda à vista. Sobre tal questão, nela incluída a inconstitucional eleição presumida de "valores venais" distintos para o IPTU e o ITBI em certas localidades, com seus reflexos na apuração do ITCMD, *vide* o item 7.4, em que cuidamos do critério quantitativo do ITD.

À diferença do que sucede com o ITD, que tem por objeto a transmissão de ativo determinado por ato *inter vivos*, o ITCM inexoravelmente envolve a apuração do acervo hereditário e posterior discriminação dos quinhões ou legados cuja transmissão constitui – isoladamente, nos termos do art. 35, parágrafo único, do CTN – fato jurídico tributário.

A apuração da base de cálculo do ITCM, ainda que se paute pela busca do valor venal, faz-se pelo já referido procedimento de liquidação da herança que se processa por meio do inventário (cujos procedimentos judicial e extrajudicial foram referidos no item 8.2), e culmina na partilha:[468]

> É a partilha o ponto culminante da liquidação da herança, já que é por meio dela que se especifica o quinhão de cada herdeiro (CC, art. 2.023). Assim sendo, a herança, até a partilha, é uma unidade legalmente indivisível, embora seja de natureza divisível, razão pela qual existe a partilha. [...] A partilha é, portanto, a divisão oficial do monte líquido, apurado durante o inventário, entre os sucessores do *de cujus*, para lhes adjudicar

468. DINIZ, Maria Helena. *Curso de direito civil brasileiro*: direito das sucessões. 33. ed. São Paulo: Saraiva Educação, 2019. v. 6. p. 467.

> os respectivos quinhões hereditários. Tem portanto, efeito declaratório, pois assim que for julgada o direito de cada herdeiro circunscrever-se-á ao seu quinhão (CC, art. 2.203) e também retroativo (*ex tunc*), desde a abertura da sucessão (CC, art. 1.784). É mister salientar que o inventário e a partilha constituem um único procedimento, que se cinde em duas fases distintas.

Assim, a avaliação dos ativos integrantes do acervo hereditário se determinará no curso do processo judicial de inventário ou, alternativamente, em apuração administrativa, no caso de se proceder ao inventário extrajudicial.

No caso do inventário judicial, a apuração do imposto encontra disciplina nos arts. 630 a 638 do CPC, e envolve a avaliação dos bens integrantes do acervo para apuração do tributo devido. Nos arrolamentos sumários (art. 662 do CPC) e no inventário judicial, as avaliações para fins de incidência do ITCM hão de se processar administrativamente.

A necessidade de liquidação da herança para apuração da perspectiva dimensível do ITCM é reforçada pelas já avaliadas Súmulas 112, 113 e 114 do STF, que estabelecem que o regime jurídico aplicável é o da data de abertura da sucessão; entretanto, a base de cálculo será o valor das avaliações procedidas à época do inventário, sendo certo que o tributo não é exigível antes da homologação do cálculo. O mesmo se diga sobre a jurisprudência consolidada do STJ, que aponta para a exigibilidade da exação apenas quando do trânsito em julgado da sentença homologatória da partilha (*vide* item 8.2).

Com isso se pode concluir que a base de cálculo do ITCM será o valor do quinhão atribuído a cada herdeiro ou legatário, verificado no ponto culminante da liquidação da herança, que é a partilha.[469]

---

469. PEREIRA, Caio Mário da Silva. *Instituições de direito civil*: direito das sucessões. Atualizada por Carlos Roberto Barbosa Moreira. 27. ed. Rio de Janeiro: Forense, 2020. v. VI. p. 372.

8.4.1 Herança líquida: dedução de dívidas e despesas do *de cujus*

Alguns Estados, como o de São Paulo, preconizam que a incidência do ITCM se deve fazer de modo individualizado aos bens integrantes do acervo, não sendo permitida a dedução de dívidas e ônus do espólio ou mesmo despesas inerentes ao processo de inventário. Eis, *e.g.*, o teor do art. 12 da Lei nº 10.705/2000 do referido Estado: "Artigo 12 – No cálculo do imposto, não serão abatidas quaisquer dívidas que onerem o bem transmitido, nem as do espólio".

Tal disposição, assim como toda e qualquer previsão análoga, não encontra abrigo na materialidade do ITCM tal como disposta pelo art. 155 da Carta Política, bem assim as disposições do CTN, em especial aquelas que preconizam aderência aos conceitos e institutos de direito privado, i.e., o art. 110 do CTN (*vide* item 5.3.2).[470]

Pressuposto do procedimento de liquidação da herança é a satisfação de todos os débitos da herança (arts. 1.009 a 2.001 do CC). É que, no inventário, o que se apura é a chamada herança líquida, como aponta Caio Mário da Silva Pereira:[471]

> No processo de inventário é que se apura a herança líquida, isto é, aquela que cabe aos herdeiros, depois de se atender aos direitos de terceiros – *deducto aere alieno*. A primeira fase desta liquidação é o expurgo, no inventário, dos bens e direitos alheios, que se encontravam em poder do inventariado. A segunda é o pagamento de todas as dívidas da herança, anteriores ou posteriores à abertura da sucessão, uma vez que a responsabilidade dos herdeiros é limitada *intra vires hereditatis* (Código Civil, art. 1.792). Como está expresso nas fontes, só se compreende a existência de

---

470. Não são todos os Estados que assim o fazem. A legislação pernambucana, por exemplo, bem procede ao excluir dívidas da herança da base de cálculo da exação (art. 5º, § 2º, da Lei nº 13.974/2009). Bem assim a legislação paranaense, que adota a cautela de incluir como dedução as despesas funerárias em alinhamento à legislação civil (art. 18, § 3º, da Lei nº 18.573/2015).

471. PEREIRA, Caio Mário da Silva. Op. cit., p. 362.

> bens, depois de deduzidos os valores alheios: *Bona intelliguntur nisi deducto aere alieno.*

Nos termos da atual legislação civil, necessariamente se hão de computar como dívidas da herança as despesas com funeral; as despesas de sufrágios por alma do morto (serviços religiosos) apenas obrigam a herança se assim determinado em testamento ou codicilo (art. 1.998 do CC).

Decerto que a tradicional doutrina acerca do ITCM posiciona-se no mesmo sentido.[472] Nessa linha, Petronio de Araújo aponta que, além das dívidas passivas, se admite também a dedução das custas e o imposto de sucessão, para além dos honorários do advogado.[473]

Como não poderia ser diferente, a jurisprudência do TJSP refuta a legislação paulista no que diz respeito à indedutibilidade das dívidas da herança.[474]

---

472. "Em resumo, para efeito de cálculo do imposto de transmissão de propriedade 'causa mortis', unicamente se deduzem do montante da herança as dívidas do finado, as despesas funerárias não excessivas, e as despesas de sufrágio por alma do 'de cujus', se ordenadas em disposição de última vontade." NICÁCIO, Antônio. *Do impôsto de transmissão de propriedade "causa mortis"*. Rio de Janeiro: Alba, 1959. p. 62.

473. ARAÚJO, Petronio Baptista de. *O impôsto sobre a transmissão da propriedade*. Rio de Janeiro: Fundação Getulio Vargas, 1954. p. 316-322.

474. Cita-se, *e.g.*: "Mandado de segurança. ITCMD. Transmissão por sucessão hereditária. Pretensão a que se reconheça a possibilidade de dedução das dívidas do espólio da base de cálculo do imposto. Admissibilidade. Imposto que deve incidir sobre o patrimônio efetivamente transferido aos herdeiros. Tese que está em consonância com precedentes deste Tribunal. Ordem concedida em parte. Recurso oficial não provido". TJSP, Remessa Necessária Cível 1007942-80.2020.8.26.0482, rel. Antonio Carlos Villen, 10ª Câmara de Direito Público, Foro de Presidente Prudente, Vara da Fazenda Pública, julgado em 04/12/2020, data de registro 04/12/2020; "Agravo de Instrumento – Inventário – Recolhimento do imposto de transmissão 'causa mortis', já abatidas as dívidas da empresa do falecido – Divergência quanto à base de cálculo – Decisão que indeferiu a pretensão da Fazenda Pública e manteve o valor apontado pela inventariante como sendo o correspondente à herança objeto de partilha – Insurgência da Fazenda Pública – Descabimento – A base de cálculo deve corresponder ao monte-mor líquido partível, isto é, o valor dos bens deixados aos herdeiros depois de deduzidas as dívidas 'de cujus' e de sua empresa – Inteligência dos artigos 1.792 e 1.997 do Código Civil, que revogaram o artigo 12 da Lei Estadual nº 10.705/00 – Precedentes jurisprudenciais – Recurso não provido". TJSP, Agravo de Instrumento 2138767-96.2014.8.26.0000, rel. Walter Barone, 7ª Câmara de Direito

Em conclusão, não se há de admitir a instituição do ITCM sobre heranças antes de sua liquidação: a incidência, sendo individual (parágrafo único do art. 35 do CTN), dá-se sobre quinhões, o que pressupõe o término da liquidação com expurgos e deduções de dívidas do *de cujus*, para além de suas despesas funerárias e sufrágios por alma (se assim constar de disposição de última vontade), e, nos termos da Súmula 115 do STF, dos honorários de advogado, indispensável ao deslinde do inventário.

8.5 Critério pessoal: sujeitos ativo e passivo

Na sujeição ativa do ITCM têm-se, como regra, os Estados, particularmente aquele de situação do imóvel, ou, quando se trate de bens móveis, títulos e créditos, o Estado em que se processa o inventário (i.e., como se demonstrou no item 8.3 o domicílio do *de cujus*). A capacidade tributária ativa, decerto, pode ser transferida, nisso não havendo óbice constitucional ou no plano da lei complementar.

Quanto ao sujeito passivo do ITCM, sua identificação na figura de herdeiros ou legatários se mostra relativamente simples a partir da já referida dicção do art. 35, parágrafo único, do CTN. Tal disposição estabelece haver tantos fatos geradores quantos sejam os herdeiros ou legatários, assumindo-se, pois, na figura destes, a sujeição passiva da exação.

Tal como se dá com a apuração da base imponível, a identificação de todos os herdeiros e legatários se processa juntamente no inventário.

Já tratamos da necessidade de aceitação da herança – ato que formaliza a transferência já presumida por força do *droit de saisine* – no item 8.1: cuida-se de ato que pode, inclusive, ser presumido, mas que retroage à data de abertura da sucessão.

Privado, Foro de Presidente Prudente, 2ª Vara de Família e Sucessões, julgado em 16/09/2015, data de registro 22/09/2015.

No que diz respeito à renúncia da herança, também analisada no item 8.1, esta somente subtrai do sujeito a qualidade de contribuinte quando for abdicativa. Tratando-se de renúncia translativa, i.e., renúncia da herança em favor de terceiro, o que sucede é verdadeira cessão de herança. Nesse caso, haverá incidência do ITCM quando da transferência do acervo ao cedente, com posterior possibilidade de incidência do ITD na sua doação ao terceiro. Sobre isso se discorreu no item 7.1.2, a propósito.

As legislações estaduais em geral reproduzem o teor do art. 35, parágrafo único, do CTN; quanto à definição do sujeito passivo da exação, a atual conformação de normas gerais é satisfatória a se eliminarem dúvidas acerca da escorreita exigência do imposto em voga.

9
ALGUNS INSTITUTOS DO *COMMON LAW* E A TRIBUTAÇÃO SOBRE A TRANSMISSÃO DE BENS E DIREITOS *CAUSA MORTIS* E POR DOAÇÕES

As considerações precedentes se desdobraram expondo desde as características do sistema tributário brasileiro em seu plano constitucional, passando pela atribuição de força centrípeta às normas gerais de direito tributário no que diz respeito à uniformidade semântica dos elementos a ele inerentes, chegando à análise das regras-matrizes de incidência do ITD e ITCM.

Tendo sido expostas certas controvérsias inerentes aos critérios das regras-matrizes dos impostos em voga, sobretudo *vis-à-vis* a legislação civil, convém que se faça uma breve digressão acerca da possibilidade de incidência das exações sobre algumas figuras próprias do *common law* que, por sua natureza, ostentam características distintas das categorias admitidas pelo ordenamento nacional.

Os institutos do *trust* e da *joint tenancy* são figuras típicas das jurisdições que adotam o sistema do *common law*, e são comumente utilizados como legítima maneira de estruturação de planejamentos patrimoniais e sucessórios (*vide* item 5.3.3), em especial por indivíduos e famílias de alto poder econômico, que, em um mundo cada vez mais globalizado, possuem grande mobilidade em relação à disposição e estruturação de seu patrimônio, podendo contar com estruturas internacionais.[475]

A avaliação da possível incidência do ITCMD sobre tais estruturas será realizada mediante contraste entre sua natureza[476] e as já traçadas regras-matrizes dos tributos em questão, sobretudo em sua conformação nos planos da CF e do CTN, sobre o qual já se cuidou em item precedente (capítulo 5).

9.1 *Trusts*

9.1.1 Origens do instituto

A origem do *trust* remonta à formação do direito de propriedade no *common law*, razão pela qual cabe, neste ponto, um breve escorço histórico.

Com efeito, pode-se tomar como ponto fundamental da estruturação do sistema do *common law* a conquista normanda da Inglaterra em 1066 e a unção de Guilherme I como monarca. Nesse processo, houve a transposição da estrutura governamental então vigente no Ducado da Normandia para o regime tribal anglo-saxão, implicando uma centralização da administração no

475. GERSHEL, David. The Benefits of the Use of Trusts in Pre-Immigration Tax Planning for Brazilians Moving to and from the United States. *In*: CORDEIRO, Daniel Vieira de Biasi *et al.* (org.). *Estudos de tributação internacional*. Rio de Janeiro: Lumen Juris, 2019. v. 3. p. 231.

476. Cabe registrar que parte significativa das dúvidas relativas à incidência do ITCMD sobre os institutos do *common law* objeto deste estudo decorre do fato de que não há perfeita correspondência entre eles e as categorias do direito romano-germânico. Por isso mesmo, certas expressões jurídicas se comportam, verdadeiramente, como falsos cognatos. Em razão disso, optamos por manter notas de rodapé e referências acerca de tais figuras do direito anglo-saxão em sua língua original, explicando-as ao longo do texto, à luz do direito nacional e no vernáculo.

poder real e da jurisdição nos Tribunais de Westminster, instituídos para distribuição da justiça.[477] Criou-se, então, um direito comum (*common law*), aplicável a todo o território.

Característica marcante desse processo foi a tomada de todas as terras em nome do monarca. Daí que a propriedade plena e perpétua toda ela cabia exclusivamente à Coroa, ao passo que as terras foram posteriormente

> redistribuídas em caráter precário, a possuidores, os chamados *tenants*, criando-se a relação jurídica denominada *tenure*. As *tenures* poderiam ser livres ou não livres (*free ou non free*), conforme as obrigações de prestação de serviços que implicassem correlativamente ao uso da terra fossem ou não dignas da condição de um homem livre.[478]

Daí se dizer que a marca do sistema feudal é a coexistência de mais de um direito real sobre o mesmo bem ou, ainda, o desdobramento do direito de propriedade.[479]

Como as muitas limitações aos direitos dos *tenants* se estabeleciam concomitantemente ou de forma subsequente à

---

477. FOERSTER, Gerd. *O "trust" do direito anglo-americano e os negócios fiduciários no Brasil*: perspectiva de direito comparado (considerações sobre o acolhimento do "trust" pelo direito brasileiro). Porto Alegre: Sergio Antonio Fabris Editor, 2013. p. 41-42.

478. SALOMÃO NETO, Eduardo. *O trust e o direito brasileiro*. São Paulo: Trevisan Editora, 2016. p. 15.

479. "En la teoría feudal, ningún hombre podía ser propietario de tierras, salvo el rey. Toda la tierra del país estaba dividida en tenencias, a cargo de los terratenientes. Estos 'tenían la tierra', es decir, eran poseedores de ella, pero no propietarios, al menos técnicamente (del francés tenir, 'tener', 'poseer') y algunos se consideraban libres mientras que otros no. [...] la idea de la tenencia permaneció mucho tiempo después de que hubieran dejado de existir las obligaciones impuestas por el sistema feudal de la posesión de la tierra. E incluso, hasta el día de hoy, dicha idea prevalece en el concepto de que la 'libre posesión' de la tierra (siendo la 'posesión libre' el fundamento de toda tenencia de tierras en la actualidad) surgió simplemente como producto de la evolución histórica de aquella modalidad de tenencia de tierras llamada 'socage libre común' ('socage' = modalidad de tenencia feudal que exigía un pago en dinero, especie o servicios) a cual han dejado de sumársele, a lo largo de varios siglos, servicios e 'incidencias.'" JAMES, Philip S. *Introducción al derecho inglés*. Santa Fé de Bogotá: Editorial Temis, 1996. p. 345-346.

sucessão hereditária, e, tendo em vista a possibilidade de que um titular desse direito o desdobrasse em vida estabelecendo novos *tenants* a ele subordinados, a cessão dos usos ou "*uses*" sobre o direito real que possuíam se instituiu como mecanismo de elisão de tais restrições feudais.[480]

Tais primitivas formas de *trust*, os *uses*, eram figuras inicialmente desprovidas de estatura jurídica, sendo relação regida por regras de confiança (moral). Os mecanismos de justiça estabelecidos pela Coroa, i.e., o *common law*, eram formais, tendo cabimento apenas para certas hipóteses ou ritos que não abrangiam as disputas inerentes a tal instituto. Daí que grande parte dos litígios para os quais não havia tribunais – entre os quais aqueles que tinham por objeto os *uses* – passou a dirigir-se diretamente ao monarca, sendo julgados por seu *Lord Chancellor*.[481] Eis que, ao lado das decisões dos Tribunais de Westminster, desenvolveu-se uma jurisprudência paralela pelas cortes de chancelaria ou *Chancery Courts*, que levou o nome de *equity*.[482] O processo de esclerose pelo qual passou

---

480. "Uma forma encontrada pelos vassalos ingleses para contornar essas limitações, sobretudo na transmissão *causa mortis*, foi a cessão a terceiros para uso. O cessionário colocava-se na posição de titular de terras, sem que pudesse, todavia, delas livremente dispor, devendo usá-las conforme os interesses de quem lhes as cedeu e por um tempo determinado, por exemplo, até que o herdeiro do proprietário original da terra (i.e., do cedente) atingisse a maioridade. Essa prática (de cessão por tempo e com poderes limitados) ficou conhecida como *use*, e baseava-se na confiança de que a pessoa que recebesse a propriedade por tempo determinado a devolveria à pessoa indicada, como beneficiário após um determinado prazo previamente estipulado. O *use* é uma das formas mais primitivas de *trust* encontradas na história." SANTOS, Raquel do Amaral de Oliveira. *Trust*: das origens à aceitação pelos países de direito romano-germânico. 2009. 220 f. Dissertação (Mestrado em Direito) – Pontifícia Universidade Católica de São Paulo, São Paulo, 2009. f. 40.

481. VIEIRA, Andréia Costa. *Civil law e common law*: os dois grandes sistemas legais comparados. Porto Alegre: Sergio Antonio Fabris Editor, 2007. p. 144.

482. O sistema do *equity*, em suma, evoluiu a partir de uma ampla gama de situações fora das estritas situações expressamente protegidas pela lei comum (*common law*) e para evitar seu abuso, dirigindo-se às cortes de chancelaria. Em uma definição de Hudson: "At its root, equity is concerned to prevent a defendant from acting unconscionably (literally, contrary to conscience) in circumstances where the common law would otherwise allow the defendant to do so. To put that point another way, the courts will intervene to stop a fraudster, shyster or wrongdoer from taking

o *common law*, tendo sido aos poucos complementado pela *equity*, é fenômeno usualmente comparado à substituição do direito civil romano pelo direito pretoriano.[483] Assim, os *uses* foram paulatinamente ganhando reconhecimento jurídico e sua aplicação foi sendo determinada pelas *Chancery Courts* no âmbito do *equity*.

Em 1535, Henrique VIII promulgou o *Statute of Uses* com o propósito de coibir a utilização dos *uses* para evitar a erosão dos direitos de propriedade, o prestígio dos direitos de suserania e a restrição de direitos reais não registrados. As cortes de chancelaria, contudo, passaram a aplicar as vedações do referido estatuto de maneira cada vez mais tímida, o que levou à conformação do instituto que atualmente se denomina *trust*. Assim como os *uses* se instituíram como uma elisão às restrições feudais, o próprio *trust* teve lugar como uma elisão às restrições do *Statute of Uses*, mediante a conjugação de dois negócios subsequentes, com vistas à preservação do primeiro, como anota Eduardo Salomão Neto:[484]

> [...] Passou então a entender [as cortes de chancelaria] que, em caso de serem constituídos dois ou mais *uses* sucessivamente no mesmo instrumento, o efeito do *Statute of Uses* seria simplesmente extinguir o primeiro deles, ficando convalidados os demais. Dessa forma, se A constituísse um *use* sobre um imóvel em favor de B, passando a esse a titularidade dos direitos reais sobre o bem, e B fizesse o mesmo em relação a um terceiro C, indicando D como beneficiário da administração do bem, apenas o primeiro

---

advantage lf the rights of another person. The word 'shyster' is useful here because it is vague enough to cover a broad range of people who may be deliberately committing fraud or people who are not acting entirely honestly without being fraudulent or people who are carelessly acting in a way which would do harm to others". HUDSON, Alastair. Principles of Equity and Trusts. 3. ed. London: Cavendish Publishing Limited, 1999. p. 8.

483. FOERSTER, Gerd. *O "trust" do direito anglo-americano e os negócios fiduciários no Brasil*: perspectiva de direito comparado (considerações sobre o acolhimento do "trust" pelo direito brasileiro). Porto Alegre: Sergio Antonio Fabris Editor, 2013. p. 48.

484. SALOMÃO NETO, Eduardo. *O trust e o direito brasileiro*. São Paulo: Trevisan Editora, 2016. p. 21-22.

dos referidos *uses* (de A para B) seria atacado pelo *Statute of Uses*, continuando o outro (de B para C em favor de D) plenamente válido. A partir daí generalizou-se a prática de constituir dois *uses* em seguida como forma de manter sua validade. O segundo desses *uses*, como forma de diferenciá-lo do primeiro, passou a ser chamado de *trust*, daí se originando a designação do instituto.

Fica evidente, pois, que o *trust* tem origem – e fundamento – em uma noção de propriedade que é em si mesma distinta daquela praticada nas famílias de direito romano-germânicas. Não por outra razão se pode afirmar que o termo "*property*" não pode ser perfeitamente traduzido pela ideia de propriedade vigente entre nós.[485]

Tal brevíssimo escorço histórico presta-se não apenas a ensejar melhor compreensão do *trust*, mas também a demonstrar o quão distam as noções de propriedade admitidas no sistema de direito romano-germânico e no *common law*, o que decerto traz significativas questões quando da avaliação da possível incidência do ITCMD sobre tais estruturas.

9.1.2 Conceito, elementos e características dos *trusts*

A extrema maleabilidade dos *trusts* e a diversa gama de modalidades e formas que eles podem assumir – até mesmo por se tratar de um instituto regido de maneira diferente por diversos ordenamentos – tornam sua definição problemática.[486] Neste estudo, obviamente, cuidaremos de linhas gerais,

485. "O termo '*property*' não pode ser traduzido por propriedade em direito continental (fundamentado no Direito Romano). Fica uma pergunta que deve ser respondida, relativa à palavra usada pelos ingleses para exprimir a ideia de propriedade. O jurista continental ficará surpreso ao deparar, sobre esse ponto, no direito inglês, com uma resposta de que não existe tal palavra. Observe-se que a palavra '*ownership*' corresponde, na língua inglesa corrente, à nossa palavra propriedade, mas não é utilizada em matéria de 'real *property*'." DAVID, René. *O direito inglês.* São Paulo: Martins Fontes, 2000. p. 95.

486. Para Heleno Torres, "Consiste o *trust* numa forma de atribuir bens ou direitos para outras pessoas (beneficiários) sem transmitir para essas o direito de propriedade, e sem que se realize qualquer forma de comunhão, configurando-se, para cada um dos sujeitos, uma espécie de titularidade de situações jurídicas. Sua noção

a fim de avaliar a possível incidência do ITCMD em diversos momentos desse instituto.

Justamente em razão da apontada dificuldade de conceituação, parece-nos interessante partir da definição trazida pelo art. 2º da Convenção de Haia de 1985, que trata, precisamente, da lei aplicável aos *trusts* e seu reconhecimento em variadas jurisdições, com o propósito de alinhar os distintos sistemas jurídicos para fins de sua harmonização.[487] Eis a definição trazida pela Convenção:[488]

> For the purpose of this Convention, the term "trust" refers to the legal relationships created – *inter vivos* or on death – by a person, the settlor, when assets have been placed under the control of a trustee for the benefit of a beneficiary or for a specified purpose.
>
> A trust has the following characteristics:
>
> a) the assets constitute a separate fund and are not a part of the trustee's own estate;
>
> b) title to the trust assets stands in the name of the trustee or in the name of another person on behalf of the trustee;
>
> c) the trustee has the power and the duty, in respect of which he is accountable, to manage, employ or dispose of the assets in accordance with the terms of the trust and the special duties imposed upon him by law.

---

mais aproximada talvez seja a de uma relação fiduciária em virtude da qual um determinado sujeito, o *settlor*, proprietário dos bens ou patrimônio (*trust fund*), transfere-os a um outro sujeito, o fiduciário (*trustee*), que passa a ter sobre tais bens ou direitos, a propriedade formal (*trust-ownership, legal state*), ou a titularidade com a obrigação de custodiá-los, para atribuir ganhos ou rendimentos a um ou mais beneficiários (*beneficiaries*). Assim, o beneficiário deterá a propriedade substancial – 'econômica' – (*beneficiary ownership, equitable state*), podendo o *trust* servir a um ou mais beneficiários ou a uma finalidade própria". TÔRRES, Heleno Taveira. *Direito tributário internacional*: planejamento tributário e operações transnacionais. São Paulo: Revista dos Tribunais, 2001. p. 105.

487. VITA, Jonathan Barros. *Teoria geral do direito*: direito internacional e direito tributário. São Paulo: Quartier Latin, 2011. p. 181.

488. HAGUE CONFERENCE ON PRIVATE INTERNATIONAL LAW CONFÉRENCE DE LA HAYE DE DROIT INTERNATIONAL PRIVÉ (HCCH). *30. Convention on the Law Applicable to Trusts and on their Recognition.* 1 July 1985. Disponível em: https://www.hcch.net/en/instruments/ conventions/full-text/?cid=59. Acesso em: 14 jun. 2021.

Vale examinar tal conceito, identificando-lhe alguns elementos relevantes para este trabalho, sem se pretender, evidentemente, abordar todas as suas nuanças e desdobramentos.

A primeira figura a se destacar é a do *settlor* ou *grantor*, que é aquele que institui o *trust*. Trata-se da pessoa natural ou jurídica que transfere – por *ato inter vivos* ou *causa mortis* – a "propriedade formal" ou *legal ownership* do patrimônio (*res*) afetado pelo *trust* a um fiduciário, o *trustee*. Este, por sua vez, é o indivíduo ou a entidade legal responsável pela administração do *trust*, sendo considerado formalmente titular dos bens a ele afetados. A administração do *trust* feita pelo *trustee* se dá em prol dos beneficiários ou *beneficiaries*, que são as pessoas investidas do direito de se beneficiarem do patrimônio afetado.[489] Nem todos os *trusts* possuem beneficiários: quanto às suas finalidades, eles podem ser privados (constituídos para aproveitar a determinados beneficiários) ou relativos a propósitos (*purpose trusts*), estes que não possuem beneficiários e buscam a perseguição de certos fins, tais como funções caritativas ou de interesse público (*charitable purpose trusts*).

A instituição do *trust* se dá por meio de um documento: o *instrument of trust* ou *trust deed*, valendo destacar que é facultado ao *settlor* constituir a si próprio como *trustee*; nesse caso, o documento de instituição se denomina *declaration of trust*. Há uma grande maleabilidade em relação à extensão e forma dos poderes transmitidos pelo *settlor* ao *trustee*.[490]

O *trust deed* deve indicar os pormenores segundo os quais os bens serão administrados pelo *trustee*, e este há de verter os proveitos patrimoniais correspondentes aos beneficiários.

---

489. GERSHEL, David. The Benefits of the Use of Trusts in Pre-Immigration Tax Planning for Brazilians Moving to and from the United States. *In*: CORDEIRO, Daniel Vieira de Biasi *et al.* (org.). *Estudos de tributação internacional*. Rio de Janeiro: Lumen Juris, 2019. v. 3. p. 247.

490. CALIL, Ricardo. A incidência do imposto de renda e do ITCMD em operações com *trusts*. *Revista Direito Tributário Internacional Atual – RDTI Atual*, São Paulo: Instituto Brasileiro de Direito Tributário – IBDT, n. 4, p. 182, 2018.

Também disporá sobre eventuais condições resolutivas para distribuição de ativos aos beneficiários (*vesting time*).

Com a criação do *trust*, inaugura-se relação jurídica direta entre o *trustee* e os *beneficiaries*, a quem é dado o direito de exigir o fiel cumprimento de seu dever fiduciário. Em outros dizeres, a figura do *settlor* é posta de lado, não mantendo ulterior relação com as demais partes.[491]

Os *trustees* são aqueles dotados da "guarda e [d]a titularidade dos bens corpóreos e incorpóreos integrantes do *trust*. É seu dever exercer suas prerrogativas de titular em benefício dos beneficiários ou com vistas aos propósitos para os quais o *trust* é constituído".[492] São investidos dos deveres de cuidado (*duty of care*) e de lealdade (*duty of loyalty*), de maneira que respondem perante os beneficiários por atos temerários e lhes é vedado qualquer tipo de favorecimento ou aproveitamento próprio em razão da administração do patrimônio afetado. Com efeito, o *trustee* deve manter o acervo patrimonial do *trust* de maneira segregada de seus próprios ativos,[493] para além de prestar contas de sua administração.[494]

O patrimônio objeto do *trust* (*trust fund*) ou patrimônio afetado é formado pelo conjunto dos bens e direitos de qualquer natureza que se transferem formalmente do *settlor* ao *trustee*. Trata-se, evidentemente, de elemento inerente e indispensável

491. PENNER, James E. *The Law of Trusts*. 10. ed. Oxford: Oxford University Press, 2016. p. 25.

492. SALOMÃO NETO, Eduardo. *O trust e o direito brasileiro*. São Paulo: Trevisan Editora, 2016. p. 38.

493. CALIL, Ricardo. Op. cit., p. 184.

494. "A trustee must be prepared at all times to give the beneficiary information as to the state of the trust property, and to dealings with it. This obligation involves: (a) keeping financial accounts; (b) providing information, within certain limits, as to action taken in the administration of a trust. A trustee must, therefore, maintain accurate accounts of the trust property. He must allow the beneficiary, or his solicitor, to inspect those accounts, and the vouchers supporting them, and he must be prepared to give full information as to the amount of the trust fund." PARKER, David B.; MELLOWS, Anthony R. *The Modern Law of Trusts*. London: Sweet & Maxwell Limited, 1966. p. 232.

ao *trust*, tal como a declaração de vontade do *settlor*, que identifica o objeto do *trust* e a aceitação do dever fiduciário pelo *trustee*. Daí que as três condições elementares para constituição válida de um *trust* são a certeza de identificação do patrimônio (*certainty of property*), a certeza do objeto (*certainty of object*) e a certeza de intenção (*certainty of intention*).[495]

Decerto que os bens e direitos afetados são de propriedade formal (*legal title*) do *trustee*, embora seus benefícios econômicos (*equitable title*) sejam de titularidade dos beneficiários. Assim, o patrimônio afetado não responde por dívidas particulares do *trustee*, que deve mantê-los e contabilizá-los separadamente de seus bens pessoais, sendo-lhe vedado dele se aproveitar ou dar-lhe destinação distinta daquela definida no *instrument of trust*.

A constituição segregada de um acervo afetado que não se confunde com o patrimônio do *trustee* é marca distintiva dos *trusts*, sendo tal aspecto reforçado pela já mencionada XV Convenção de Haia, em seu art. 11.[496] Tal disposição preconiza que

---

495. FOERSTER, Gerd. *O "trust" do direito anglo-americano e os negócios fiduciários no Brasil*: perspectiva de direito comparado (considerações sobre o acolhimento do "trust" pelo direito brasileiro). Porto Alegre: Sergio Antonio Fabris Editor, 2013. p. 798.

496. "Article 11. A trust created in accordance with the law specified by the preceding Chapter shall be recognised as a trust.
Such recognition shall imply, as a minimum, that the trust property constitutes a separate fund, that the trustee may sue and be sued in his capacity as trustee, and that he may appear or act in this capacity before a notary or any person acting in an official capacity.
In so far as the law applicable to the trust requires or provides, such recognition shall imply, in particular:
a) that personal creditors of the trustee shall have no recourse against the trust assets;
b) that the trust assets shall not form part of the trustee's estate upon his insolvency or bankruptcy;
c) that the trust assets shall not form part of the matrimonial property of the trustee or his spouse nor part of the trustee's estate upon his death;
d) that the trust assets may be recovered when the trustee, in breach of trust, has mingled trust assets with his own property or has alienated trust assets. However, the rights and obligations of any third party holder of the assets shall remain subject to the law determined by the choice of law rules of the forum." HAGUE CONFERENCE

os Estados que venham a reconhecer o *trust* em seu ordenamento necessariamente considerem o patrimônio afetado um acervo que não se confunde com os bens de plena titularidade do *trustee*, devendo-se reconhecer, no mínimo, o seguinte: (i) os credores pessoais do *trustee* não podem reivindicar ativos afetados; (ii) os bens afetados não fazem parte do patrimônio do *trustee* em caso de falência ou insolvência; (iii) o acervo do *trust* não é afetado pelo regime matrimonial ou sucessório do *trustee*; e (iv) os bens do *trust* podem ser recuperados pelos beneficiários quando o *trustee* violar seu dever fiduciário alienando-os ou dissipando-os indevidamente em prejuízo do *trust* ou em desconformidade com seu objeto. Trata-se, como se vê, de verdadeiro direito de sequela dos beneficiários.

E é neste ponto que repousa a maior dificuldade em relação à assimilação do *trust* ao direito brasileiro. Sucede que ele assume uma partição do direito de propriedade írrita à definição do art. 1.228 do CC,[497] mesmo porque, como se demonstrou no item precedente, não há coincidência entre a noção de "propriedade" praticada entre nós e a de "*property*" vigente

---

ON PRIVATE INTERNATIONAL LAW CONFÉRENCE DE LA HAYE DE DROIT INTERNATIONAL PRIVÉ (HCCH). *30. Convention on the Law Applicable to Trusts and on their Recognition.* 1 July 1985. Disponível em: https://www.hcch.net/en/instruments/conventions/full-text/?cid=59. Acesso em: 14 jun. 2021.

497. "Em uma relação de '*trust*', o conceito de propriedade, tal como é conhecido nos ordenamentos romãnicos, subdivide-se entre o '*trustee*' e o '*beneficiary*' de uma forma por eles desconhecida: o direito de propriedade é divisível nos ordenamentos latinos entre os atos de usar, gozar e dispor de um bem, e a forma como tal divisão ocorre em um '*trust*' não segue necessariamente tais moldes: veja-se que nem o '*trustee*' nem o '*beneficiary*' detêm a soma da totalidade dos direitos inerentes à plena propriedade. Por um lado, o '*trustee*' possui poderes e responsabilidades: goza dos atributos de gerir e dispor, embora esteja afeiçoado a prestar contas ante o '*beneficiary*', o qual pode usufruir de benefícios oriundos do bem. Tal não corresponde, entretanto, ao conceito latino de 'usar e gozar' do bem, pois tais noções pressupõem indiretamente o ato de dispor dos bens, pressupõem que o proprietário poderá escolher livremente de que forma pretende usufruir do bem, o que não é o caso do '*beneficiary*' de um '*trust*', a quem faltam os atributos de gestão, inerentes à noção de 'usar e gozar' em plenitude." FOERSTER, Gerd. *O "trust" do direito anglo-americano e os negócios fiduciários no Brasil:* perspectiva de direito comparado (considerações sobre o acolhimento do "trust" pelo direito brasileiro). Porto Alegre: Sergio Antonio Fabris Editor, 2013. p. 799.

no direito anglo-americano. De fato, no *trust*, há a propriedade formal (*legal ownership*), atribuída ao *trustee*, e a titularidade dos direitos econômicos de fruição (*equitable state* ou *beneficial ownership*), cabível aos beneficiários[498-].[499] Há, em suma, uma divisão da noção de propriedade.[500] A questão é assim explicada por Alberto Xavier:[501]

> A dificuldade existente para a introdução do *trust* no direito brasileiro encontra-se na inexistência de um conceito de dualidade da propriedade, ao contrário dos sistemas de onde o *trust* se origina. No *trust*, coexistem direitos paralelos de propriedade, concebendo-se da parte do *trustee* um direito de propriedade meramente formal, uma vez que os bens objeto do *trust* não se confundem com o restante de seu patrimônio. Porém, no direito brasileiro, em que os direitos reais são considerados taxativos, por força de um princípio de tipicidade, não existe semelhante direito limitado de propriedade.

Tal problema se desdobra, ainda, no que é das maiores controvérsias em relação à aceitação dos *trusts*[502] pelos siste-

---

498. "Trusts are legal relationship under which the legal ownership and management of property is separated from its beneficial ownership." ARNOLD, Brian J. *International Tax Primer*. 3. ed. Alphen aan der Rijn: Kluwer Law International B.V., 2016. p. 130.

499. YOSHIOKA, Mari; BARBOSA, Juliana. Planejamento tributário e sucessório no contexto atual das famílias internacionais. *In*: CORDEIRO, Daniel Vieira de Biasi *et al* (org.). *Estudos de tributação internacional*. Rio de Janeiro: Lumen Juris, 2019. v. 3. p. 528-529.

500. "[...] a trust involves division of the ownership of property. An example of typical express trust is as follows. The settlor is the original owner of property, and creates a trust by conveyning it to one or more trustees, and manifesting an intention that it is to be held on trust for one or more beneficiaries. The trutees becomes owners at common law, and are given control of the property. [...] The trustees come under an equitable obligation enforceable by the beneficiaries." TODD, Paul. *Textbook on Trusts*. 4. ed. London: Blackstone Press, 1991. p. 44.

501. XAVIER, Alberto. *Direito tributário internacional do Brasil*. Rio de Janeiro: Forense, 2010. p. 118.

502. Nesse sentido, a delinear a extensão dos direitos dos beneficiários ou "*cestuis que trusts*" em uma definição, digamos, pragmática, como é comum nos sistemas de *common law*: "But the question remains, who owns the actual trust property (e.g. the banknotes) – the trustee or the beneficiary? This question has not been finally answered, although the Divisional Court in Schailt v. Joseph Nadler Ltd. Has held that the

mas de *civil law*: a relação entre os beneficiários e o *trustee* é de natureza obrigacional ou se cuida de um direito real? Em outros dizeres: a quem, de fato, pertence o acervo do *trust*, aos beneficiários ou ao *trustee*?

Para tais questionamentos, aparentemente, não há resposta definitiva. Gerd Foerster, por exemplo, marca a efetiva existência de relação obrigacional entre o beneficiário e o *trustee*, muito embora reconheça algumas nuanças de direito real, tal como o de sequela, i.e., o direito de os beneficiários socorrerem-se de medidas judiciais a reivindicar bens porventura vendidos ou dissipados indevidamente (em quebra de *trust* por falta de zelo ou lealdade) pelo fiduciário:[503]

> Reconhecem-se duas relações jurídicas na formação do conceito de "*trust*": a relação eminentemente obrigacional que se estabelece entre o "*trustee*" e o "*beneficiary*", no sentido de que o primeiro deva administrar probamente o patrimônio de afetação, não se aproveitando de sua condição em próprio benefício, bem como cumprir com as estipulações do "*settlor*". Paralelamente, existe uma relação jurídica privilegiada, entre o "*trustee*" e o "*beneficiary*", no que tange ao cumprimento das referidas estipulações. Neste contexto é que o sistema de direito anglo-americano procede à intervenção da "*equity*" para proteger o "*beneficiary*" contra ações, resguardando, destarte, o instituto do "*trust*" para fins de assegurar a sua credibilidade a aceitação pública. E é justamente essa "decodificação" da "*equity*" para os ordenamentos de "*civil law*" que mais dificulta a recepção ou aceitação do "*trust*" fora de seu "*habitat*" original. [...]
>
> Enfim, para o ordenamento jurídico brasileiro, originado nos modernos sistemas jurídicos românicos, igualmente influenciado pelo direito germânico, todos esses desconhecedores da figura do

---

beneficiary was not entitled to distrain for rent under a lease granted by the trustee. As the court said, 'The right of the cestui que trust whose trustee has demised property subject to the trust is not to the rent, but to an account from the trustees of the profits received from the trust'". PARKER, David B.; MELLOWS, Anthony R. *The Modern Law of Trusts*. London: Sweet & Maxwell Limited, 1966. p. 8.

503. FOERSTER, Gerd. *O "trust" do direito anglo-americano e os negócios fiduciários no Brasil*: perspectiva de direito comparado (considerações sobre o acolhimento do "trust" pelo direito brasileiro). Porto Alegre: Sergio Antonio Fabris Editor, 2013. p. 102-103.

> "*trust*", o exato conhecimento da extensão do referido conceito é fundamental. É evidente que o "*trust*" não se reveste apenas da característica de direito pessoal, oriundo de uma relação obrigacional, pena de despirmos o "*beneficiary*" de seus direitos subjetivos essenciais, pervertendo a noção de "*trust*". Atributos da esfera real, como o direito de sequela real, são figuras imanentes do "*trust*", sem o que este perderia a eficácia jurídica e utilidade social.

Não obstante a existência de características próprias de direitos reais, tais como a sequela, parece-nos que entre beneficiários e *trustee* prepondera a marca de relação obrigacional, mesmo porque os direitos reais no ordenamento nacional são apenas aqueles tipicamente listados no art. 1.225 do CC, aos quais não se subsume a situação em cotejo.

Por fim, vale salientar que são diversas as possibilidades de classificação dos *trusts*. Assim, por exemplo, pode-se categorizá-los: (i) quanto à possibilidade de retratação, em *trusts* revogáveis, ou seja, aqueles em que o *settlor* pode revogar a transmissão patrimonial feita ao *trustee*, e irrevogáveis; (ii) quanto à forma como se originam, podendo-se tratar de *trusts inter vivos* ou *causa mortis*; (iii) quanto ao seu propósito, podendo ser *public* ou *charitable trusts* aqueles cujo propósito seja de realização de obras caritativas ou de interesse do bem comum, em contraponto aos *private trusts*, constituídos em prol de beneficiários determinados; (iv) quanto ao poder do *trustee* para definir os beneficiários que receberão os rendimentos em quais proporções, sendo estes os *discretionary trusts* em contraposição aos *fixed trusts*, em que os beneficiários são predeterminados e já dotados do *equitable title* sobre o patrimônio afetado.

Essas muitas classificações e espécies são algumas referências, já que a extraordinária versatilidade dos *trusts* pode resultar na dificuldade de um enquadramento em tais categorias.

Há de distinguir, ademais, os *trusts* de institutos tais como a fidúcia, de que tratam os arts. 1.361 a 1.368-A do CC, ou mesmo o fideicomisso, de que cuidamos no item 8.1.1. Sucede que em tais institutos não há – como no *trust* – a cisão da propriedade. Nos casos regidos em nosso ordenamento, o fiduciário é dotado de propriedade plena,[504] embora resolúvel, dos bens que lhe são transmitidos: eis o que basta para uma distinção significativa em relação aos *trusts*.

Deve-se, por fim, registrar que, malgrado algumas dificuldades, a assimilação dos *trusts* em alguns ordenamentos sujeitos ao *civil law* se faz por meio da adaptação – ainda que parcial – de seus elementos ao regime da fidúcia. Seria esse o caso do Estado de Québec, para além da Escócia, da África do Sul, do Japão "e também, sob diversas formas, a Suíça, Alemanha, Luxemburgo e vários países latino-americanos, como o Panamá, o México e a Venezuela, a Colômbia, o Equador, a Argentina, afora países da América Central e outros da África".[505-506]

---

504. "Quis-se reduzir o fiduciário a simples proprietário formal ou mandatário para a cobrança do crédito. Distinção entre propriedade formal e propriedade material ou econômica seria novidade no direito. Tentou Martin Wolff (Lenbruch, III, 304) explicar a transmissão com fidúcia (para garantia ou administração) como sendo fiduciário o proprietário, exceto o fiduciante, de modo que esse continua, perante o fiduciário, como proprietário, a ponto de se ter de reconhecer o direito a separar da massa a coisa alienada para outro fim. Porém a espécie não é, de maneira nenhuma, semelhante à da alienação em fraude de execução ou fraude de outra medida constritiva, pois que qualquer dessas vale e apenas é ineficaz para o exequente ou beneficiado pela medida judicial constritiva. O fiduciário é o proprietário perante todos, inclusive o fiduciante; e nisso o negócio jurídico fiduciário distingue-se do negócio jurídico simulado." MIRANDA, Pontes de. *Tratado de direito privado*: parte geral: negócios jurídicos, representação, conteúdo, forma, prova. Campinas: Bookseller, 2000. v. 3. p. 151.

505. FOERSTER, Gerd. *O "trust" do direito anglo-americano e os negócios fiduciários no Brasil*: perspectiva de direito comparado (considerações sobre o acolhimento do "trust" pelo direito brasileiro). Porto Alegre: Sergio Antonio Fabris Editor, 2013. p. 810.

506. Raquel Santos faz detida análise sobre a assimilação dos *trust* por Itália (depois de intenso debate doutrinário e vacilação jurisprudencial), Holanda, Luxemburgo, Liechtenstein e Suíça, todos que ratificaram a Convenção de Haia, já mencionada. Aponta, ainda, como possíveis modelos para uma aceitação brasileira do instituto os casos Italiano, holandês e luxemburguês, de feição romano-germânica, mais próxima ao ordenamento nacional. SANTOS, Raquel do Amaral de Oliveira. *Trust*: das origens à aceitação pelos países de direito romano-germânico. 2009. 220 f. Dissertação (Mestrado em Direito) – Pontifícia Universidade Católica de São Paulo, São Paulo, 2009. f. 95-112.

9.1.3 Os *trusts* e a tributação pelo ITCMD

Há dois distintos momentos em um *trust* que convidam a uma perquirição da possível incidência do ITCMD: (i) a instituição do *trust*, com a transferência patrimonial do *settlor* (residente no Brasil) para o *trustee*; (ii) a distribuição de rendimentos, bens ou direitos feitos pelo *trustee*, domiciliado no exterior, a beneficiário residente no País, conforme instruções do *trust deed*. Passaremos por tais análises em face do ITD e do ITCM.

A questão da possível incidência do ITCMD sobre a transferência patrimonial (versão da "*res*" do *settlor* para o *trustee*) é tradicionalmente avaliada, inclusive em tendências internacionais, em face da característica da revogabilidade ou irrevogabilidade do *trust*.[507] Levaremos tais ponderações em consideração, assim como a distinção entre a constituição do *trust* por ato *inter vivos* ou *causa mortis*.

De início, registramos que a questão não nos parece ter cabimento quando o *settlor*, por uma *declaration of trust*, constitui a si próprio como *trustee*, já que, nesse caso, até mesmo a existência de uma transferência patrimonial é posta em xeque.

Pois bem. Há doação na transferência *inter vivos* da *legal ownership* do patrimônio afetado pelo *settlor* ao *trustee*? Há aqui materialidade do ITD?

A resposta à questão em apreço, para parte da doutrina, seria: depende se o *trust* é revogável ou irrevogável. Sendo

---

507. "A polêmica não é diferente em relação ao tratamento fiscal do instituto. No entanto, pode-se dizer que há entendimentos doutrinários e dos especialistas de direito majoritários coerentes com as tendências internacionais. Desse modo, muitos profissionais entendem que, no caso de *trusts* revogáveis, os ativos de deverão permanecer no patrimônio do Settlor e, para os irrevogáveis, deverão ser retirados do patrimônio deste, que poderá estar sujeito ao recolhimento de Imposto de Transmissão *Causa Mortis* e Doação (ITCMD) nesse caso. Nesta última hipótese, há aqueles que defendem a não obrigatoriedade, tendo em vista que a doação não se completou." YOSHIOKA, Mari; BARBOSA, Juliana. Planejamento tributário e sucessório no contexto atual das famílias internacionais. *In*: CORDEIRO, Daniel Vieira de Biasi *et al.* (org.). *Estudos de tributação internacional*. Rio de Janeiro: Lumen Juris, 2019. v. 3. p. 529.

revogável, dever-se-ia considerar que a *propriedade* atribuída ao *trustee* é precária, já que o *settlor* pode, a qualquer tempo, reivindicar para si o acervo afetado. Assim, segundo tal concepção, o *trustee* seria mero agente fiduciário detentor de mera posse, e não da propriedade. Eis que, sob tal perspectiva, não se haveria falar na incidência do ITD.[508] Por outro lado, cuidando-se de um *trust* irrevogável, a situação seria distinta: uma vez que há transferência definitiva do patrimônio do *settlor* ao *trustee*, seria o caso de incidência do ITD.[509]

Tal respeitável posição, decerto consentânea com práticas internacionais, não nos parece a que mais se adapta à materialidade do ITD, que – frise-se – não admite qualquer sorte de temperamento ou analogia extensiva, *ex vi* da já comentada adstrição da legislação tributária aos conceitos de direito privado vigentes entre nós, a qual decorre da própria Constituição e encontra verbalização também nos arts. 108 e 110 do CTN (*vide* itens 5.3.2 e 5.3.3).

Neste ponto, remetemos às considerações acerca da materialidade do ITD traçadas no item 7.1.

O ITD é tributo sobre transmissões patrimoniais, mas não quaisquer transmissões: apenas aquelas que assim se fazem por força de doações. E as doações, como vimos, necessariamente implicam – para além da só transmissão patrimonial – a presença do *animus donandi* e o pressuposto enriquecimento do donatário.

---

508. Nesse particular: "Conforme brevemente mencionado, em Trusts revogáveis o Settlor reserva a si a liberdade de solicitar, a qualquer momento, o retorno dos ativos contribuídos no Trust à sua titularidade direta e simples. Desta forma, verifica-se que sob a ótica jurídica nacional, é plenamente precária a propriedade dos ativos pelo Trustee, atuando este somente como um agente fiduciário para a administração em linha com o determinado no Trust Deed, em papel semelhante ao realizado pelo fiel depositário no Brasil. [...] Assim sendo, não há negócio jurídico de doação [...]". HEUSSLER, William; REAL, Leonardo Henrique M. B. Pessoas físicas residentes fiscais no Brasil e a tributação de companhias *offshore*, *trusts* e *private foundations*. *In*: CORDEIRO, Daniel Vieira de Biasi *et al.* (org.). *Estudos de tributação internacional*. Rio de Janeiro: Lumen Juris, 2019. v. 3. p. 776-777.

509. Ibidem, p. 780.

Ora, na constituição de um *trust* decerto há transmissão de bens ou direitos; mas, pela natureza mesma deste instituto, nos parece inapropriado afirmar tratar-se de uma doação pela só – possível – gratuidade do negócio. Não. Inexiste acréscimo patrimonial ao *trustee* pela aceitação de tal condição: o *trust fund* ou acervo afetado fica sob sua detenção fiduciária e resolúvel, sem que possa dele usar ou gozar. Sequer há propriedade, na acepção dada ao termo por nosso ordenamento como demonstramos no item anterior. O *trustee* deverá sempre tratar separadamente desse acervo, não o confundindo com seus ativos próprios, a ponto de a ele não afetar seu regime matrimonial ou sucessório, bem assim eventuais dívidas.

Destarte, se é certo que na constituição de um fundo revogável a precariedade da detenção dos *trust fund* pelo *trustee* é mais evidente, não nos parece que tal critério possa – à luz do direito brasileiro – implicar incidência do ITD sobre a constituição dos *trusts* irrevogáveis. Inexiste transmissão patrimonial da *propriedade* e, ainda que se a assuma, esta desenganadamente não decorre de uma doação,[510] já que inexiste enriquecimento ou apreciação patrimonial própria do *trustee*. Enfim, parece-nos que na constituição de um *trust* por ato *inter vivos* não há materialidade do ITD.

Resta avaliar se tal resposta seria a mesma na hipótese de um *trust* testamentário, é dizer, aquele constituído a causa de morte. E a resposta nos parece afirmativa: tampouco se pode falar em sucessão hereditária na constituição de um *trust causa mortis*.

Tal como se expôs no item 8.1, a materialidade do ITCM pressupõe transmissão da propriedade a *causa de morte*. O tributo presume a *sucessão*, é dizer, a transferência total ou

---

510. Em conclusões similares: SANTOS, Raquel do Amaral de Oliveira. *Trust*: das origens à aceitação pelos países de direito romano-germânico. 2009. 220 f. Dissertação (Mestrado em Direito) – Pontifícia Universidade Católica de São Paulo, São Paulo, 2009. f. 193-194; CALIL, Ricardo. A incidência do imposto de renda e do ITCMD em operações com *trusts*. *Revista Direito Tributário Internacional Atual – RDTI Atual*, São Paulo: Instituto Brasileiro de Direito Tributário – IBDT, n. 4, p. 195, 2018.

parcial da herança ou do legado a um ou mais herdeiros ou legatários. E aqui, novamente, não há como pretender transpor a figura do *trustee* a um herdeiro ou legatário. A situação é *sui generis* e, por isso mesmo, não se amolda à típica materialidade do ITCM, não desafiando tributação.

Cabe, neste ponto, resgatar a já mencionada diferença entre a posição do *trustee* e a do fideicomissário, sobre a qual tratamos mais detidamente no item 8.1.1. Na fidúcia ou no fideicomisso, distintamente do que sucede em um *trust causa mortis* –, por óbvio tão irrevogável quanto a situação que lhe dá causa –, há transmissão efetiva da propriedade sobre bem ou direito ao fiduciário ou fideicomissário. O mesmo não ocorre com o *trustee*, como se pontuou no item precedente: este não goza de propriedade plena, embora resolúvel, mas apenas de alguns de seus traços.

De tal modo, tampouco nos parece apropriado assumir a ocorrência da materialidade do ITCM na constituição de um *trust* a causa de morte.

Vale rememorar que, na hipótese de o *de cujus* ter empregado apenas bens situados no exterior para constituição do *trust*, nem sequer se pode cogitar a incidência do ITCM, já que ausente a lei complementar regulamentadora de tal incidência, tal como preconiza o inciso III do § 1º do art. 155 da CF, como já reconheceu o STF (*vide* item 5.2).

Cabe, então, avaliar a possível caracterização da materialidade do ITCMD em um segundo momento: o da distribuição de rendimentos ou patrimônio do *trust fund* feito pelo *trustee* residente no exterior[511] a beneficiários residentes no Brasil.

---

511. Assumimos a figura do *trustee* como residente no exterior; isso porque, como demonstramos no item precedente, não encontramos compatibilidade entre a instituição de um *trust* e o ordenamento nacional. As conclusões objeto deste item, entretanto, não nos parecem distinguir do tratamento aplicável caso se admitisse um *trust* brasileiro, à exceção, é claro, quando se considere que a não incidência do ITCMD se deve à ausência da lei complementar referida no inciso III do § 1º do art. 155 da CF.

A questão é complexa, já que são inúmeros os possíveis rendimentos, bens ou direitos transferidos pelo *trustee* aos beneficiários residentes no Brasil. Assim, por exemplo, pode-se assumir que sejam frutos periodicamente pagos (dividendos recebidos, remuneração de investimentos financeiros, produto de aluguéis etc.) ou mesmo os próprios bens ou direito *per se* transmitidos originalmente ao *trustee* que se transferem aos beneficiários pelo implemento de termo ou condição prevista no *trust deed*. E, como se poderia esperar, há pluralidade de posições a respeito.

Um apego à materialidade estrita do ITD e do ITCM deve conduzir à não incidência dos referidos impostos sobre a situação em exame: se não houve doação (particularmente o *animus donandi*) ou sucessão a causa de morte na constituição do *trust* (relação entre *settlor* e *trustee*), com mais razão se pode apontar a inexistência de doação ou sucessão na transferência patrimonial entre *trustee* e beneficiários. O *trustee* – ainda que em um *trust* discricionário – não pratica liberalidade: implementa o dever fiduciário de que foi investido pelo *instrument of trust*. Uma transferência patrimonial feita pelo *trustee* aos beneficiários, outrossim, não carrega vínculo com eventual abertura da sucessão do *settlor*: mesmo porque este, como se viu, nem sequer é parte da relação que se estabelece entre beneficiários e *trustee* depois da instituição do *trust*.

Essa primeira posição, decerto, parece-nos a mais acertada de acordo com as materialidades vigentes no ordenamento pátrio. Não há doação; não há sucessão; não há incidência do ITD ou do ITCM.[512]

Tal posição, contudo, não é unânime. Ricardo Calil, por exemplo, anota que a doutrina própria dos países sujeitos ao *common law* identifica na conformação do *trust* um "processo de doação", sendo a figura do *trustee* um verdadeiro conduíte: como que uma etapa, em um *iter* maior que culmina na

512. SANTOS, Raquel do Amaral de Oliveira. *Trust*: das origens à aceitação pelos países de direito romano-germânico. 2009. 220 f. Dissertação (Mestrado em Direito) – Pontifícia Universidade Católica de São Paulo, São Paulo, 2009. f. 202-203 e 207.

conformação de uma doação quando da distribuição de rendimentos ou dos próprios bens afetados em si. Por tal razão é que considera que sim: a transferência de valores, bens ou direitos do *trustee* aos beneficiários pode admitir-se como fato tributário do ITD.[513] Tal posição não distingue, como se vê, o fato de a origem de instituição do *trust* ser *inter vivos* ou *causa mortis*; assume-se, entretanto, que o mesmo raciocínio se aplicaria, sob tal concepção, ao caso do ITCM (o *trust*, nessa hipótese, teria sido uma postergação de um processo sucessório, implementado efetivamente *a posteriori* quando da versão dos bens ou rendimentos aos beneficiários).

William Heussler e Leonardo Real,[514] embora partindo da mesma premissa, de que as transmissões do *trustee* aos beneficiários se sujeitam, em tese, ao ITCMD, apontam que a questão pode se desdobrar. Tratando-se a distribuição da adição única e não particionada entre o capital afetado (*clean capital*) e o acréscimo/valorização patrimonial (*income*), a discussão estará entre a possível materialidade do ITCMD ou, ainda, do Imposto sobre a Renda. Por outro lado, no que concerne distintamente a cada uma dessas parcelas, é dizer, o capital inicial e os acréscimos/valorização, seria possível assumir que sobre a primeira apenas se cogitasse a incidência do ITCMD e sobre a segunda (acréscimo/rendimentos), o Imposto sobre a Renda. A lógica do raciocínio liga-se à "origem" da transmissão: a transmissão do capital original seria não onerosa e, pois, sujeita ao ITCMD; os rendimentos/acréscimos seriam renda ou produto de sua aplicação e, pois, graváveis pelo Imposto sobre a Renda.

513. CALIL, Ricardo. A incidência do imposto de renda e do ITCMD em operações com *trusts*. *Revista Direito Tributário Internacional Atual – RDTI Atual*, São Paulo: Instituto Brasileiro de Direito Tributário – IBDT, n. 4, p. 197, 2018.

514. HEUSSLER, William; REAL, Leonardo Henrique M. B. Pessoas físicas residentes fiscais no Brasil e a tributação de companhias *offshore*, *trusts* e *private foundations*. *In*: CORDEIRO, Daniel Vieira de Biasi *et al.* (org.). *Estudos de tributação internacional*. Rio de Janeiro: Lumen Juris, 2019. v. 3. p. 781.

Cabe abrir parêntese para apontar que, dada a ausência da lei complementar referida pelo inciso III do § 1º do art. 155 da CF, eventuais transmissões do *trustee* aos beneficiários residentes no Brasil, a se considerar uma doação, estariam albergadas em hipótese de não incidência (*vide* item 5.2). A questão, entretanto, merece estudo – mesmo porque referida lei complementar pode, em dado momento, ter lugar.

Embora o propósito deste estudo não se relacione diretamente ao Imposto sobre a Renda, cabe apontar que o entendimento atualmente perfilhado pela Administração Tributária Federal é no sentido da incidência dessa exação sobre os valores pagos pelo *trustee* aos beneficiários. Tal interpretação está sedimentada na Solução de Consulta Cosit nº 41, de 31 de março de 2020, a qual, em linhas gerais, dispõe que o conceito de renda pressuposto pelo art. 153 da CF e pelo art. 43 do CTN seria amplo, sendo certo que o art. 8º da Lei nº 7.713/1988 preconiza a incidência da exação sobre rendimentos e ganhos de capital recebidos de fontes situadas no exterior, situação que se amoldaria ao recebimento, pelo beneficiário brasileiro, de valores pagos pelo *trustee*.

Tivemos oportunidade de tratar da materialidade do Imposto sobre a Renda em seu contraste com o ITCMD no item 7.1.1, quando apontamos que transferências patrimoniais (entre as quais aquelas sujeitas ao ITCMD) não se confundem com a noção de renda ou proventos de qualquer natureza referida pelo art. 153, III, da CF e pelo art. 43 do CTN. Onde houver materialidade do ITCMD necessariamente não pode haver aquela do Imposto sobre a Renda. Mas não só: parece-nos claro que as transferências patrimoniais em apreço, realizadas entre *trustee* e beneficiários, tampouco se subsumam à noção de renda (acréscimo oriundo de patrimônio próprio preexistente, ou, ainda, obtido por esforço próprio ou atividade) ou proventos (ganhos de capital).

Há certas transmissões patrimoniais que, por natureza, não são renda; não são, igualmente, doações ou sucessões hereditárias. Exemplos disso são, como já tivemos oportunidade de demonstrar, a extinção do fideicomisso, do usufruto ou a reversão de doações por premoriência do donatário (*vide* itens 8.1.1, 8.1.2 e 8.1.3). Não se há de estranhar, pois, que certas situações estejam à margem dos feixes competenciais pré-traçados pela Constituição em matéria tributária.

Decerto que a inerente dificuldade em subsumir figuras de direito internacional às materialidades eleitas pela CF como critério de partição das competências tributárias não pode conduzir à submissão de figuras atípicas à tributação por raciocínios de exclusão (*v.g.*, se não é doação, então que seja renda) ou analogia. Tal proibição, senão por imperativo de honestidade intelectual, deriva da definição constitucional das materialidades tributárias no direito pátrio, assim como da impossibilidade de perversão de institutos de direito privado para fins tributários.

Em verdade, o fato de o *trust* ser instituto alienígena não afasta o óbice verbalizado pelo art. 110 do CTN. A pretender forçadamente um encaixe de figuras atípicas em categorias tributárias brasileiras, o que se faz não é atuar no campo da liberdade de dar livre tratamento àquilo que inexiste em nosso ordenamento; pelo contrário: o que se faz é pretender reformar institutos de direito privado entre nós já consagrados (doação, sucessão, renda) para que a eles se amoldem situações *sui generis*. Tal significa um alargamento dos institutos de direito privado entre nós já existentes, desconfigurando-os em prejuízo da homogeneidade semântica do ordenamento (*vide* item 1.3) pressuposta pela CF, ao delinear as competências impositivas e cujo zelo cabe, como função homogeneizadora, à legislação complementar.

De mais a mais, em transmissões patrimoniais atípicas (aquelas para as quais não cabe, por exemplo, o ITCMD) há espaço para tributação, nos termos do art. 154, I, da Carta Política, respeitados formas e conteúdo para sua instituição.

Ao cabo dessas considerações, muito embora admitamos que a identificação das transmissões entre *trustee* e beneficiários com a materialidade do ITCMD apresente-se como próxima ou até mesmo justa *vis-à-vis* os propósitos de um *trust*, trata-se de situação incompatível com as figuras da doação ou da sucessão e, pois, intributável por essas exações. Isso, todavia, não autoriza concluir por exclusão pela incidência do Imposto sobre a Renda em tais transmissões: aqui tampouco há renda ou provento de qualquer natureza, do que, aliás, a situação mais dista que das doações ou sucessões.

Enfim, vê-se que, mesmo diante de figuras de direito internacional no todo ou em parte incompatíveis com os institutos de direito privado nacionais, a analítica partição de competências levada a cabo pela Constituição e por certas disposições das normas gerais de direito tributário – em especial os arts. 108 e 110 do CTN – permite adequada avaliação da incidência do ITCMD sobre os *trusts*.

9.2 *Joint tenancy with right of survivorship*

9.2.1 Conceito, elementos e características gerais

Ao lado dos *trusts*, dos quais se cuidou em itens precedentes, a aquisição ou constituição da titularidade de bens em regime de *joint tenancy* é um dos mais populares instrumentos utilizados para fins de planejamentos patrimoniais e sucessórios pelos residentes nas jurisdições sujeitas ao sistema do *common law* ou, ainda, por aqueles que ali detenham bens ou direitos, embora residentes alhures. Malgrado – tal como sucede com os *trusts* – haja peculiaridades em relação a tal instituto em diferentes países ou Estados – inclusive para efeitos tributários –, pode-se delinear seus elementos comuns para fins deste estudo.

Tal como se demonstrou no item 9.1.1, inexiste correspondência plena entre o conceito de *propriedade* tal como o concebemos em nosso ordenamento e a noção de *ownership* ou *property*[515] do direito anglo-saxão.[516] São decerto figuras afins, mas não absolutamente idênticas. Desde suas origens, embora haja confluências pontuais, tais famílias de direito evoluíram separadamente, de sorte que, por dizer, a tradução de tais conceitos não se faz *sic et simpliciter* possível. As *joint tenancies* são exemplos de tais incompatibilidades, já que correspondem, em última análise, ao exercício conjunto e simultâneo de direitos reais sobre certo bem ou direito por diversos indivíduos, de forma equivalente e, contudo, indivisa; tudo isso com direito de "sobrevivência".

Tal como o *use* e o *trust* – da qual é, aliás, precursora –, a *joint tenancy* tem origem na busca pela elisão de regras feudais limitativas da detenção da terra pelos seus detentores, os "*tenants*".[517] Inicialmente, tal mecanismo possibilitava que se

---

515. Em termos estritos, *ownership* pode ser tomado no direito anglo-saxão como a mais completa forma de *property*. "As a working definition we may regard ownership as the ultimate property interest and the means by which we signify the person or persons with primary (but not necessarily exclusive) control of a thing. Such a definition requires us to separate the notions of ownership and property while acknowledging that the terms are often used, somewhat loosely as synonyms. Property is a broad term which encompasses any interest in a thing whereby the interest holder acquires rights enforceable beyond the original parties to the transaction (or other means) by which the interest was acquired. [...] In contrast, ownership is a particular type of property interest in which the person designated as owner is deemed, in some sense at least, to have the greatest possible interest in the thing." CLARKE, Alison; KOHLER, Paul. *Property Law – Commentary and Materials*. New York: Cambridge University Press, 2005. p. 180.

516. "É importantíssimo entender que, no seio dos direitos da família romano-germânica, a propriedade atrela-se à coisa. Essa característica diferencia o direito de propriedade do *property law*, no qual várias pessoas podem ter ao mesmo tempo diferentes títulos sobre a coisa." SANTOS, Raquel do Amaral de Oliveira. *Trust*: das origens à aceitação pelos países de direito romano-germânico. 2009. 220 f. Dissertação (Mestrado em Direito) – Pontifícia Universidade Católica de São Paulo, São Paulo, 2009. f. 77.

517. "By granting the trust res to joint feoffees in free simple, the donor was ensured that the res would not pass to the heirs and creditors of the feoffes, at least until the last feoffee died. The impossibility of forcing partition upon the feoffees protected the integrity of the res. In an era before equity took up the protection of the beneficiaries of uses, and before corporate trustees were available, the usefulness of joint tenancy for such purpose is obvious." SPITZER, Anne. Joint Tenancy with Right of Survivorship: A Legacy from Thirteen Century England. *Texas Tech Law Review*, v. XVI, n. 3, p. 637, 1985.

> transferissem, os vassalos, seus direitos reais sobre um imóvel para vários detentores fiduciários em regime de titularidade conjunta (*joint tenant*). A quota de qualquer coproprietário que falecesse se acrescia à dos demais, conferindo grande segurança e estabilidade ao instituto e permitindo o diferimento *sine die* da sucessão que daria ensejo ao exercício dos direitos de suserania já referidos.[518]

Dessa forma, o propósito do instituto era o de elidir restrições servis de vassalagem, em geral acionadas pela sucessão hereditária. E nisso as *joint tenancies* lograram êxito, como sumariza Anne Spitzer:[519]

> 3) Some of these attempts foundered, most noticeably, the revolutionary attempt to make real property devisable by will. Some of these attempts prospered and grew, for example, the modest effort to create a tenancy which would not "descend" by normal rules of inheritance, but "shift" among donees: the joint tenancy with right of survivorship.
>
> 4) The modest success of creating a viable joint tenancy with joint of survivorship, to some extent the result of an effort to provide for illegitimate or irregular families, produced an institution which, in this turn, came to control most of landed property in late medieval England. The grant in joint tenancy provided mechanism by which the medieval use, the ancestor of the modern trust, became viable. And, ironically, such a grant succeeded in making real property de facto devisable by will, when more direct conveyancing efforts failed.
>
> 5) The end result was serendipitous. The lawyers who produced joint tenancy were concerned to avoid the feudal incidents triggered by the death of a tenant, much as today's lawyers seek to avoid estate and inheritance taxes. Neither set of lawyers intended creation of a major new institution, only the avoidance of unnecessary stress on propertied individuals.

De sorte que, atualmente, no regime do *common law*, de maneira geral – segundo particularidades locais –, podem-se

518. SALOMÃO NETO, Eduardo. *O trust e o direito brasileiro*. São Paulo: Trevisan Editora, 2016. p. 17.

519. SPITZER, Anne. Joint Tenancy with Right of Survivorship: A Legacy from Thirteen Century England. *Texas Tech Law Review*, v. XVI, n. 3, p. 631, 1985.

apontar três distintas formas de "copropriedade"[520] ou, melhor dizendo, *co-ownership*: (i) *tenancy in common*; (ii) *joint tenancy with rights of survivorship*; e (iii) *tenancy by the entirety*.[521]

Uma *tenancy in common* nos parece se aproximar da noção de condomínio em geral vigente como regra no direito brasileiro. Nesta modalidade, cada *co-tenant* possui distinto e separado direito na titularidade da coisa, mas com possibilidade de seu gozo em totalidade, tal como os demais. As cotas ou frações ideais (*shares*) são passíveis de disposição pelos *co-tenants*, com sua transferência em vida sem necessidade de aquiescência dos demais, de tal sorte que o adquirente assume a mesma posição do alienante. As cotas ou frações ideais são, também, graváveis. Outrossim, por integrar exclusivamente o acervo patrimonial do *co-tenant*, sua participação ou cota é passível de disposição testamentária; na ausência dela, com o falecimento do titular, caberá a seus legítimos sucessores.[522]

As *joint tenancies*, de seu turno, distinguem-se das *tenancies in common*, muito particularmente por suas formas de constituição e extinção.

---

520. O termo é citado entre parênteses já que, como se viu, não há correspondência plena entre as noções de *propriedade* ou *direito de propriedade* e *ownership/property* e *property law*.

521. O termo "*tenancy*" tem origens históricas, como já mencionamos alhures: costuma-se, em nomenclatura mais recente, falar em "*ownership in common*" ou "*joint ownership*". Os termos históricos, entretanto, são também de uso corrente. CLARKE, Alison; KOHLER, Paul. *Property Law – Commentary and Materials*. New York: Cambridge University Press, 2005. p. 572.

522. "A tenancy in common is a type of co-ownership of real or personal property in which each of the cotenants has a distinct and separate interest in the property but each tenant is entitled to possession and enjoyment of the entire property subject to the same right in the other cotenants. More importantly, each tenant in common has the unfettered right to dispose of his interest by will; if the fails to do so, it will pass at his death under the controlling intestate statute. During his lifetime he may transfer his interest or encumber it without the consent of the other tenant in common. Moreover, any transferee will be admitted to all the rights and privileges enjoyed by the transferring tenant in common." CAMPFIELD, Regis F. Estate Planning for Joint Tenancies. *Duke Law Journal*, v. 1974, n. 4, p. 683, Sept. 1974.

Admite-se que para a constituição de uma *joint tenancy* haja necessidade de convergência de quatro unidades (*four unities*), que são, em livre tradução: unidade temporal (*time*), unidade de título (*title*), unidade de direito (*interest*) e unidade de posse (*posession*). Devem os *joint tenants*, pois, receber o mesmo *quantum* e duração do mesmo direito e posse por meio de um mesmo título ou instrumento ao mesmo tempo. Tal exigência é relativizada em certas jurisdições,[523] embora seja admitida como marca distintiva desse instituto.

Há aqui outro ponto distintivo relevante entre as *tenancies in common* e as *joint tenancies*. Nestas, diferentemente, todos os *joint tenants* ou "coproprietários" compartilham do mesmo direito igualmente, em vez de haver individuais partes ou cotas de um direito. Em outros dizeres, os *joint tenants* compartilham do todo, em vez de possuírem uma distinta cota desse todo; daí que necessariamente eles possuam "iguais e equivalentes" direitos, enquanto os *tenants in common* podem ter cotas variáveis entre si.[524]

A só noção de semelhante compartilhamento de propriedade é, entre nós, estranha. Dada a copropriedade indivisa, *joint tenants* de um imóvel ou de cotas de uma sociedade estrangeira residentes no Brasil, por exemplo, podem-se declarar simultaneamente "proprietários" de 100% de tais ativos.[525]

---

523. "Traditionally, the creation of a joint tenancy in any property required the conjunction of the 'four unities' – time, title, interest and possession [...] The statutes reversing the common-law presumption favouring joint tenancy often provided that a co-ownership would be deemed a tenancy in common unless a contrary intent was expressed. Courts in a number of states have held that, as to joint tenancies, this provision eliminates de four entities requirement in favour of a statutory standard of intent." HINES, N. William. Personal Property Joint Tenancies: More Law, Fact and Fancy. (1970). *Minnesota Law Review*, p. 514-515, 1991.

524. CLARKE, Alison; KOHLER, Paul. *Property Law – Commentary and Materials*. New York: Cambridge University Press, 2005. p. 577.

525. "Numa breve síntese, e considerando que podem existir algumas diferenças entre as regras dos diversos países, podemos dizer que o JTWRS [Joint Tenancy With Rights of Survivorship] é uma forma de deter um bem ou direito, segundo a qual dois ou mais titulares de um ativo são proprietários de 100% desse mesmo ativo, sem atribuir percentual específico para cada um deles. Em outras palavras,

Na propriedade mantida em *joint tenancy*, a disposição em vida de direito pelos *joint tenants* implica seu desfazimento, com sua conversão em uma *tenancy in common*:[526] e isso pelo fato de que tal disposição significa uma quebra na já referida unidade de tempo, título, direito e posse. Havendo mais de dois *joint tenants*, o adquirente terá em relação aos demais uma *tenancy in common*; contudo, entre os demais (é dizer, os originais *joint tenants*, sem o novo adquirente), permanecerá vigente o regime da *joint tenancy with rights of survivorship*.[527]

Em relação ao seu término, as *tenancies in common* podem extinguir-se mediante partilha judicial ou extrajudicial; contudo, as *joint tenancies* apenas se extinguem em juízo ou depois de converterem-se em *tenancies in common*.[528]

A característica marcante das *joint tenancies*, todavia, consiste na automática transferência do direito do *tenant* premorto ao(s) outros, o que se opera em apartado de mecanismos sucessórios formais, dispensando, inclusive, os procedimentos inerentes a um inventário (*probate*). Herdeiros ou legatários de um *joint tenant* não possuem nenhum direito ou pretensão sobre

---

todos os titulares detêm 100% da propriedade indivisa do bem. [...] Assim, imagine uma empresa offshore detida por três irmãos em JTWRS, sendo dois deles casados e com filhos e o terceiro solteiro sem filhos. Para fins de JTWRS, os três são titulares de 100% das ações." ESTEVAM, Priscila Lucenti *et al. Planejamento patrimonial*: família, sucessão e impostos. São Paulo: Editora B18, 2018. p. 335.

526. Nesse sentido, parece apropriado apontar que a *joint tenancy* mais se aproxima da noção germânica de condomínio, de origem feudal: "O sistema germânico compreende o condomínio de forma diversa. Entende-o como comunhão de mão comum. Isto é, cada consorte tem direito conjunto de exercer o domínio sobre a coisa. A origem também é a comunhão familiar. Não há nessa comunhão a noção de parte ideal. A propriedade é exercida por todos, sobre o todo. É concepção do direito feudal. Ao contrário do sistema romano, o condomínio germânico impede que cada condômino, por exemplo, venda ou grave sua parte, ou até peça a divisão da coisa comum. Não existem quotas, porque a coisa toda é objeto de uso e gozo comum. Ainda que não se divise nessa modalidade de propriedade uma pessoa jurídica, na prática o comportamento dos comunheiros é muito semelhante". VENOSA, Sílvio de Salvo. *Direito civil*: direitos reais. 5. ed. São Paulo: Atlas, 2005. v. 5. p. 342.

527. CAMPFIELD, Regis F. Estate Planning for Joint Tenancies. *Duke Law Journal*, v. 1974, n. 4, p. 683, Sept. 1974.

528. SPITZER, Anne. Joint Tenancy with Right of Survivorship: A Legacy from Thirteen Century England. *Texas Tech Law Review*, v. XVI, n. 3, p. 635, 1985.

a titularidade que se transfere imediatamente aos demais cotitulares. A dispensa de custosos e burocráticos processos de inventário, aliás, é precisamente a razão pela qual o instituto é tão comum nas jurisdições em que se aplica o *common law*.[529]

Por fim, deve-se registrar que a modalidade da *tenancy by the entirety* também envolve o mencionado "*right of survivorship*", sendo sua principal distinção em relação às *joint tenancies* o fato de se constituir exclusivamente entre cônjuges.[530] As considerações relativas a essa modalidade, pois, serão aqui abrangidas pelas referentes à *joint tenancy*.

Pois bem. A origem da figura do *right of survivorship*, que enseja a automática consolidação da propriedade de um *joint tenant* ao(s) outro(s) que lhe sobrevivem, é controversa. Anne Spitzer, em já mencionado estudo sobre as origens desse instituto, sugere que os advogados britânicos do medievo provavelmente buscaram inspiração no *ius accrescendi* romano (e não, pois, no *ius successionis*),[531] que entre nós é admitido, por exemplo, no direito sucessório entre herdeiros e legatários (arts. 1.941 a 1.946 do CC) e em outras hipóteses, tais como a da automática extensão de doação ao cônjuge supérstite no caso de esta se haver feito em prol do casal (parágrafo único do art. 551 do CC).

Com efeito, o "*right of survivorship*" bem corresponde à grave regra traduzida pela máxima "the survivor takes all" – mesmo que em prejuízo dos herdeiros legítimos[532] dos falecidos –;

529. MARSHALL, Arthur K. Joint Tenancy, Taxwise and Otherwise. *California Law Review*, v. 40, n. 4, p. 501, 1952.

530. "A tenancy by entirety (which also has a survivorship feature) is distinguished from a joint tenancy in several respects: (1) it may be created only between husband and wife; (2) neither spouse can alienate or transfer his interest in the subject premises without the consent of the other tenant by entirety; (3) not all states recognize tenancy by entirety, and (4) of those recognizing tenancy by the entirety the majority restrict it to real property." CAMPFIELD, Regis F. Estate Planning for Joint Tenancies. *Duke Law Journal*, v. 1974, n. 4, p. 648, Sept. 1974.

531. SPITZER, Anne. Joint Tenancy with Right of Survivorship: A Legacy from Thirteen Century England. *Texas Tech Law Review*, n. 3, v. XVI, p. 640, 1985.

532. A utilização das *joint tenancies*, naturalmente, apresenta possíveis problemas de ordem civil em relação aos casos nos quais a sucessão deva ser regida pela

isso não por obra de uma transmissão. Não há transferência do direito de um falecido aos demais *joint tenants*, senão que sua extinção,[533] com aqueles tendo acrescida sua parte:[534]

> The single most important factor distinguishing joint tenancies from tenancies in common is, of course, the right of survivorship which flows logically from the joint tenant's unity of interest. Under the right of survivorship, the interest of a joint tenant who predeceases one or mor surviving joint tenants simply ends with his death. It does not pass to the remaining joint tenants, nor anyone else for that matter, but is simply determined by his death with a consequent reduction in the number of joint tenants until only one remains. At this point, the joint tenancy comes to an end, enabling the sole survivor and owner to do as he wishes with his property including, of course, the right to pass his title by will or on intestacy.

Eis, em linhas bastante gerais, a *joint tenancy with rights of survivorship*, dado que se trata de instituto comum a muitos regimes do *common law* e, portanto, sujeito a peculiaridades locais. Passemos, pois, a considerações sobre a possível tributação de tais situações pelo ITCMD.

9.2.2 As *joint tenancies* e a tributação pelo ITCMD

Muitos e enfáticos são os alertas de articulistas norte-americanos quanto ao desavisado uso da *joint tenancy* como

---

legislação brasileira – ainda que um eventual inventário (desnecessário, caso todo o monte-mor se submeta à *joint tenancy*, como, *v.g.*, uma *holding*) se processe no exterior – dado que, entre nós, há vedação de disposição em relação à legítima, resguardada aos herdeiros necessários.

533. "O que o JTWRS faz é retirar o ativo em joint tenancy do patrimônio do falecido no exato momento de sua morte sem a sua transmissão aos sucessores. Na verdade, não há que se falar em transmissão de bens propriamente dita, pois o que ocorre com o ativo em JTWRS é a consolidação de 100% da sua titularidade nos demais tenants sobreviventes indicados no documento do ativo." ESTEVAM, Priscila Lucenti *et al. Planejamento patrimonial*: família, sucessão e impostos. São Paulo: Editora B18, 2018. p. 335.

534. CLARKE, Alison; KOHLER, Paul. *Property Law – Commentary and Materials*. New York: Cambridge University Press, 2005. p. 579.

panaceia para cura dos males inerentes não apenas à sucessão (i.e., tornar desnecessários os morosos e custosos processos de inventário, os *probates*), mas também à tributação patrimonial e por heranças.

Nesse sentido, costuma-se alertar para a tributação desse instituto nos Estados Unidos pelas exações sobre doações (*gift taxes*) em nível federal ou estadual em geral quando um dos *joint tenants* institui o regime de copropriedade gratuitamente em favor do(s) outros(s).[535] Para além disso, com o falecimento do *joint tenant*, considera-se que há um acréscimo de natureza sucessória em favor dos coproprietários supérstites, os quais podem ser tributados pelas exações sobre patrimônio e heranças – admitida, em certos Estados, a possibilidade de se demonstrar que a parcela patrimonial consolidada já era de sua prévia titularidade (prova de pagamento/aquisição). Naquele país também pode haver tributação sobre o eventual ganho de capital em decorrência da apreciação da parcela considerada "acrescida" aos direitos dos supérstites.[536]

Também na Inglaterra há disposições que apontam para a tributação de tais transferências, agregando o valor do direito "acrescido" aos sobreviventes para fins de incidência do local imposto sobre heranças.[537] Em outras jurisdições, como as Ilhas Virgens Britânicas, não há incidência de tributos sobre doações ou heranças decorrentes de tais institutos.

Deve-se alertar, todavia, não ser este um estudo de direito comparado – mesmo porque, para tanto, seria necessário detenção não apenas sobre o instituto em apreço em suas características detalhadas, mas também sobre os tributos que

535. MARSHALL, Arthur K. Joint Tenancy, Taxwise and Otherwise. *California Law Review*, v. 40, n. 4, p. 505, 1952; HINES, N. William. Personal Property Joint Tenancies: More Law, Fact and Fancy. (1970). *Minnesota Law Review*, p. 537, 1991.

536. MARSHALL, Arthur K. Op. cit., loc. cit.

537. É o que aponta o *HMRC Inheritance Tax Manual*, ao dispor sobre a integração dos proveitos decorrentes de *joint tenancies* à base de cálculo da tributação. Disponível em: https://www.gov. uk/hmrc-internal-manuals/inheritance-tax-manual/ ihtm15012. Acesso em: 5 maio 2021.

sobre ele incidem. Com efeito, tal como sucede com certos institutos de direito civil, expressões como "*inheritance taxes*" ou "*gift taxes*" não se devem tomar *sic et simpliciter* como sinônimas do ITCM ou do ITD. Entre nós, os tributos correspondem a categorias bem delimitadas de direito privado em vínculo estabelecido no plano constitucional.

Destarte, esta análise pretende, a partir de linhas gerais sobre tal instituto, apontar para a possível incidência do ITD ou ITCM consoante regras constitucionais brasileiras em tais casos; por isso nos cabe a tentativa de leitura da situação em conformidade com suas conformações estrangeiras,[538] mas sob quadrantes da legalidade e tipicidade tributárias vicejantes em nosso ordenamento.

Pois bem. Tomando o momento inicial de constituição de uma situação de cotitularidade na modalidade de uma *joint tenancy*, entendemos possível a ocorrência de uma doação: basta que um titular, por um contrato de doação, transmita gratuitamente, em regime de *joint tenancy*, os direitos sobre bem ou direito que possua a terceiros. Sendo possível falar em doação, pode-se cogitar a incidência do ITD.

Os problemas decorrentes da ausência da lei complementar de que trata o inciso III do § 1º do art. 155 da CF torna impossível em dias atuais, à vista do decidido pela Corte Suprema (item 5.2), a incidência do ITD no caso de o doador ser residente no exterior. Sendo a doação provinda do exterior, mas relativa a imóvel situado no território nacional, então o regime de propriedade aplicável será o brasileiro, sendo o caso tratado como hipótese de doação típica (*vide* item 7.1).

Por outro lado, sendo o doador residente no Brasil, há de se aludir à problemática situação da ausência de lei complementar que estabeleça com segurança o critério subjetivo da exação em território nacional; nesse particular, remetemos às considerações já traçadas no item 7.5.

538. O art. 8º da LINDB, vale lembrar, dispõe que, "para qualificar os bens e regular as relações a eles concernentes, aplicar-se-á a lei do país em que estiverem situados".

Subsiste, pois, a questão relativa à possível tributação da consolidação da propriedade em favor dos *joint tenants* supérstites: haveria, nesse caso, possível materialidade do ITCM?

Caberia, então, verificar – independentemente de considerar haver uma "apreciação" patrimonial a causa de morte – se ocorreu ou não uma "transmissão", que é, evidentemente, o elemento central da materialidade da exação em exame. Com efeito, como demonstramos no item 8.1, a materialidade do ITCM consiste em uma *transmissão*, qualificada que é pelo fato de se dar a causa de morte (*ius successionis*).

Nesse sentido, rigorosamente, parece-nos não se poder falar em transmissão a título sucessório. Com efeito, uma vez que todos os *tenants* já ostentam titularidade comum sobre o bem ou direito objeto da *joint tenancy*, o falecimento de qualquer deles, em vez de operar "transmissão" de direito, implica, em verdade, sua "extinção", com a conseguinte consolidação em favor dos sobreviventes.[539]

Sob esse prisma, a situação mais se assemelha a uma apreciação patrimonial sobre determinado bem ou direito, *v.g.*, o caso da extinção de um usufruto: extingue-se o direito do usufrutuário, consolidando-se a inteireza do direito de propriedade em favor do nu-proprietário (*vide* item 8.1.2).

Tal acréscimo à posição dos *tenants* sobreviventes, parece-nos subsumir-se à hipótese de acréscimo de valor sobre bens e direitos, o qual, em território nacional, somente seria gravável na modalidade de ganho de capital quando de uma futura e eventual alienação.

No caso das *joint tenancies*, enfim, a ideia de sobreposição de direitos de propriedade existente no *common law* torna desafiadora a tarefa de sua subsunção às categorias próprias do ordenamento nacional, nos aspectos tanto civil quanto tributário.

---

539. ESTEVAM, Priscila Lucenti *et al. Planejamento patrimonial*: família, sucessão e impostos. São Paulo: Editora B18, 2018. p. 338.

Por fim, tal como se alertou em relação ao ITD, essa análise não se faz à ignorância da ausência de lei complementar capaz de reger certas situações do ITCM em casos internacionais. Quando o *de cujus* possuir bens, for residente ou domiciliado ou tiver seu inventário processado no exterior, até que sobrevenha a lei complementar de que trata o art. 155, § 1º, III, da CF, não há falar na incidência do tributo. No que diz respeito aos bens imóveis, pelo só regime jurídico em discussão, não há aplicação das *joint tenancies*. É de se esperar, contudo, que a omissão legislativa em apreço não subsista por muito tempo, o que traz luz à discussão de que ora se trata.

Ao cabo dessas considerações, vê-se que também a análise da possível incidência do ITCMD sobre situações envolvendo as *joint tenancies with rights of survivorship* pode ser guiada de maneira relativamente satisfatória pelo Estatuto atualmente vigente com *status* de lei complementar, i.e., o CTN, particularmente em seu art. 110. O papel do legislador complementar em situações internacionais como esta mais se ressente da ausência de regulamentação do já referido inciso III do § 1º do art. 155 da Carta Política.

Curiosamente, por outro lado, em situações envolvendo o direito interno, particularmente a disciplina dos critérios espacial e subjetivo do ITCMD, é que o regime atualmente em vigor se demonstra mais superficial, ensejando situações conflitivas.

CONCLUSÕES

1. A natureza sistemática do Direito, decorrente de seus axiomas de hierarquia e validade, faz atentar para as controvertidas noções de sua consistência e completude; postas aparte disputas dogmáticas a esse respeito, parece-nos suficiente admitir que os ordenamentos possuam, segundo suas idiossincrasias, mecanismos de integração, assim como de controle da adequação das produções normativas às suas prescrições, de maneira a assegurar um mínimo de coerência.

2. As chamadas normas de competência – hierarquicamente superiores àquelas cujas produções disciplinam – desempenham papel central no estabelecimento desses mecanismos. A elas incumbe estipular, a partir de prescrições constitucionais, quais focos ejetores de normas ou agentes ("quem") estarão investidos do poder de expedir que tipos de prescrições em matéria de conteúdo ("o que"), segundo tais e quais procedimentos ("como"), direcionados a que destinatários ("a quem"), cujas condutas poderão regular. Mais que uma configuração procedimental, pois, tais normas de competência exercem no plano semântico de um ordenamento como que uma força centrípeta sobre normas derivadas: buscam impedir que vicejem conteúdos de significação excêntricos, reforçando uma unidade de sentidos erigida a partir dos textos constitucionais. A marca da positividade do Direito é o que permite tal característica: de posse dos textos postos – sobretudo o da Constituição –, afere-se a compatibilidade de

normas, ainda que nisso haja evidente e desejável abertura, dada a inesgotabilidade dos processos interpretativos. Quanto mais detalhados ou saturados em conteúdo forem os textos que vazam competências para circunscrever aquilo que normas derivadas hão de reger, tanto menor o espectro possível de atuação dessas últimas; cabe às normas constitucionais estabelecer margens para tais definições de competência.

3. Tomada em sua acepção ampla, no sentido de que orienta qualquer produção normativa (i.e., desde a produção de emendas constitucionais, passando por legislações ordinárias até a prolação de sentenças ou atos privados), as normas de competência podem assentar-se sobre todos os modais deônticos. Em outros termos, a dispor sobre como se deverá produzir tal e qual norma (equivale dizer, a estabelecer "quem" poderá prescrever "o que", "a quem" e "como"), uma norma de competência pode agir: (i) permitindo ("é permitido enunciar tal e qual norma"), no que se incluem as duplas permissões ou faculdades (é facultada certa enunciação normativa); (ii) proibindo ("é vedado prescrever tal conduta"); ou mesmo (iii) obrigando ("deve ser que, em determinadas situações, se produza certa norma"). Exemplos das normas proibitivas de competência são as imunidades tributárias; das facultativas, a noção de competência tributária em sentido estrito (instituir, legislativamente, tributos – ressalvadas certas exceções, tais como se dá com o ICMS, de caráter nacional); e das obrigatórias, as normas de competência relacionadas ao exercício da jurisdição (provocado, o Judiciário não pode deixar de agir, expedindo prescrição individual e concreta).

4. Como quaisquer outras, as normas de competência ensejam sanções por seu descumprimento. Sanção aqui se admite como consequência jurídica imposta pelo Estado em razão do descumprimento de determinada norma, em linha com a noção de norma secundária tal como trabalhada por Lourival Vilanova. No caso de uma norma de competência modalizada como permissão ou proibição, de seu descumprimento resulta produto normativo incompatível com o ordenamento, pois, admitimos como sanção a atividade jurisdicional que lhe

reconheça invalidade. Exemplos são o reconhecimento da inconstitucionalidade – difuso ou concentrado – de certa prescrição ou o reconhecimento da ilegalidade de um ato administrativo por violação ao princípio da legalidade. No particular caso de normas de competência assentadas no modal obrigatório, em plano legislativo, vemos sanção a seu descumprimento (*inertia deliberandi*) nas decisões proferidas em mandado de injunção (referido pelo art. 5º, LXXI, da CF e disciplinado pela Lei nº 13.300/2016), bem como na ADO (disposta no art. 103, § 2º, da CF e regulamentada pela Lei nº 9.868/1999). Em relação a esta, as mais recentes decisões proferidas pelo STF têm ido além do reconhecimento da mora legislativa e cientificação ao poder competente para adoção de providências necessárias: no julgamento das ADOs 25 e 26, a Corte Suprema outorgou prazo para colmatação da omissão legislativa do Congresso Nacional, aplicando regime supletivo na hipótese de sua inocorrência até superveniência de prescrição normativa a respeito, em provimento que se assemelha àquele do mandado de injunção; contudo, ao julgar a ADO nº 67, a Corte Suprema, malgrado reconhecer a *inertia deliberandi* em relação à disciplina do art. 155, § 1º, III, da CF, deixou de seguir tal diretriz, apenas fixando prazo ao Congresso para que regule a matéria.

5. O art. 146 da CF outorga à lei complementar as funções de: (i) dispor sobre conflitos de competência em matéria tributária; (ii) regular as limitações constitucionais ao poder de tributar, evidenciando, assim, princípios e imunidades; além de (iii) estabelecer normas gerais em matéria de legislação tributária. Ao assim fazer, a Constituição adjudica à referida espécie normativa, em certos casos, a natureza de norma de competência, particularmente porque lhe atribui, entre outras funções, a de disciplinar certos conteúdos ("o que") que deverão necessariamente ser respeitados pelos detentores da competência tributária em seu exercício, sob pena de invalidade de suas prescrições. Respeitadas as cominações da CF, tais como as materialidades dos tributos objeto de partição de competências, a lei complementar poderá estabelecer normas gerais de direito tributário aplicáveis a todo o sistema nacional. Sua

atuação, nesse sentido, presta-se a conferir harmonia, padronização e uniformidade à disciplina da matéria tributária, em linha com o modelo federativo em vigor. Sua função é reforçar a sistematicidade (coerência) inerente ao Direito.

6. Se é certo que uma das características do federalismo tributário brasileiro consiste na clara repartição de competências tributárias a partir de certas materialidades dispostas pela Constituição, é também verdade que a concepção mesma de tal sistema supõe a atuação das normas gerais de direito tributário, de caráter nacional e indisfarçável propósito centralizador, a conferir unicidade de tratamento aos variados temas eleitos pela Carta Política em seu art. 146. O princípio federativo há de se interpretar a partir da presente CF: o grau de autonomia dos entes federativos é dado pela opção política fundamental expressa nas disposições constitucionais. Algum grau de limitação à liberdade das ordens legislativas parciais pela convivência com normas gerais de direito tributário aplicáveis a todo território nacional – instituídas por lei complementar – não significa amesquinhamento à ordem federativa, mas sim a conformação mesma do que venha a ser o vigente modelo federativo brasileiro. Prestigiou a Carta Política, mesmo em um sistema federativo em que coexistem sistemas parciais, maior grau de unicidade nacional em matéria tributária, em prol da inteligibilidade e estabilidade dos conceitos e das prescrições gerais, bem assim da certeza do direito e harmonia entre as ordens legislativas parciais.

7. O CTN, admitido por recepção pelo texto constitucional no *status* normativo da lei complementar de que trata o art. 146 da CF, veicula diversas disposições da ordem das "normas gerais de direito tributário". A despeito de se ter concebido sob vigência da Carta Constitucional de 1946, alterada pela EC nº 18/1965, tal diploma mostra-se historicamente bem-sucedido – não obstante naturais controvérsias – na disciplina de matérias gerais e explicitação de princípios e imunidades. Em especial, destaca-se a disciplina comum acerca da aplicação, interpretação e integração da legislação tributária, do estabelecimento dos regimes de responsabilidade tributária,

domicílio, lançamento, suspensão e extinção do crédito tributário etc. Em tal propósito, o CTN decerto restringe a discricionariedade legislativa dos entes federativos na regência da matéria tributária; o faz, contudo, sob investidura constitucional.

8. Por sua concepção em regime constitucional precedente, o CTN deixa de disciplinar plenamente, de maneira específica, os Impostos sobre a Transmissão *Causa Mortis* e Doação (ITCMD) em sua configuração trazida pelo art. 155, I, § 1º, da CF de 1988. Com efeito, suas disposições verteram-se para regência de um pregresso imposto estadual sobre transmissões imobiliárias a qualquer título (gratuito ou oneroso); por sua relação destacada aos bens imóveis, a disciplina do CTN mais se afeiçoa ao atual ITBI de competência municipal (art. 156, II, da CF). Não obstante, em linhas gerais, os tributos sob a sigla ITCMD recebem disciplina do CTN nas disposições dos arts. 35, parágrafo único, 38, 39, 41 e 42. Tal deficiente regência específica abre flancos a dúvidas e a aparentes conflitos de competência cuja solução relega-se de maneira pulverizada (conflitos individuais) ao Judiciário. Situações mais evidentes da carência de disciplina do ITCMD pelo CTN se evidenciam: (i) no caso do ITD, a definição clara de seu sujeito passivo, o que leva a conflitos decorrentes da eleição por muitos Estados de doadores e donatários – simultaneamente – como contribuintes, o que implica possibilidade de múltiplas incidências em operações interestaduais; e (ii) a clara definição de um seguro critério temporal para o Imposto sobre a Transmissão *Causa Mortis* (ITCM), já que a só abertura da sucessão mostra-se momento inadequado para a escorreita definição dos sujeitos passivos e identificação do critério quantitativo, o que em muitos casos ocorre apenas com a homologação judicial da partilha. Quanto a tal ponto, deve-se registrar que a consagrada jurisprudência do STJ elege a sentença homologatória das partilhas como termo inicial do prazo decadencial do ITCM.

9. A ausência de lei complementar para disciplina de situações internacionais relativas ao ITCMD, particularmente nas hipóteses de que trata o art. 155, § 1º, III, "a" e "b", da CF, também ensejou marcado debate doutrinário e jurisprudencial,

recentemente encerrado pelo STF quando do julgamento do RE 851.108/SP, oportunidade em que se firmou a tese de repercussão geral segundo a qual "é vedado aos Estados e ao Distrito Federal instituir o ITCMD nas hipóteses referidas no art. 155, § 1º, III, da Constituição Federal, sem a edição de lei complementar exigida pelo referido dispositivo constitucional". A solução da questão pela Corte Suprema, se por um lado pacifica disputas inerentes ao tema, por outro, evidencia a falta de regência por lei complementar da competência tributária dos Estados e do Distrito Federal: omissão legislativa que, decorridos mais de trinta anos desde a promulgação da Carta Magna, não se colmatou. Distintamente da competência tributária em sentido estrito (instituição de tributos), que é, como regra, modalizada em uma faculdade, a investidura à lei complementar para garantir às pessoas políticas o exercício de sua prerrogativa tributária não encerra mera permissão, mas um dever. A prever certa competência tributária a dada pessoa política, a Constituição lhe garante meios de atendimento a um amplo programa de direitos fundamentais de segunda ordem (prestações positivas) que supõe o escorreito exercício da fiscalidade; *ipso facto*, a inequívoca *inertia deliberandi* em relação a tal matéria enseja socorro à ADO, conforme se apontou. A julgar pela recente abordagem do STF em tais ações (ADOs 25 e 26), seria possível o estabelecimento de critérios de colmatação provisórios da referida omissão legislativa até sua superação pelo Congresso Nacional.

10. A despeito da carente densificação normativa no plano da lei complementar acerca de certas características do ITCMD, a peculiar disciplina analítica da matéria tributária pela CF (art. 155, I, § 1º), feita a partir de institutos de direito privado – aspecto reforçado pela disposição do art. 110 do CTN –, ao lado das demais disposições gerais veiculadas pelo CTN, permite a construção das regras-matrizes de incidência possíveis dos referidos tributos. Tomadas do direito civil, noções como transmissão, doação, herança ou legado e sucessão permitem – malgrado as circunstanciais inconsistências já pontuadas – que a tributação pelo ITCMD se tenha exercido

desde o advento da CF de 1988 com relativa segurança. A partir dessas mesmas noções, aliadas às de simulação e fraude referidas pelos arts. 116, parágrafo único, e 149, VII, do CTN, é possível encontrar as bases e os critérios para a ação fiscalizatória, de modo a separarem-se legítimos planejamentos patrimoniais e sucessórios de situações de evasão fiscal; tudo sem recorrer a categorias írritas ao ordenamento em vigor, tais como um "propósito negocial" que deva servir de critério para a avaliação de negócios celebrados pelos contribuintes.

11. Da mesma maneira, a conjugação de elementos constitucionais aos de lei complementar – introduzidos pelo CTN – com institutos do direito privado se mostra útil a aferir uma possível tributação do ITCMD sobre figuras típicas do *common law*, tais como os *trusts* e as *joint tenancies with rights of survivorship*; isso, é claro, nas hipóteses em que a ausência da lei complementar referida pelo art. 155, § 1º, III, da CF *tout court* não impossibilite sua incidência.

Ao cabo dessas considerações, temos explicitado o papel da lei complementar nos impostos sobre as transmissões *causa mortis* e por doações: o de oferecer plataforma nacional uniformizadora, regente do exercício da competência tributária pelos Estados e pelo Distrito Federal, de maneira a outorgar maior homogeneidade de tratamentos e segurança jurídica à tributação. Sem pretender um esgotamento de todos os possíveis problemas ou desdobramentos da disciplina de tais tributos no plano da lei complementar pelo CTN, instituído no regime constitucional pretérito, parece-nos, todavia, oportuno reforçar a necessidade de atualização de mencionado panorama normativo, de modo a melhor pontuar os elementos da regra-matriz de incidência de referidos impostos; tudo a adjudicar maior certeza e segurança em relação à tributação das transmissões a causa de sucessão *causa mortis* e doação, que são das mais tradicionais formas de transmissão patrimonial admitidas pelo Direito.

REFERÊNCIAS

ADEODATO, João Maurício. *Uma teoria da norma jurídica e do direito subjetivo*. São Paulo: Noeses, 2011.

ALEXY, Robert. *Teoria dos direitos fundamentais*. Tradução de Virgílio Afonso da Silva. 2. ed. São Paulo: Malheiros Editores, 2015.

AMARO, Luciano. *Direito tributário brasileiro*. 14. ed. São Paulo: Saraiva, 2008.

ARAÚJO, Petronio Baptista de. *O impôsto sobre a transmissão da propriedade*. Rio de Janeiro: Fundação Getulio Vargas, 1954.

ARNOLD, Brian J. *International Tax Primer*. 3. ed. Alphen aan der Rijn: Kluwer Law International B.V., 2016.

ATALIBA, Geraldo. *Hipótese de incidência tributária*. 6. ed. São Paulo: Malheiros Editores, 2009.

ATALIBA, Geraldo. Lei complementar em matéria tributária. *Revista de Direito Tributário*, São Paulo: Malheiros Editores, v. 48, p. 84-106, 1989.

ATALIBA, Geraldo. Normas gerais de direito financeiro. *Revista de Direito Administrativo*, Rio de Janeiro, v. 82, p. 39-60, 1965.

ATALIBA, Geraldo. *República e Constituição*. 2. ed. São Paulo: Malheiros Editores, 2001.

ATALIBA, Geraldo. *Sistema constitucional tributário brasileiro*. São Paulo: Revista dos Tribunais, 1968.

ÁVILA, Humberto. Proporcionalidade e direito tributário. *In*: SCHOUERI, Luís Eduardo. *Direito tributário*. São Paulo: Quartier Latin, 2003. v. I.

ÁVILA, Humberto. *Sistema constitucional tributário*. 5. ed. São Paulo: Saraiva, 2012.

ÁVILA, Humberto. *Teoria dos princípios*: da definição à aplicação dos princípios jurídicos. 16. ed. rev. e atual. São Paulo: Malheiros Editores, 2015.

AZEVEDO, Álvaro Villaça. *Curso de direito civil*: direito das sucessões. São Paulo: Saraiva Educação, 2019.

BALEEIRO, Aliomar. *Direito tributário brasileiro*. Atualizada por Misabel Abreu Machado Derzi. 13. ed. Rio de Janeiro: Forense, 2015.

BALEEIRO, Aliomar. *Limitações constitucionais ao poder de tributar*. 7. ed. rev. e compl. à luz da Constituição de 1988 até a Emenda Constitucional nº 10/1996. Atualizada por Misabel Abreu Machado Derzi. Rio de Janeiro: Forense, 1997.

BARRETO, Aires F.; BARRETO, Paulo Ayres. *ISS na Constituição e na lei*. 4. ed. São Paulo: Noeses, 2018.

BARRETO, Paulo Ayres. Ordenamento e sistema jurídicos. *In*: CARVALHO, Paulo de Barros *et al*. *Construtivismo lógico-semântico*. São Paulo: Noeses, 2014. p. 249-269.

BARRETO, Paulo Ayres. *Planejamento tributário*: limites normativos. São Paulo: Noeses, 2016.

BARROSO, Luís Roberto. *O controle de constitucionalidade no direito brasileiro*: exposição sistemática da doutrina e análise crítica da jurisprudência. 8. ed. São Paulo: Saraiva Educação, 2019.

BECHO, Renato Lopes. *Direito tributário*. 9. ed. São Paulo: Saraiva Educação, 2019.

BECHO, Renato Lopes. *Filosofia do direito tributário*. São Paulo: Saraiva, 2009.

BECHO, Renato Lopes. *Lições de direito tributário*. 3. ed. São Paulo: Saraiva, 2015.

BECKER, Alfredo Augusto. *Teoria geral do direito tributário*. 6. ed. São Paulo: Noeses, 2013.

BEZERRA, Andréia Cristina; CASQUET, Pedro Guilherme Modenese. Apontamentos sobre a incidência de ITBI e ITCMD na partilha desigual de bens decorrentes de herança ou da extinção do regime conjugal de bens. *Revista Dialética de Direito Tributário – RDDT*, São Paulo: Dialética, n. 205, p. 19-26, 2012.

BOBBIO, Norberto. *Teoria do ordenamento jurídico*. 6. ed. Brasília: Editora Universidade de Brasília, 1995.

BONAVIDES, Paulo. *Curso de direito constitucional*. 31. ed. São Paulo: Malheiros Editores, 2016.

BORGES, José Souto Maior. Hierarquia e sintaxe constitucional da lei complementar tributária. *Revista Dialética de Direito Tributário – RDDT*, São Paulo: Dialética, n. 150, p. 67-78, 2008.

BORGES, José Souto Maior. Normas gerais de direito tributário: velho problema sob perspectiva nova. *Revista Dialética de Direito Tributário – RDDT*, São Paulo: Dialética, n. 213, p. 48-65, 2013.

BORGES, José Souto Maior. O princípio da segurança jurídica na criação e na aplicação do direito. *Revista Dialética de Direito Tributário – RDDT*, São Paulo: Dialética, n. 22, p. 24-29, 1997.

BOZZA, Fábio Piovesan. *Planejamento tributário e autonomia privada*. São Paulo: Quartier Latin, 2015. v. XV. Série Doutrina Tributária.

BRANDÃO JR., Salvador Cândido. *Federalismo e ICMS*: Estados-Membros em “guerra fiscal”. São Paulo: Quartier Latin, 2014. v. XIV. Série Doutrina Tributária.

BRASIL. Ministério da Economia. CETAD – Centro de Estudos Tributários e Aduaneiros. *Carga Tributária no Brasil – 2018*. Análise por tributos e bases de incidência. Disponível em: https://receita.economia.gov.br/dados/receitadata/es tudos-e-tributarios-e-aduaneiros/estudos-e-estatisticas/carga--tributaria-no-brasil /ctb-2018-publicacao-v5.pdf. Acesso em: 26 jul. 2020.

BRITO, Lucas Galvão de. *O lugar e o tributo*. São Paulo: Noeses, 2014.

BURG, David F. *A World History of Tax Rebellions*: an Encyclopedia of Tax Rebels, Revolts, and Riots from Antiquity to the Present. New York: Routledge, 2004.

CALIL, Ricardo. A incidência do imposto de renda e do ITCMD em operações com *trusts*. *Revista Direito Tributário Internacional Atual – RDTI Atual*, São Paulo: Instituto Brasileiro de Direito Tributário – IBDT, n. 4, p. 179-199, 2018.

CAMPFIELD, Regis F. Estate Planning for Joint Tenancies. *Duke Law Journal*, v. 1974, n. 4, Sept. 1974.

CARRAZZA, Elizabeth Nazar. *IPTU e progressividade*: igualdade e capacidade contributiva. São Paulo: Quartier Latin, 2015.

CARRAZZA, Roque Antonio. *Curso de direito constitucional tributário*. 32. ed. São Paulo: Malheiros Editores, 2019.

CARRAZZA, Roque Antonio. *Imposto sobre a renda (perfil constitucional e temas específicos)*. 3. ed. São Paulo: Malheiros Editores, 2009.

CARVALHO, Aurora Tomazini de. *Curso de teoria geral do direito*: o construtivismo lógico-semântico. 5. ed. São Paulo: Noeses, 2016.

CARVALHO, Paulo de Barros. *Curso de direito tributário*. 22. ed. São Paulo: Saraiva, 2010.

CARVALHO, Paulo de Barros. *Direito tributário, linguagem e método*. 3. ed. São Paulo: Noeses, 2009.

CARVALHO, Paulo de Barros. *Direito tributário*: fundamentos jurídicos da incidência. 8. ed. São Paulo: Saraiva, 2010.

CASSONE, Vittorio. Tributação da herança: o art. 23 da Lei 9.532/97 em face das competências privativas da União (IR) e dos Estados (ITCMD). *Revista Dialética de Direito Tributário – RDDT*, São Paulo: Dialética, n. 184, p. 136-158, 2011.

CLARKE, Alison; KOHLER, Paul. *Property Law – Commentary and Materials*. New York: Cambridge University Press, 2005.

COÊLHO, Sacha Calmon Navarro. *Curso de direito tributário brasileiro*. 14. ed. Rio de Janeiro: Forense, 2015.

COLE, Alan. Estate and Inheritance Taxes around the World. *Tax Foundation Fiscal Fact*, n. 458, mar. 2015. Disponível em: https://files.taxfoundation.org/ legacy/docs/TaxFoundation_FF458.pdf. Acesso em: 26 jul. 2020.

COMTE-SPONVILLE, André. A verdade e nós. *In*: COMTE-SPONVILLE, André. *Valor e verdade*: estudos cínicos. Tradução de Eduardo Brandão. São Paulo: WMF Martins Fontes, 2008.

CONTI, José Maurício. *Princípios tributários da capacidade contributiva e da progressividade*. São Paulo: Dialética, 1996.

COSTA, Alcides Jorge. Direito tributário e direito privado. *In*: OLIVEIRA, Ricardo Mariz de; COSTA, Sérgio de Freitas (coord.). *Diálogos póstumos com Alcides Jorge Costa*. São Paulo: Instituto Brasileiro de Direito Tributário – IBDT, 2017. p. 87-101.

COSTA, Regina Helena. *Código Tributário Nacional comentado em sua moldura constitucional*. Rio de Janeiro: Forense, 2021.

COSTA, Regina Helena. *Curso de direito tributário*: Constituição e Código Tributário Nacional. 5. ed. São Paulo: Saraiva, 2015.

COSTA, Regina Helena. *Imunidades tributárias*: teoria e análise da jurisprudência do STF. 3. ed. São Paulo: Malheiros Editores, 2015.

COSTA, Regina Helena. *Praticabilidade e justiça tributária*: exequibilidade da lei tributária e direitos do contribuinte. São Paulo: Malheiros Editores, 2007.

COSTA, Regina Helena. *Princípio da capacidade contributiva*. 4. ed. São Paulo: Malheiros Editores, 2012.

CURY, Fabio Lemos. *Apontamentos sobre as taxas judiciárias: análise crítica à luz da Constituição Federal.* 2016. 186 f. Dissertação (Mestrado em Direito) – Pontifícia Universidade Católica de São Paulo, São Paulo, 2016.

DANIEL NETO, Carlos Augusto. O "mínimo existencial" como condição de derrotabilidade de regras tributárias. *Revista Direito Tributário Atual – RDTA*, São Paulo: Instituto Brasileiro de Direito Tributário – IBDT, v. 37, p. 84-105, 2017.

DAVID, René. *O direito inglês*. São Paulo: Martins Fontes, 2000.

DELGADO, Mário Luiz. Fideicomisso por ato inter-vivos. *ConJur*, 27 dez. 2020. Disponível em: https://www.conjur.com.br/2020-dez-27/processo-familiar-fideico misso-ato-inter-vivos. Acesso em: 2 abr. 2021.

DERZI, Misabel Abreu Machado. Nota de atualização à obra de Aliomar Baleeiro. *In*: BALEEIRO, Aliomar. *Direito tributário brasileiro*. Atualizada por Misabel Abreu Machado Derzi. 13. ed. Rio de Janeiro: Forense, 2015.

DERZI, Misabel Abreu Machado. Nota de atualização à obra de Aliomar Baleeiro. *In*: BALEEIRO, Aliomar. *Limitações constitucionais ao poder de tributar.* 7. ed. rev. e compl. à luz da Constituição de 1988 até a Emenda Constitucional nº 10/1996. Atualizada por Misabel Abreu Machado Derzi. Rio de Janeiro; Forense, 1997.

DIDIER JR., Fredie. *Curso de direito processual civil*: teoria da prova, direito probatório, ações probatórias, decisão, precedente, coisa julgada e antecipação dos efeitos da tutela. 11. ed. Salvador: JusPodivm, 2016.

DINIZ, Maria Helena. *Curso de direito civil brasileiro*: direito das sucessões. 33. ed. São Paulo: Saraiva Educação, 2019. v. 6.

DINIZ, Maria Helena. *Curso de direito civil brasileiro*: teoria das obrigações contratuais e extracontratuais. 36. ed. São Paulo: Saraiva Educação, 2020. v. 3.

DÓRIA, Antônio Roberto Sampaio. *Da lei tributária no tempo*. 1968. Universidade de São Paulo, São Paulo, 1968.

DÓRIA, Antônio Roberto Sampaio. *Elisão e evasão fiscal*. 2. ed. São Paulo: José Bushatsky Editor, 1977.

DUQUE, Daniel Vasconsellos Archer. Auxílio emergencial faz pobreza cair em plena pandemia. *Blog do IBRE*, 26 jun. 2020. Disponível em: https://blogdoibre. fgv.br/posts/auxilio-emergencial-faz-pobreza-cair-em-plena-pandemia. Acesso em: 31 jan. 2020.

DWORKIN, Ronald. *Levando os direitos a sério*. São Paulo: Martins Fontes, 2002.

ECHAVE, Delia Teresa; URQUIJO, María Eugenia; GUIBOURG, Ricardo A. *Lógica, proposición y norma*. 1. ed. 7. reimp. Buenos Aires: Editorial Astrea, 2008.

ESTEVAM, Priscila Lucenti *et al*. *Planejamento patrimonial*: família, sucessão e impostos. São Paulo: Editora B18, 2018.

FALCÃO, Amílcar de Araújo. *Fato gerador da obrigação tributária*. 6. ed. Rio de Janeiro: Forense, 1995.

FALCÃO, Amílcar de Araújo. *Introdução ao direito tributário*: parte geral. Rio de Janeiro: Edições Financeiras S.A., 1959.

FALLET, Allan. *A natureza jurídica do processo administrativo fiscal*. São Paulo: Noeses, 2019.

FERNANDES, Gabriel da Nóbrega. *Controle de validade do imposto sobre transmissão causa mortis*. 2018. 196 f. Dissertação (Mestrado em Direito) – Pontifícia Universidade Católica de São Paulo, São Paulo, 2018.

FERNANDES, Regina Celi Pedrotti Vespero. *Impostos sobre Transmissão Causa Mortis e Doação – ITCMD*. 3. ed. São Paulo: Revista dos Tribunais, 2013.

FERRAGUT, Maria Rita. *Responsabilidade tributária e o Código Civil de 2002*. São Paulo: Noeses, 2013.

FERRAZ JR., Tercio Sampaio. *Introdução ao estudo do direito*: técnica, decisão, dominação. São Paulo: Atlas, 1988.

FERRAZ JR., Tercio Sampaio. Normas gerais e competência concorrente: uma exegese do art. 24 da Constituição Federal. *Revista da Faculdade de Direito*, Universidade de São Paulo, São Paulo, v. 90, p. 245-251, 1995.

FERRAZ JR., Tercio Sampaio. Segurança jurídica e normas gerais tributárias. *Revista de Direito Tributário*, São Paulo: Revista dos Tribunais, v. 5, n. 17-18, p. 51-56, 1981.

FERRAZ, Anna Cândida da Cunha. Inconstitucionalidade por omissão: uma proposta para a Constituinte. *Revista de Informação Legislativa*, Brasília: Senado Federal, v. 23, n. 89, p. 49-62, jan./mar. 1986.

FERREIRA FILHO, Marcílio da Silva. A cobrança de ITCMD no arrolamento sumário: perspectivas da norma de competência na jurisprudência do STJ. *Revista Dialética de Direito Tributário – RDDT*, São Paulo: Dialética, n. 234, p. 73-83, 2015.

FOERSTER, Gerd. *O "trust" do direito anglo-americano e os negócios fiduciários no Brasil*: perspectiva de direito comparado (considerações sobre o acolhimento do "trust" pelo direito brasileiro). Porto Alegre: Sergio Antonio Fabris Editor, 2013.

FOLLONI, André. Capacidade contributiva e dever fundamental. *Revista Direito Tributário Atual – RDTA*, São Paulo: Instituto Brasileiro de Direito Tributário – IBDT, v. 42, p. 476-499, 2009.

FONROUGE, Carlos M. Giuliani. *Impuesto a la transmisión gratuita de bienes*. Buenos Aires: El Ateneo Librería Científica y Literária, 1937.

FONSECA, João Francisco N. da. *O processo do mandado de injunção*. São Paulo: Saraiva, 2016.

FONSECA, Priscila M. P. Corrêa da. *Manual do planejamento patrimonial das relações afetivas e sucessórias*. 2. ed. São Paulo: Thomson Reuters Brasil, 2020.

FUSTEL DE COULANGES, Numa Denis. *A cidade antiga*. Tradução de Fernando de Aguiar. 4. ed. São Paulo: Martins Fontes, 1998.

GAGLIANO, Pablo Stolze. *O contrato de doação*: análise crítica do atual sistema jurídico e os seus efeitos no direito de família e das sucessões. 4. ed. São Paulo: Saraiva, 2014.

GAMA, Tácio Lacerda. *Competência tributária*: fundamentos para uma teoria da nulidade. 3. ed. São Paulo: Noeses, 2020.

GERSHEL, David. The Benefits of the Use of Trusts in Pre-Immigration Tax Planning for Brazilians Moving to and from the United States. *In*: CORDEIRO, Daniel Vieira de Biasi *et al.* (org.). *Estudos de tributação internacional*. Rio de Janeiro: Lumen Juris, 2019. v. 3. p. 231-264.

GODOI, Marciano Seabra de. *Justiça, igualdade e direito tributário*. São Paulo: Dialética, 1999.

GOMES, André Silva. Segurança jurídica e mudança jurisprudencial: o caso da progressividade dos impostos reais no entendimento do STF. *Revista Direito Tributário Atual – RDTA*, São Paulo: Instituto Brasileiro de Direito Tributário – IBDT, v. 46, p. 95-117, 2020.

GOMES, Orlando. *Contratos*. Atualizado por Edvaldo Brito e Reginalda Paranhos de Brito. 27. ed. Rio de Janeiro: Forense, 2019.

GOMES, Orlando. *Sucessões*. 17. ed. revisada e atualizada por Mario Roberto Carvalho de Faria. Rio de Janeiro: Forense, 2019.

GRAU, Eros Roberto. *O direito posto e o direito pressuposto*. 9. ed. São Paulo: Malheiros Editores, 2014.

GREGORIO, Argos. *A capacidade contributiva*. São Paulo: Quartier Latin, 2011.

GUASTINI, Riccardo. *Das fontes às normas*. Tradução de Edson Bini. São Paulo: Quartier Latin, 2005.

GUTIERREZ, Miguel Delgado. Doações para não residentes e a sua tributação pelo imposto de renda. *Revista Direito Tributário Atual – RDTA*, São Paulo: Instituto Brasileiro de Direito Tributário – IBDT, ano 38, v. 45, p. 351-372, 2020.

HAGUE CONFERENCE ON PRIVATE INTERNATIONAL LAW CONFÉRENCE DE LA HAYE DE DROIT INTERNATIONAL PRIVÉ (HCCH). *30. Convention on the Law Applicable to Trusts and on their Recognition*. 1 July 1985. Disponível em: https://www.hcch.net/en/instruments/conventions/full-text/?cid= 59. Acesso em: 14 jun. 2021.

HALAH, Lucas Issa. Os fundamentos da progressividade no ITR. *Revista Direito Tributário Atual – RDTA*, São Paulo: Dialética, v. 34, p. 256-274, 2015.

HARET, Florence. *Teoria e prática das presunções no direito tributário*. São Paulo: Noeses, 2019.

HART, Herbert. *O conceito de direito*. 3. ed. Lisboa: Fundação Calouste Gulbenkian, 2001.

HESSE, Konrad. *Escritos de derecho constitucional*. 2. ed. Madrid: Centro de Estudios Constitucionales, 1992.

HEUSSLER, William; REAL, Leonardo Henrique M. B. Pessoas físicas residentes fiscais no Brasil e a tributação de companhias *offshore*, *trusts* e *private foundations*. *In*: CORDEIRO, Daniel Vieira de Biasi *et al*. (org.). *Estudos de tributação internacional*. Rio de Janeiro: Lumen Juris, 2019. v. 3. p. 759-782.

HINES, N. William. Personal Property Joint Tenancies: More Law, Fact and Fancy. (1970). *Minnesota Law Review*, 1991.

HUCK, Hermes Marcelo. *Evasão e elisão*: rotas nacionais e internacionais. São Paulo: Saraiva, 1997.

HUDSON, Alastair. *Principles of Equity and Trusts*. 3. ed. London: Cavendish Publishing Limited, 1999.

IHERING, Rudolf von. *A evolução do direito (Zweck im Recht)*. Vertido da tradução francesa de O. de Meulenaere. Lisboa: José Bastos & C.ª, 1956.

IVO, Gabriel. *Norma jurídica*: produção e controle. São Paulo: Noeses, 2006.

JAMES, Philip S. *Introducción al derecho inglés*. Santa Fé de Bogotá: Editorial Temis, 1996.

JAPIASSÚ, Hilton; MARCONDES, Danilo. *Dicionário básico de filosofia*. 5. ed. Rio de Janeiro: Zahar, 2008.

JARACH, Dino. *El hecho imponible*. Buenos Aires: Abeledo-Perrot, 1982.

KELSEN, Hans. *Teoria geral das normas*. Porto Alegre: Sergio Antonio Fabris Editor, 1986.

KELSEN, Hans. *Teoria geral do direito e do estado*. 3. ed. São Paulo: Martins Fontes, 1998.

KELSEN, Hans. *Teoria pura do direito*. 6. ed. São Paulo: Martins Fontes, 1999.

LEÃO, Martha Toribio. *Controle da extrafiscalidade*. São Paulo: Quartier Latin, 2015. v. XVI. Série Doutrina Tributária.

LINS, Robson Maia. *Curso de direito tributário brasileiro*. São Paulo: Noeses, 2019.

MACHADO, Hugo de Brito. *Comentários ao Código Tributário Nacional*. 3. ed. São Paulo: Atlas, 2015. v. I.

MACHADO, Hugo de Brito. *Comentários ao Código Tributário Nacional*. 2. ed. São Paulo: Atlas, 2008. v. II.

MACHADO, Hugo de Brito. *Curso de direito tributário*. 30. ed. São Paulo: Malheiros Editores, 2009.

MACHADO, Hugo de Brito. O princípio da capacidade contributiva. *In*: MARTINS, Ives Gandra da Silva. *Caderno de Pesquisas Tributárias*. São Paulo: 1989. v. 14.

MAIA JR., Mairan Gonçalves. A previdência privada como instrumento de planejamento sucessório. *Pensar – Revista de Ciências Jurídicas*, Fortaleza, v. 25, n. 1, p. 1-13, 2020.

MANEIRA, Eduardo; JORGE, Alexandre Teixeira. O ITCMD nas doações coletivas. *Revista Dialética de Direito Tributário – RDDT*, São Paulo: Dialética, n. 228, p. 31-41, 2014.

MARSHALL, Arthur K. Joint Tenancy, Taxwise and Otherwise. *California Law Review*, v. 40, n. 4, p. 501-525, 1952.

MARTINS, Adriano Vidigal. Constitucionalidade das leis estaduais que instituem a incidência do ITCMD sobre doações provenientes do exterior. *Revista Dialética de Direito Tributário – RDDT*, São Paulo: Dialética, n. 223, p. 7-16, 2014.

MARTINS, Ives Gandra da Silva. Necessidade de lei complementar para a conformação do Imposto de Transmissão "Causa Mortis" e por Doação de Bens e Recursos Recebidos do Exterior – Inteligência do artigo 155, § 1°, inciso III, da Constituição Federal. *Revista Dialética de Direito Tributário – RDDT*, São Paulo: Dialética, n. 99, p. 152-161, 2002.

MCNAUGHTON, Charles William. Hierarquia e sistema jurídico. *In*: CARVALHO, Aurora Tomazini de (org.); CARVALHO, Paulo de Barros (coord.). *Construtivismo lógico-semântico*. São Paulo: Noeses, 2018. v. II. p. 403-420.

MCNAUGHTON, Charles William. *Hierarquia e sistema tributário*. 2008. 379 f. Dissertação (Mestrado em Direito) – Pontifícia Universidade Católica de São Paulo, São Paulo, 2008.

MEIRELLES, Hely Lopes. *Direito administrativo brasileiro*. 41. ed. São Paulo: Malheiros Editores, 2015.

MELLO, Celso Antônio Bandeira de. *O conteúdo jurídico do princípio da igualdade*. 3. ed. São Paulo: Malheiros Editores, 2005.

MELO, José Eduardo Soares de. *Curso de direito tributário*. 2. ed. São Paulo: Dialética, 2001.

MENDES, Gilmar Ferreira. *Curso de direito constitucional*. 10. ed. São Paulo: Saraiva, 2015.

MIRANDA, Jorge. *Manual de direito constitucional, II*. 6. ed. Coimbra: Coimbra Editora, 2007.

MIRANDA, Jorge. *Teoria do Estado e da Constituição*. 5. ed. Rio de Janeiro: Forense, 2019.

MIRANDA, Pontes de. *Tratado de direito privado*: parte geral: negócios jurídicos, representação, conteúdo, forma, prova. Campinas: Bookseller, 2000. v. 3.

MONTEIRO, Washington de Barros; PINTO, Ana Cristina de Barros Monteiro F. *Curso de direito civil 1*: parte geral. 45. ed. São Paulo: Saraiva, 2016.

MORAES, Alexandre de. *Constituição do Brasil interpretada e legislação constitucional*. 8. ed. São Paulo: Atlas, 2011.

MOSQUERA, Roberto Quiroga. IR sobre doações ou heranças e a Lei n. 9532/97. *In*: ROCHA, Valdir de Oliveira (coord.). *Imposto de renda*: alterações fundamentais. São Paulo: Dialética, 1998. v. 2.

MOUSSALLEM, Tárek Moysés. *Fontes do direito tributário*. 2. ed. São Paulo: Noeses, 2006.

MUZZI FILHO, Carlos Victor. Imposto sobre Transmissões *Causa Mortis*: lançamento de decadência. *Revista Dialética de Direito Tributário – RDDT*, São Paulo: Dialética, n. 212, p. 29-36, 2013.

NASCIMENTO, Carlos Valder do (coord.). *Comentários ao Código Tributário Nacional*: Lei 5.172, de 25.10.1966. Rio de Janeiro: Forense, 1998.

NICÁCIO, Antônio. *Do impôsto de transmissão de propriedade "causa mortis"*. Rio de Janeiro: Alba, 1959.

NOGUEIRA, Ruy Barbosa. *Curso de direito tributário*. 10. ed. São Paulo: Saraiva, 1990.

NOGUEIRA, Ruy Barbosa. *Da interpretação e da aplicação das leis tributárias*. São Paulo: Revista dos Tribunais, 1965.

OLIVEIRA, Ricardo Mariz de. Breves considerações sobre a capacidade contributiva e a isonomia. *In*: SCHOUERI, Luís Eduardo. *Direito tributário*. São Paulo: Quartier Latin, 2003. v. I. p. 458-523.

OLIVEIRA, Ricardo Mariz de. *Fundamentos do imposto de renda*. São Paulo: Quartier Latin, 2008.

PARKER, David B.; MELLOWS, Anthony R. *The Modern Law of Trusts*. London: Sweet & Maxwell Limited, 1966.

PENNER, James E. *The Law of Trusts*. 10. ed. Oxford: Oxford University Press, 2016.

PEREIRA, Caio Mário da Silva. *Instituições de direito civil*: contratos. 24. ed. rev., atual. e ampl. Atualizada por Caitlin Mulholland. Rio de Janeiro: Forense, 2020. v. III.

PEREIRA, Caio Mário da Silva. *Instituições de direito civil*: direitos reais. 27. ed. Atualizada por Carlos Edison do Rêgo Monteiro Filho. Rio de Janeiro: Forense, 2019. v. IV.

PEREIRA, Caio Mário da Silva. *Instituições de direito civil*: direito das sucessões. Atualizada por Carlos Roberto Barbosa Moreira. 27. ed. Rio de Janeiro: Forense, 2020. v. VI.

PEREIRA, Caio Mário da Silva. *Instituições de direito civil*: introdução ao direito civil: teoria geral de direito civil. 33. ed. Rio de Janeiro: Forense, 2020. v. I.

PIKETTY, Thomas. *O capital no século XXI*. Tradução de Monica Baumgarten de Bolle. Rio de Janeiro: Intrínseca, 2014.

PIRES, Cristiane. *O tempo e o tributo*: estudo semiótico do critério temporal da regra-matriz de incidência tributária. São Paulo: Noeses, 2019.

PONTES DE MIRANDA, Francisco Cavalcanti. *O problema fundamental do conhecimento*. Porto Alegre: Globo, 1937.

PRADO, Clayton Eduardo. *Imposto sobre herança*. São Paulo: Verbatim, 2009.

RÁO, Vicente. *O direito e a vida dos direitos*. 3. ed. São Paulo: Revista dos Tribunais, 1991. v. 1.

REALE, Miguel. *Lições preliminares de direito*. 26. ed. São Paulo: Saraiva, 2002.

ROBLES MORCHÓN, Gregorio. Ordenamiento, sistema e ámbito jurídicos: la función comunicacional de la dogmática jurídica. *In*: ROBLES MORCHÓN, Gregorio; CARVALHO, Paulo de Barros (coord.). *Teoria comunicacional do direito*: diálogo entre Brasil e Espanha. São Paulo: Noeses, 2017. v. II. p. 367-438.

ROBLES MORCHÓN, Gregorio. *Teoría del derecho*: fundamentos de teoría comunicacional del derecho. Madrid: Civitas, 1998. v. 1.

RODRIGUES, Marilene Talarico Martins. *In*: MARTINS, Ives Gandra da Silva (coord.). *Comentários ao Código Tributário Nacional*. 6. ed. São Paulo: Saraiva, 2011.

ROYO, Fernando Perez. *Derecho financiero y tributario*: parte general. 7. ed. Madrid: Civitas, 1997.

SALOMÃO NETO, Eduardo. *O trust e o direito brasileiro*. São Paulo: Trevisan Editora, 2016.

SANTI, Eurico Marcos Diniz de. *Lançamento tributário*. 3. ed. São Paulo: Saraiva, 2010.

SANTOS, Raquel do Amaral de Oliveira. *Trust*: das origens à aceitação pelos países de direito romano-germânico. 2009. 220 f. Dissertação (Mestrado em Direito) – Pontifícia Universidade Católica de São Paulo, São Paulo, 2009.

SCAFF, Fernando Facury. Família e tributação – notas para uma análise transdisciplinar. *Revista Dialética de Direito Tributário – RDDT*, São Paulo: Dialética, n. 129, p. 50-63, 2007.

SCHOUERI, Luís Eduardo. *Direito tributário*. 9. ed. São Paulo: Saraiva Educação, 2019.

SCHOUERI, Luís Eduardo. Tributação e liberdade. *In*: PIRES, Adilson Rodrigues; TÔRRES, Heleno Taveira (org.). *Princípios de direito financeiro e tributário*: estudos em homenagem ao Professor Ricardo Lobo Torres. Rio de Janeiro: Renovar, 2006. p. 431-471.

SILVA, José Afonso da. *Comentário contextual à Constituição*. 9. ed. São Paulo: Malheiros Editores, 2014.

SILVA, Lázaro Reis Pinheiro. *ICMS seletivo e discricionariedade legislativa*. Rio de Janeiro: Lumen Juris, 2020.

SILVA, Rômulo Cristiano Coutinho da. *Planejamento tributário e segurança jurídica*. São Paulo: Quartier Latin, 2019.

SILVEIRA, Alexandre Coutinho da. O ITCMD incidente sobre doação em pecúnia: início do prazo decadencial. Conflito entre o Conselho de contribuintes do Estado do Rio de Janeiro e o Tribunal de impostos e taxas do Estado de São Paulo. *Revista Dialética de Direito Tributário – RDDT*, São Paulo: Dialética, n. 215, p. 7-18, 2013.

SMITH, Adam. *A riqueza das nações*. Tradução de Luiz João Baraúna. São Paulo: Nova Cultural, 1996. v. II.

SOUSA, Leandro Eloy. A não Incidência de ITBI e ITCMD na cessão de direito de superfície para Fundos de Investimento Imobiliário (FII). *Revista Dialética de Direito Tributário – RDDT*, São Paulo: Dialética, n. 231, p. 45-53, 2014.

SOUZA, Rubens Gomes de. *Compêndio de legislação tributária*. 2. ed. Rio de Janeiro: Edições Financeiras S.A., 1954.

SPITZER, Anne. Joint Tenancy with Right of Survivorship: A Legacy from Thirteen Century England. *Texas Tech Law Review*, v. XVI, n. 3, p. 629-672, 1985.

TEMER, Michel. *Elementos de direito constitucional*. 24. ed. São Paulo: Malheiros Editores, 2019.

TILBERY, Henry. *In*: MARTINS, Ives Gandra da Silva (coord.). *Comentários ao Código Tributário Nacional*. 6. ed. São Paulo: Saraiva, 2011. v. 1. p. 373-432.

TODD, Paul. *Textbook on Trusts*. 4. ed. London: Blackstone Press, 1991.

TOMÉ, Fabiana del Padre. *A prova no direito tributário de acordo com o Código de Processo Civil de 2015*. 4. ed. São Paulo: Noeses, 2016.

TÔRRES, Heleno Taveira. *Direito tributário internacional*: planejamento tributário e operações transnacionais. São Paulo: Revista dos Tribunais, 2001.

TORRES, Heleno Taveira. *Regime constitucional do ITCMD nas doações de bens, créditos e direitos*. Disponível em: https://www.ibet.com.br/regime-consti tucional-do-itcmd-nas-doacoes-de-bens-creditos-e-direitos/. Acesso em: 31 mar. 2021.

TORRES, Ricardo Lobo. A legitimação da capacidade contributiva e dos direitos fundamentais do contribuinte. *In*: SCHOUERI, Luís Eduardo (coord.). *Direito tributário*. São Paulo: Quartier Latin, 2003. v. I.

TORRES, Ricardo Lobo. *Curso de direito financeiro e tributário*. 19. ed. Rio de Janeiro: Renovar, 2013.

TORRES, Ricardo Lobo. *Normas de interpretação e integração do direito tributário*. 2. ed. Rio de Janeiro: Forense, 1994.

TORRES, Ricardo Lobo. O princípio da tipicidade no direito tributário. *Revista de Direito Administrativo*, Rio de Janeiro, v. 235, p. 193-232, 2004.

TORRES, Ricardo Lobo. *Tratado de direito constitucional financeiro e tributário*: os direitos humanos e a tributação: imunidades e isonomia. Rio de Janeiro: Renovar, 1999. v. III.

TUCCI, José Rogério Cruz e *et al*. *Código de Processo Civil anotado*. Rio de Janeiro: LMJ Mundo Jurídico, 2016.

UCKMAR, Victor. *Princípios comuns de direito constitucional tributário*. Tradução de Marco Aurélio Greco. São Paulo: Revista dos Tribunais; EDUC, 1976.

VASCONCELLOS, Roberto França de. Direito tributário e direito privado. *In*: OLIVEIRA, Ricardo Mariz de; COSTA, Sérgio de FREITAS (coord.). *Diálogos póstumos com Alcides Jorge Costa*. São Paulo: Instituto Brasileiro de Direito Tributário – IBDT, 2017. p. 87-108.

VENOSA, Sílvio de Salvo. *Direito civil*: contratos em espécie. 4. ed. São Paulo: Atlas, 2004. v. 3.

VENOSA, Sílvio de Salvo. *Direito civil*: direitos reais. 5. ed. São Paulo: Atlas, 2005. v. 5.

VENOSA, Sílvio de Salvo. *Direito civil*: direito das sucessões. 18. ed. São Paulo: Atlas, 2017. v. 6.

VIEIRA, Andréia Costa. *Civil law e common law*: os dois grandes sistemas legais comparados. Porto Alegre: Sergio Antonio Fabris Editor, 2007.

VIEIRA, Antônio. *Sermões*: Padre Antônio Vieira. São Paulo: Hedra, 2014. t. II.

VILANOVA, Lourival. *As estruturas lógicas e o sistema do direito positivo*. São Paulo: Noeses, 2010.

VILANOVA, Lourival. *Causalidade e relação no direito*. 5. ed. São Paulo: Noeses, 2015.

VILANOVA, Lourival. *Escritos jurídicos e filosóficos*. São Paulo: Axis Mundi: IBET, 2003. v. 1.

VITA, Jonathan Barros. *Teoria geral do direito*: direito internacional e direito tributário. São Paulo: Quartier Latin, 2011.

WEISS, Fernando Lemme. O imposto de transmissão *causa mortis* e a partilha extrajudicial. *Revista Dialética de Direito Tributário – RDDT*, São Paulo: Dialética, n. 146, p. 18-34, 2007.

XAVIER, Alberto. *Direito tributário internacional do Brasil*. Rio de Janeiro: Forense, 2010.

YOSHIOKA, Mari; BARBOSA, Juliana. Planejamento tributário e sucessório no contexto atual das famílias internacionais. *In*: CORDEIRO, Daniel Vieira de Biasi *et al* (org.). *Estudos de tributação internacional*. Rio de Janeiro: Lumen Juris, 2019. v. 3. p. 517-544.

ZILVETTI, Fernando Aurelio. *Obrigação tributária*: fato gerador e tipo. São Paulo: Quartier Latin, 2009.

ZILVETTI, Fernando Aurelio. *Princípios de direito tributário e a capacidade contributiva*. São Paulo: Quartier Latin, 2004.